Leon Tolstói
por ele mesmo

Leon Tolstói Por Ele Mesmo

1-2-06-7.000

Direção editorial: **Flávio Machado**
Assistente editorial: **Dirce Yukie Yamamoto**
Chefe de arte: **Marcio da Silva Barreto**
Capa (criação): **Flávio Machado**
Diagramação: **Ricardo Brito**
Revisão: **Maria Aiko Nishijima**
Berenice Martins Baeder
Revisão doutrinária: **Paulo César de Camargo Lara**
Joaquim Norberto de Camargo
Sérgio dos Santos Cunha
Fotolito da capa: **Digigraphic**
Impressão: **Bartira Gráfica e Editora S/A**

Imagem da capa:
Leon Tolstói passeando em sua casa, em Iasnaia Poliana

Imagem da 4ª capa:
Pintura de Ilia Iefimovitch Repin, artista naturalista russo (1844-1930)

Dados Internacionais de Catalogação na Publicação (CIP)
(Câmara Brasileira do Livro, SP, Brasil)

Tolstói, Leon (Espírito).
Leon Tolstói por ele mesmo / psicografia de Célia Xavier de Camargo. – São Paulo : Petit, 2006.

ISBN 85-7253-138-6

1. Espiritismo 2. Psicografia 3. Tolstói, Leon (Espírito) 4. Vida espiritual 5. Vida futura I. Camargo, Célia Xavier de II. Título.

06-0711 CDD: 133.93

Índices para catálogo sistemático:
1. Mensagens mediúnicas psicografadas : Espiritismo 133.93

Impresso no Brasil, no verão de 2006.

Prezado leitor(a),

Caso encontre neste livro alguma parte que acredita que vai interessar ou mesmo ajudar outras pessoas e decida distribuí-la por meio da internet ou outro meio, nunca deixe de mencionar a fonte, pois assim estará preservando os direitos do autor e conseqüentemente contribuindo para uma ótima divulgação do livro.

Leon Tolstói

Por ele mesmo

Psicografia de

Célia Xavier de Camargo

petit editora

Rua Atuaí, 383/389 – Vila Esperança/Penha
CEP 03646-000 – São Paulo – SP
Fone: (0xx11) 6684-6000
Endereço para correspondência:
Caixa Postal 67545 – Ag. Almeida Lima
03102-970 – São Paulo – SP

www.petit.com.br
petit@petit.com.br

Sofia e Leon

Sumário

Palavras do autor espiritual

"Desperta, ó tu que dormes!
Levanta-te dentre os mortos e o Cristo te iluminará."
PAULO (EFÉSIOS, 5:14)

QUE O SENHOR DA VIDA NOS ABENÇOE!

Ao lançar esta nova obra, espero possa ela acrescentar algo na existência daqueles que porventura vierem a folheá-la.

Conquanto tenha escrito outros livros por meio da psicografia, estes textos, sem pretensão literária alguma, constituem de certa forma uma revisão em tudo o que deixei grafado; e especialmente em relação à minha doutrina naquilo que considero necessitar de reparos.

Aqueles que tomaram conhecimento da obra que realizei quando encarnado – e muitos se tornaram meus seguidores – certamente irão estranhar-me a mudança na maneira de pensar.

No entanto, como sempre pautei minhas atitudes pela mais estrita verdade, não poderia, por questão de consciência, deixar de refazer aquilo que escrevi e que não mais considero como verdadeiro.

Por respeito e consideração a todas as pessoas que sempre acreditaram em mim, venho a público esclarecer que a Doutrina Espírita me modificou a vida e a maneira de pensar.

Habitante de uma outra realidade, o entendimento se me dilatou e os novos conhecimentos fizeram com que adquirisse uma fé raciocinada capaz de enfrentar a ciência e a razão em todos os momentos.

Não espero que acreditem em mim, nem quero que me sigam. Se algo posso solicitar, por esses anos de fidelidade à causa e a doutrina que abracei, é que procurem analisar o que me esforcei por lhes transmitir. Se não fui o bastante claro e inteligível, por incapacidade própria, peço-lhes, não rejeitem a idéia.

Procurem orientação nas obras de Allan Kardec, o Codificador da Doutrina Espírita, especialmente em *O Livro dos Espíritos*, que contém toda a doutrina, e em *O Evangelho Segundo o Espiritismo*, que encerra os ensinos morais de Jesus.

Quanto à parte relativa ao Cristo, continuo o mais fiel seguidor e defensor do seu Evangelho, cujos postulados modificaram-me a vida e me acenderam na mente a luz da fé viva. Espero que possamos continuar unidos nesse ideal de um mundo melhor, mais pacífico, mais harmônico.

Oxalá Jesus possa ser reconhecido por todos os habitantes da Terra como o espírito de maior elevação que já pisou no solo deste planeta, e que seja amado em espírito e verdade.

A todos, minha gratidão e meu amor.

Paz em Jesus!

Leon Tolstói

ROLÂNDIA (PR), OUTONO DE 2005.

Minha querida irmã.
Muita paz com Jesus!

RECEBI DO MESTRE A PERMISSÃO de realizar um novo trabalho na seara do bem. Preparo-me para ditar, por teu intermédio, uma nova obra, retomando o pensamento filosófico que sempre defendi enquanto encarnado e que não foi aceito pela sociedade da época. Hoje, as coisas estão mudadas, e também eu me modifiquei, tendo uma idéia diferenciada a respeito de muitos assuntos.

A visão espiritual alarga nossos horizontes e a Doutrina Espírita estende nossas percepções e potencialidades, levando-nos a visualizar nossos pontos de vista de outros ângulos.

Assim, tendo em vista essas novas possibilidades que se abrem, de trabalho e de realizações para todos os envolvidos, tanto da espiritualidade quanto da esfera carnal, submeto à apreciação de nossa irmã este nosso projeto que, se aceito, terá de ser desenvolvido com tua colaboração.

Se concordares, pediria que lesses com bastante atenção a obra de minha autoria enquanto encarnado *O reino de Deus está em vós*[1], para que tenhamos mais facilidade na transmissão dos textos.

---

1 ⁎ Publicado pela Rosa dos Tempos/Record, com tradução de Celina Portocarrero, 1994. (Nota do Editor)

Agradecido ao Mestre Jesus, por mais esta prova de confiança, comovido prosterno-me aos pés do Senhor, suplicando a ele que nos proteja e ampare o propósito de servir cada vez mais.

E a ti, minha querida irmãzinha, que Deus te dê forças e coragem, boa vontade e determinação para cumprires as tarefas com as quais te comprometeste e que te foram concedidas por acréscimo de misericórdia do Altíssimo.

Que o Senhor nos ilumine sempre. Muita paz!

O amigo menor,

Leon Tolstói

ROLÂNDIA, 25 DE ABRIL DE 2002.

Realidade espiritual

"Na casa de meu Pai há muitas moradas."
Jesus (João, 14:2)

FOI PRECISO O REGRESSO às paragens espirituais, após o decesso do corpo físico, para que me impusesse mais longa reflexão sobre as idéias que cultivara em vida e que culminaram com a publicação da obra *O reino de Deus está em vós*, cujas teorias foram aceitas por muitos e rejeitadas por outra parte da sociedade da época. Nem poderia ser diferente. Hoje, numa análise mais aprofundada do assunto e com a compreensão dilatada pelas realidades do espírito, posso entender melhor o ser humano, e uma imensa piedade inunda-me o íntimo.

O mundo mudou bastante durante esse período, e eu também já não sou mais o mesmo. Como poderia a sociedade do meu tempo entender a ânsia de progresso que me dominava a alma? Como poderia entender o sapo que buscava as culminâncias da luz? Como poderia, se nem mesmo eu tinha uma noção mais clara das idéias que me borbulhavam na mente?

Naquela época, em pleno transcorrer do século dezenove, a vida do povo na Rússia era simples, sem facilidades, confortos, cultura ou conhecimento. Vivia-se para comer, trabalhar, procriar. Os aristocratas, ricos proprietários de terras, tinham todo o direito sobre seus mujiques, trabalhadores do campo considerados verdadeiros escravos. Os senhores não trabalhavam; isso seria indigno para eles. Dedicavam seu tempo a festas, viagens e diversões. Nada lhes faltava, enquanto aos escravos tudo era vedado.

E eu era um desses aristocratas que, por longo tempo, aceitaram essa vida, sem questionamentos. Com o despertar da consciência, porém, olhando ao meu redor, comecei a perceber melhor as diferenças existentes na sociedade, e a situação do povo miserável e faminto passou a incomodar-me, causando-me angústia e insatisfação. Desejei modificar aquele estado de coisas; no entanto, essa vontade esbarrava nas leis vigentes e nos usos, costumes e tradições do povo russo.

O descontentamento foi crescendo dentro de mim. Ninguém me compreendia. A família não aceitava minhas idéias sociais (nem direi cristãs!), ciosa da posição de relevo que ocupava na sociedade. Mas como eles poderiam entendê-las se, por muitos anos, foi exatamente o contrário o que lhes ensinei?

Nossa vida era farta, alegre e descontraída. Meus filhos cresceram livres e saudáveis em Iasnaia Poliana, nossa propriedade rural, sem preocupações de ordem material, visto que nada lhes faltava.

Não obstante ter-me casado por amor, tive tantas divergências, tamanhas discussões com minha esposa, Sofia, que acabamos nos separando depois de toda uma vida – quase meio século! – de convivência. Sofia era uma mulher extraordinária, boa esposa e mãe dedicada, e foi a companheira sempre presente que muito me ajudou, assessorando-me na atividade literária, passando a limpo os textos que eu redigia, com imenso amor e devotamento, até que minha maneira de pensar passou a divergir tanto da sua que se recusou a prosseguir ajudando-me na transcrição dos livros.

Hoje posso entendê-la melhor. Como exigir dos outros aquilo que não está em seu entendimento? Criada para uma vida de futilidades, gozos e festas, Sofia nunca poderia compreender os anseios que me vibravam na alma, a insatisfação íntima pela existência frívola e ociosa, o desejo de repartir nossos bens com os pobres, a vontade de instruí-los e educá-los, permitindo-lhes melhores condições de vida. Por isso, ela me julgava louco, assim como os demais. Esforçava-se para me acompanhar, sem dúvida, não há como negar. Houve temporada em que transformamos nossa casa em uma escola para os filhos dos mujiques, onde todos, orgulhosamente, participaram dando aulas, inclusive meus filhos.

Era grande minha preocupação com a instrução das crianças pobres, o que me levou a preparar uma cartilha, o *Alfabeto*, que serviria para a alfabetização de crianças e adultos. Mas, vejam, eram meses em que se trabalhava com boa vontade, todos colaboravam ativa e entusiasticamente. Isso agitava nossa vida e servia até para dar uma dinâmica diferente e original aos nossos dias, expulsando a monotonia e o tédio. Todavia, não representava absolutamente uma existência de dedicação integral e de renúncia e amor aos pobres. Percebem a diferença?

Na atualidade, entretanto, as condições são outras. O mundo progrediu extraordinariamente do século dezenove para o século vinte e um. As ideologias se modificaram, social, política e juridicamente. As instituições estatais já não são as mesmas, pressionadas pelas massas e impulsionadas por novas idéias. As comunicações cresceram vertiginosamente, favorecendo a indústria, o comércio, as relações internacionais e fomentando o intercâmbio entre os povos. As ciências caminham a passos de gigante, com a genética participando de forma assombrosa da solução de magnos problemas do ser humano, notadamente na produção de alimentos e na cura de doenças.

A informática produz uma verdadeira revolução mundial, transformando a existência das pessoas e unindo criaturas de pontos opostos do globo. Ao agir em todas as áreas, torna possível aquilo que se julgava inconcebível num passado recente.

O homem ganha o espaço cósmico, locomovendo-se a velocidades outrora inimagináveis em gigantescos e incríveis aparelhos mais pesados do que o ar, e, por intermédio de potentes telescópios, sonda o infinito à procura de vida inteligente em outros planetas, tentando desvendar os segredos do universo.

As instituições jurídicas criaram direitos com os quais a sociedade sempre sonhou, e a liberdade tornou-se uma grande conquista.

No entanto, apesar de todas as vitórias alcançadas, dos avanços expressivos em todas as áreas do conhecimento, o ser humano ainda não descobriu a si mesmo e se debate em meio a problemas que não consegue solucionar, o que lhe causa angústia, ansiedade, insegurança, e o joga na depressão, terrível mal da atualidade.

As guerras proliferam no planeta, as revoluções e conflitos armados desestruturam a vida de inúmeros povos, gerando uma sociedade de seres doentios, física, mental, emocional e espiritualmente. Enfermidades terríveis grassam como conseqüência das guerras ou da inconsciência do homem, levando pânico às coletividades. A violência, antes mais detectada em combates, agora ganha as cidades e os campos, provocando medo, insegurança e insatisfação; até crianças de mente distorcida matam outras crianças por motivos fúteis.

A escravidão do ser humano por outro ser humano foi abolida em quase todo o mundo, todavia o homem vive encarcerado em seus medos, por insegurança, pela crônica falta de recursos, pelo desemprego. Ele é prisioneiro de condições de vida cruéis, da agressividade, dos vícios.

E o coração se me confrange por ver que o indivíduo do século vinte e um não mudou, continua talvez mais sofredor, mais angustiado e mais aflito do que o do século dezenove. Mesmo aqueles ricos, aqueles que conseguiram acumular imenso patrimônio, bens móveis e imóveis, papéis e ouro, em anos de trabalho honrado, não são felizes. Nem sequer podem aproveitar o que possuem, com medo de roubos, de seqüestros, de assassinatos e de todas as faces de que se utiliza a violência para atingir o ser humano. Vive prisioneiro dentro da própria casa com a família, encarcerado numa gaiola dourada, qual pássaro cativo; quando sai à rua – não apenas ele, mas também a esposa e os filhos –, o faz em carro blindado, não prescindindo da companhia de seguranças que possam defendê-lo de agressões. Não tem vida própria, vive acuado, ansioso e angustiado, por temor de perder o que possui.

E da espiritualidade, contemplando esse panorama, sensibilizo-me até as lágrimas. Volto para dentro de mim, reconhecendo que o que sinto hoje é o mesmo sentimento que me animava durante minha última jornada na Terra: o desejo de ajudar os baldos de pão, os famintos de carinho, os carentes de informações, os desconsolados, os aflitos – enfim, todos os necessitados, que, reconheço hoje, podem estar tanto entre os pobres quanto entre os ricos.

Naquela época, só enxergava a miséria e o sofrimento dos pobres. E na busca desesperada para ser melhor e mais feliz, erguia o olhar para o alto à procura de Deus. Jesus Cristo, o Celeste Enviado, dominava-me os pensamentos nas horas de amarga desesperança, quando me sentia impotente diante da miséria que se avolumava sob meus olhos, em minhas propriedades, incapaz de dar uma vida mais digna aos mujiques e suas famílias.

Então, pelas manhãs, rumava com eles para os campos de cevada, centeio, aveia e trigo; trabalhávamos lado a lado, conversávamos fraternalmente e eu aproveitava essas ocasiões para falar-lhes das mensagens do Evangelho de Jesus, da igualdade que deveria existir entre todos os homens, da importância de não resistirmos ao mal com o mal, do trabalho como bênção da vida, entre outras coisas. Eu voltava no final da tarde cansado, sujo, suarento, como o mais ínfimo camponês de minhas terras; mas retornava satisfeito, com um sorriso feliz no rosto barbudo, com a consciência mais tranqüila por sentir que, de alguma forma, me redimia diante de mim mesmo ao diminuir a distância entre o senhor e o escravo.

No começo, os mujiques estranhavam ver-me com roupas simples do povo e caminhando ao lado deles rumo ao campo. Depois, se acostumaram e, perdendo a timidez, falavam-me de seus problemas, dúvidas, desejos, aos quais, na medida do possível, procurava atender.

Fui chamado de anarquista, vilipendiado, desprezado e humilhado pela sociedade orgulhosa do meu tempo, que não entendia minhas razões. Isso, porém, absolutamente não me importava. Tinha um modelo a seguir – Jesus de Nazaré; tudo o mais julgava insignificante.

Fui excomungado pela Igreja Ortodoxa russa, cujas autoridades eclesiásticas não aceitavam minha maneira de pensar. Horrorizavam-se os bispos com as questões que eu lhes propunha, mostrando-lhes as contradições flagrantes entre o que eles falavam e como viviam; entre o que pregavam no púlpito e o conteúdo extraordinário do Evangelho de Jesus, do qual se afirmavam seguidores. Incapazes de entender-me – ou talvez por entenderem demais e me julgarem uma ameaça para a ordem vigente –, expulsaram-me sob o pretexto de que eu tinha parte com o demônio, e que só ele, o demônio, poderia insuflar-me as idéias que alardeava.

Embora cansado de tantas discussões, jamais me senti vencido e prossegui buscando encontrar maneiras de provar que estava com a razão.

Alcancei grande notoriedade como escritor. Numa época em que as comunicações eram difíceis, minhas obras foram lidas e festejadas no mundo inteiro. Para mim, no entanto, tudo isso não tem nenhum valor. Sinto grande carinho pelos livros, que considero como filhos meus, frutos do meu trabalho e do meu esforço. Todavia, quanto sofri por algumas obras que veicularam idéias negativas e até criminosas! Livros que fizeram grande sucesso nas rodas frívolas da sociedade, mas que também geraram danos imensos a inúmeras pessoas menos avisadas.

Ana Karênina foi um deles. De grande aceitação pelo público, o drama transmitia um romantismo obsessivo e doentio, que levou, à época, várias pessoas ao suicídio, tal qual a infeliz personagem central.

Por ter provocado esse tipo de reação em cadeia, muito sofri na espiritualidade, sentindo-me responsável pelos atos de autodestruição praticados por minhas desventuradas leitoras.

Com a mente dilatada pelos conhecimentos que me chegaram após a morte física, pude entender melhor a enormidade do mal que fiz a muita gente. Na ocasião em que escrevi a obra citada, a idéia de suicídio não me incomodou de forma especial, apesar dos pensamentos de não-violência que me dominavam a mente. Estava descrevendo um drama cujo desfecho, acreditava, poderia até ser útil às pessoas, como um exemplo de *como não se deve agir, como evitar uma situação que pode levar à derrocada moral.* Entretanto, não foi isso o que aconteceu. No Além-túmulo, a real extensão do que fizera ficou a martelar-me o cérebro. Tomando conhecimento de que o suicídio é um dos maiores crimes que alguém pode cometer, por destruir a vida que lhe foi dada por Deus; que o infrator continuará sofrendo, não apenas a pressão dos problemas que o levaram à morte, mas também a dor do ato insano – que continuará repercutindo continuamente em seu corpo espiritual, até que se liberte das vibrações deletérias e materiais, candidatando-se ao auxílio dos benfeitores da espiritualidade –, desesperei-me. Não fazia idéia da dimensão do problema e das suas inevitáveis conseqüências.

Bóris, um velho amigo desencarnado havia muitos anos, cuja amizade, que remontava à minha última existência, eu prezava bastante e cuja ponderação e bom senso sempre respeitei, alertou-me para o perigo que representava essa fixação mental:

– Leon, meu amigo, o que está feito não pode ser modificado – disse-me. – O importante agora é olhar para a frente e procurar meios de reparar os danos praticados. Somente pelo esforço de regeneração poderemos modificar as condições daqueles que prejudicamos, ajudando-os. A seu favor, conta a atenuante de não ter tido a intenção de fazer mal a ninguém com a história que escreveu; ao contrário, desejava você insuflar nos leitores reflexões em torno do assunto. Os atos destrutivos aconteceram pela fragilidade moral e espiritual daquelas pessoas que não souberam entender suas razões.

Bóris calou-se por alguns segundos, analisando minhas reações. Depois, ao ver que eu continuava cabisbaixo e pensativo, prosseguiu, tentando animar-me:

– Procure não focalizar a atenção apenas nos aspectos negativos de sua existência, meu amigo. A verdade é que você tem muitos créditos pelo bem que praticou em sua última existência. Inúmeras criaturas não o esqueceram e oram por você, gratas pelos favores que lhes fez, especialmente os mujiques de sua propriedade. Recordam sempre que tiveram melhores condições de vida após sua ajuda. Ademais, lembram que os filhos deles puderam estudar porque você havia criado uma escola para eles, de modo que os valores da instrução e do conhecimento pudessem proporcionar-lhes uma vida mais digna. Assim, não se entregue ao desânimo. Sempre foi corajoso e combativo. Procure preparar-se, adquirindo os conhecimentos imprescindíveis para ter condição de ajudar os necessitados. Dessa forma, conseguirá reparar os danos que causou, redimindo-se perante sua consciência.

A partir desse dia, aceitando-lhe a orientação, comecei a freqüentar cursos direcionados para esse mister. Assim, com o tempo, pude procurar todos os que se desencaminharam por minha causa, tentando ajudá-los.

Foi um trabalho intenso e demorado. Graças ao Senhor, tenho conseguido êxito, o que muito me alivia a consciência culpada.

Compreendo agora o cuidado que devemos ter quando escrevemos, quando transmitimos nossas idéias a outras pessoas, especialmente nós, os desencarnados, por meio dos textos que enviamos à Terra.

Seremos responsabilizados sempre pelas sugestões boas ou más que advierem das nossas ações.

2

Vida nova

"Eu sou a ressurreição e a vida; aquele que crê em mim, ainda que esteja morto, viverá; e todo o que vive e crê em mim não morrerá eternamente."
JESUS (JOÃO, 11:25 E 26)

AO APORTAR NO MUNDO espiritual, a contemplação do infinito fazia com que minha alma se expandisse de amor e gratidão ao Criador que tantas dádivas nos concedera. A realidade da vivência no mundo dos espíritos, que testemunhei, perplexo; a sociedade organizada que encontrei, maravilhado; os conhecimentos que adquiri em aprendizado constante; os conceitos que ouvi de eméritos benfeitores da humanidade, não necessariamente conhecidos da sociedade terrena, e, especialmente, a constatação da existência de outras leis divinas, naturais, sábias e justas, que eu desconhecia quando encarnado no planeta, as quais me acrescentaram novos valores e novas luzes ao espírito fazendo-me entender melhor a grandeza de Deus e a razão de todas as coisas dilataram-me a mente.

E uma satisfação crescente, um estado de euforia íntima, invadia-me a alma ao tomar conhecimento de tudo o que representava novidade para mim, neófito no Além, mas que era praticado normalmente na comunidade espiritual onde passei a residir.

Então, entre feliz e perplexo, repetia para mim mesmo:

– Mas é exatamente com essa vida que eu, quando encarnado, sonhava para os habitantes da Terra! Como pode ser?

E Bóris, companheiro sempre presente nos primeiros tempos e que se arvorara em meu cicerone no Além-túmulo, sorrindo docemente, dizia:

– Acredite, amigo Leon, que esta é a primeira vez que aporta à espiritualidade? Certamente que não! Como imortal em contínua ascensão, você já teve incontáveis existências, das quais retornou sempre para cá. Após cada uma delas, havia galgado um degrau, amadurecendo, progredindo e acrescentando sempre novos valores ao ser inteligente que é. Dessa forma, nada do que aqui vê lhe era desconhecido, tanto que, inconscientemente, sonhava levar esse estilo de vida para a sociedade terrena.

Pensativo e admirado eu ouvia as considerações do amigo:

– Suas ponderações fazem sentido, meu caro Bóris. Sinto que tem razão. Como também meu apego ao Mestre de Nazaré, sentimento que me acompanhou sempre, e não só na última existência. Era como se eu tivesse o dever moral de divulgar os preceitos do Celeste Crucificado. No âmago do meu ser, coexistiam dois sentimentos opostos: ao mesmo tempo em que sentia que o amava profundamente, sendo capaz de dar a própria vida por Ele, reconhecia-me culpado por algo que não sei precisar, como se tivesse uma dívida íntima para com Jesus. Entende?

O olhar manso de Bóris pousou sobre mim com ternura e ele me confidenciou:

– O seu amor pelo Cristo tem raízes profundas, meu amigo. Remonta ao tempo memorável em que o Mestre esteve peregrinando entre nós no planeta. Na ocasião, contudo, não aceitou segui-lo. Sem forças para vencer os obstáculos que se opunham à sua vontade – o preconceito vigente, as razões de família, o respeito a costumes ancestrais e interesses inconfessáveis –, você o abandonou, conquanto o tivesse acompanhado atento e confiante, ouvido suas doces e consoladoras prédicas e assistido maravilhado a suas curas.

Atônito, arregalei os olhos. Bóris sempre tivera o dom de prender-me a atenção com suas palavras.

– É verdade o que me diz? – perguntei.

–Sim, meu irmão. Entretanto, é só o que lhe posso adiantar por ora.

Eleve seu pensamento buscando o amparo divino, medite longamente e, quando estiver em condição de conhecer o passado, encontrará a resposta que deseja em seus arquivos mais profundos.

Bóris fez uma pausa, e permaneci em respeitoso silêncio diante do que ouvira. Depois, o amigo se despediu, sabendo que eu precisava de tempo para refletir.

– Agora preciso deixá-lo, Leon. Deveres urgentes me aguardam. Fique em paz!

Bóris afastou-se e fiquei entregue aos próprios pensamentos. Sentado num banco, em meio a formoso jardim, contemplava as plantas: os plátanos, as amendoeiras, as groselheiras, os lilases. O suave aroma das flores, comuns na minha terra e minhas conhecidas de infância, atingiam-me o olfato. Além delas, inúmeras outras, belas e perfumadas, porém totalmente estranhas. Via pássaros que gorjeavam, acomodados nos galhos de uma árvore; observava as pessoas que transitavam pela rua, ouvia conversas ao longe, mas nada disso me interessava. As palavras de Bóris levaram-me de volta à minha última existência terrena.

A própria presença dele evocava-me a Rússia distante e os melhores anos de minha vida na Terra. Como já relatei em outra oportunidade[1], conheci Bóris Pietrovitch em Odessa, quando eu ia passar as férias na casa de uma tia. Grande afinidade nos uniu desde o princípio. Ele era estudante de filosofia e apreciávamos as longas conversas sobre assuntos importantes e sérios, como religião, filosofia, ciência, astronomia. Em especial, trocávamos idéias sobre a vinda de Jesus ao mundo e as conseqüências que esse acontecimento gerou para toda a Humanidade. Era sempre um prazer ouvi-lo. Jovens, com a vida apenas começando, o futuro uma incógnita. Durante três anos consecutivos, visitei Odessa durante minhas férias, e nossa amizade se consolidou.

A vida, entretanto, afastou-nos. Não pude mais ir a Odessa e nunca mais o vi. Soube, posteriormente, que falecera de tuberculose logo depois de nosso último encontro, sem conseguir concretizar o sonho de entrar para um mosteiro em Kiev. Ele julgava que, como religioso, poderia melhor servir a Deus na pessoa de seu próximo.

A morte de Bóris Pietrovitch abalou-me profundamente. Tão jovem e estuante de vida! Nobres ideais lhe acalentavam a alma gentil e pura. Morrer assim, sem ter conseguido realizar suas aspirações, era muito triste. Durante longo tempo, orei por ele hipotecando-lhe minha amizade perene, desejando-lhe felicidades onde quer que estivesse e suplicando a Jesus o amparasse sempre. Os anos passaram, rápidos, e, com o tempo e novas responsabilidades, acabei esquecendo-me de Bóris.

Ao desencarnar, em 1910, aos oitenta e dois anos, encontrei-me com Bóris. Foi um refrigério para minha alma, cansada e dolorida, que aportava à espiritualidade depois de longa existência cheia de amarguras e de decepções. De fato, naqueles

---

1 ⋇ Refiro-me ao relato contido no cap. VI da obra *Ressurreição e vida*, de minha autoria, e psicografado pela médium Yvonne do Amaral Pereira. (Nota do Autor Espiritual)

primeiros tempos, quando o sofrimento e a perturbação resultantes da morte do corpo físico se fazem tão patentes, quando o desconhecimento da vida no Além nos torna inseguros e confusos, rever o amigo de outrora foi um bálsamo extremamente reconfortante. Fiquei sabendo que nunca nos deixamos de comunicar, que nos encontrávamos durante minhas horas de sono físico, continuando a trocar idéias, como naquelas férias em Odessa quando passávamos as tardes conversando. E que nossa amizade se consolidara – pasmem! – naqueles sessenta e dois anos de separação, ao invés de ter-se acabado, como eu supunha, na minha ignorância das coisas transcendentais.

Devia ser até engraçado – para os que se pusessem a nos observar – ver nosso relacionamento e ouvir nossas conversas: eu, um velho octogenário com aparência de profeta, e ele, um rapaz de vinte anos, palestrando como se não existisse diferença de idade entre nós.

E foi esse Bóris Pietrovitch, o mesmo jovem que conhecera em Odessa, quem, mantendo a mesma aparência, me acendeu na mente a lembrança dos tempos em que vivia na Terra, especialmente a recordação das ocasiões em que um insistente chamado fazia com que pensasse o tempo todo em Jesus, ansiando pela presença do Mestre e meditando sobre as passagens evangélicas.

Sentado na varanda de nossa propriedade rural em Iasnaia Poliana, ou caminhando pelas plantações de cevada, trigo, centeio, ou aveia, sentia como se Jesus de Nazaré estivesse presente, apresentando ao povo aquelas belas parábolas, simples, mas de profundo conteúdo. Via ainda suas prodigiosas curas, que tanto espanto causavam à multidão, e ouvia o júbilo das pessoas agraciadas com aquilo que consideravam um milagre, seus gritos, como também notava suas lágrimas de contentamento.

– Aleluia! Aleluia! Hosanas ao Filho de Davi!

E agora, depois das palavras esclarecedoras de Bóris, eu *sabia que estivera lá*, que acompanhara o rabi em suas andanças pelas aldeias, praias, sinagogas; que partilhara de sua companhia, mas que, infelizmente, não conseguira aproveitar a oportunidade que Deus me concedera.

O pranto agitou-me as fibras mais íntimas e permaneci naquele lugar, sentado naquele banco de jardim, entregue às lembranças. As horas passaram e não percebi. O dia terminava e as sombras da noite chegavam mansamente. Ao fitar o céu que se engalanava de estrelas, senti que o aroma das flores se tornava mais intenso. Entendia agora a razão da minha ânsia por divulgar os ensinamentos de Jesus, o desejo de ver seu Evangelho compreendido e respeitado e a minha indignação quando percebia que, mesmo aqueles que deveriam ensinar o Cristianismo – e especialmente esses –, cultivavam um desprezo total pelas mensagens evangélicas, pelas orientações e pelo próprio exemplo do Cristo.

E por tudo isso, em meu desespero, ansiava por levar às populações mais pobres, aos camponeses e mujiques, as consoladoras e elevadas bênçãos do Evangelho, que eles não conheciam, porque lhes era vedado. O que lhes chegava aos ouvidos provinha das pregações nas igrejas, quando o sacerdote se dirigia aos fiéis, não conforme o verdadeiro pensamento do Cristo, mas segundo seus interesses e conveniências, protegendo as autoridades e constituindo-se em porta-voz de todos os poderosos.

Transformei-me em defensor ferrenho das idéias de Jesus. Zurzi o chicote da "minha" verdade aos quatro ventos, doesse a quem doesse. Questionei altos mandatários da Igreja, fomentei a discussão por meio da imprensa, tentando fazer a sociedade tomar conhecimento dos absurdos que se cometiam em termos de religião e em nome do Cristo. Para mim, o que se pregava era o oposto de tudo o que o Mestre tinha ensinado, por isso desejava provocar a investigação, a análise dos postulados cristãos, acreditando que as pessoas se modificariam e que a sociedade se transformaria à luz dos verdadeiros enunciados evangélicos quando se convencessem da verdade, isto é, que a Igreja – que se dizia mandatária de Deus-Cristo e a única verdadeira – estava falseando a mensagem cristã.

Doce ilusão! Com esforço reiterado e pregação retumbante, consegui apenas rejeição dos estudiosos, religiosos ou leigos, e o silêncio da maioria. De fato, recebi aplausos entusiásticos de alguns e o repúdio de grande parte. Causei impacto em toda a Europa, onde minhas idéias foram publicadas, instigando a reflexão em torno do assunto.

Posicionando-me contra o Estado e a Igreja, não fui perdoado. O Estado czarista russo vetou minha obra; mesmo censurado – como sempre acontece com tudo o que é proibido e que aguça a curiosidade –, na própria Rússia obtive sucesso, pois, graças às várias traduções que foram publicadas no exterior, o povo tomou conhecimento do livro, para criticar ou para aplaudir.

A Igreja Ortodoxa russa – incapaz de suportar meus ímpetos e impossibilitada de rechaçar minhas idéias, por verdadeiras – procurou desacreditar-me, tachando-me de herético. A crise chegou a tal ponto que, no alvorecer do século vinte, fui excomungado pelo sínodo da igreja a que durante toda a vida pertencera.

Entretanto, de forma alguma isso me preocupou. Resolvi voltar-me para o estudo do Evangelho de Jesus em suas raízes. Se as palavras do Cristo estavam sendo modificadas, se estavam sendo falseadas em seus princípios, se interpolações haviam sido feitas através do tempo pela Igreja Católica que se considerava a única verdadeira, a mandatária de Deus na Terra, era preciso descobrir a fonte cristalina, procurar beber dos ensinamentos cristãos na sua nascente, encontrando a verdade que dissipa as trevas e extirpa o erro que se esconde na maldade e no interesse impuro dos homens, religiosos ou não.

Todavia, agora, em outra realidade, dúvidas e questionamentos afloravam-me à mente. Teria lutado tanto por amor ao Cristo e à sua doutrina, ou por orgulho, vaidade e desejo de ser reconhecido pela sociedade?

Sou criatura falível como todas as demais. Acreditava-me um gigante e desejava modificar o mundo. Mas será que meu ego não era o mais importante nesse contexto? Fui acusado de orgulhoso e hipócrita.

Hipócrita, nunca. Sempre procurei ser o mais sincero e verdadeiro possível. Orgulhoso, reconheço hoje que ainda o sou e muito. No fundo, desejava ser reformador das pessoas sem transformar a mim próprio.

Também constato que nada sou, e que nada sei. Orgulhava-me da vasta cultura que consegui e agora entendo que esse saber é bem pequeno e insignificante perante todo o conhecimento que existe.

Curvo-me diante da Majestade Divina, grato por todas as dádivas que o Senhor me concedeu, mas, especialmente, por continuar existindo e pela oportunidade de aprender sempre mais, rumo à evolução.

3

Perplexidade

"De onde vem para o homem
o sentimento instintivo da vida futura?"
"Já dissemos: antes de sua encarnação, o Espírito conhecia todas as coisas, e a alma guarda uma vaga lembrança do que sabia e do que viu em seu estado espiritual."
(*O Livro dos Espíritos*,
Allan Kardec, questão 959)

CAMINHANDO COM BÓRIS pelas ruas de nossa cidade, recuperado dos problemas orgânicos que me levaram à morte física e qual criança diante de uma novidade, extasiava-me com tudo.

A beleza das construções, cercadas de amplos e bem cuidados jardins, lembrava o estilo dos antigos palácios da Rússia, conquanto estruturalmente diferenciadas pela leveza e elegância das linhas. As praças eram arborizadas, entremeadas com canteiros de belíssimas flores, coloridas e perfumadas, de extraordinário efeito decorativo; as ruas bem traçadas e limpas, onde grande quantidade de pessoas, simpáticas e sorridentes, transitavam em todas as direções.

Tudo aquilo me fazia um bem enorme. Olhar o céu sempre azul, os prédios, os jardins, as pessoas harmonizava-me comigo mesmo e com o mundo em que vivia, fazendo com que me sentisse mais cheio de energia, disposição e bem-estar.

Externei minha satisfação ao amigo Bóris, que me esclareceu sorridente:

– Seu estado íntimo é natural e decorre do ambiente em que vivemos. As pessoas que aqui vê, embora ainda carreguem problemas e imperfeições, estão conscientizadas da realidade da vida no Além-túmulo e da necessidade de elevação mental. A troca de vibrações, assim, se faz de maneira harmoniosa e agradável para todos. Como pode perceber, tudo transpira emanações benéficas, e essa permuta constante envolve as pessoas, os animais, as plantas e as construções; a natureza, enfim, produz esse bem-estar geral.

Eu estava maravilhado.

– Bem diferente das sensações desagradáveis que eu experimentava ao caminhar pelas ruas de Moscou, Paris, Londres, ou outras capitais européias – comentei.

– Sem dúvida – concordou Bóris. – Na Terra, os encarnados sofrem pressões de toda ordem, que se manifestam em problemas *internos*, como os orgânicos, emocionais e espirituais, e em problemas *externos*, tais como os provenientes das relações familiares, sociais, profissionais, entre outros. Dessa forma, meu amigo, quando os encarnados saem às ruas, levam consigo o tumulto interior que cultivam, e o repartem, pelo princípio da sintonia, com as demais pessoas com as quais entram em contato, gerando maior desequilíbrio íntimo, pois às próprias emanações mentais juntar-se-ão as de encarnados ou desencarnados com os quais tenhamos afinidade. Daí o mal-estar que envolve o homem desprevenido e ignorante das trocas energéticas e mentais que ocorrem entre os seres da criação.

Impressionante como essas simples e despretensiosas palavras de Bóris me abriam um campo imenso para reflexões, levando-me a entender a razão de inúmeras reações que detectara nas pessoas, bem como os problemas resultantes.

– Tem razão, Bóris. Todavia, não se trata apenas de emanações mentais. Em algumas grandes cidades terrenas, como Moscou, por exemplo, a sujeira domina em todos os lugares: montes de lixo abandonados, esgoto a céu aberto, excrementos que infectam as ruas e poluem o ar. Aqui tudo transpira limpeza, ordem, paz e harmonia – considerei.

– É uma conseqüência, Niki[1]. Quando interiormente equilibrados e conscientes da responsabilidade que nos cabe em relação a nós, às outras pessoas e a Deus, nossas atitudes passam a refletir a harmonia que já conquistamos, transferindo-a para o mundo em que vivemos.

Nesse momento, nos aproximávamos de um imenso conjunto de prédios de beleza clássica, rodeados de jardins e fontes rumorejantes, onde as águas em movimento emitiam uma sonoridade que parecia vir do seu âmago, tecendo melodia de beleza intraduzível, quase celeste.

Percebendo-me a curiosidade diante daquele complexo arquitetônico, Bóris esclareceu-me:

– Nesses prédios centraliza-se a administração da nossa Colônia Estrela da Manhã[2].

– Como assim? – questionei, curioso.

– Aqui trabalham os responsáveis pelo governo da nossa cidade, na execução de suas funções diferenciadas.

– Governo?!...

Dentro de mim algo se agitou. As lembranças de Estado e de governo que eu trazia eram profundamente negativas e, por isso, jamais aceitei essa idéia.

– Sim, governo. Como não? Ao chegar, você ficou maravilhado com tudo o que viu: a organização, a harmonia, a

---

1 ⋇ Às vezes Bóris trata Leon por Niki, diminutivo de Nicolaievitch. (N.E.)

2 ⋇ Acima dos grupamentos terrestres, encontram-se as cidades do Além – colônias espirituais – a exemplo de *Nosso Lar* e do *Instituto de Confraternização Universal*, respectivamente sobre a cidade do Rio de Janeiro e São Paulo. (N.E.)

beleza. Acha que isso é obra do acaso? Toda sociedade precisa de quem administre as coisas públicas, responsabilize-se pelos serviços gerais e estabeleça a ordem para o bem-estar de todos. Dentro do governo, temos vários departamentos, condizentes com as necessidades da população que aqui reside.

– Ah!... E como são escolhidos esses dirigentes? – indaguei, perplexo.

– Com certeza não recebem o poder por hereditariedade, como os soberanos na Terra, nem são escolhidos pelo sistema democrático, servindo a interesses de grupos poderosos e das massas. Não. São espíritos de elevada hierarquia que chegam ao cargo pelo trabalho realizado em benefício da população e em virtude de suas notórias qualidades morais e intelectuais.

– Vivemos numa aristocracia, então – comentei.

– Sim. No entanto, não podemos nos esquecer de que a idéia primitiva, através do tempo, foi alterada, deturpada e utilizada segundo os interesses da classe dominante, que poderia ser dos patriarcas, dos militares, dos corajosos, dos corruptos, dos ricos, dos inteligentes, enfim, usada por uma minoria que se instala no poder. Para nós, aristocracia representa o governo dos mais sábios e dos melhores. Como diria Allan Kardec, prevendo aquela que representaria uma etapa superior para o ser humano encarnado, mas que já é uma realidade no mundo espiritual, uma *aristocracia intelecto-moral*.

– O governo dos bons! – murmurei, estupefato – Tudo com que sempre sonhei para a sociedade terrena, quando habitava o planeta.

– Exato, meu amigo. Entretanto, não devemos nos esquecer de que existe um tempo para tudo. A humanidade progride sempre, de forma paulatina e constante, e chegará lá onde você, eu e tantos outros sonharam chegar. A evolução é lei divina e, não importa o tempo que transcorra, um dia os homens compreenderão essa realidade e se esforçarão para serem melhores, vencendo as imperfeições, auxiliados por repetidas existências reencarnatórias. Então, tudo o que vivenciamos aqui será implantado na Terra, de forma natural e como parte do aprendizado espiritual. Sedimentadas nesse ir-e-vir contínuo entre os dois mundos, essas experiências se transformarão em consenso para a população, já mais aprimorada.

Bóris calou-se, dando-me tempo para refletir sobre o assunto.

– Interessante. Bem, sempre fui avesso à idéia de Estado e de governo, você sabe. Todavia, sempre se acreditou que, entre os sistemas políticos existentes na Terra, a democracia – governo em que a soberania é exercida pelo povo – fosse a expressão mais avançada e que melhor se adaptasse às necessidades da sociedade terrena, embora também não tenha sido a favor desse sistema, porque nele, de qualquer forma, a violência continuaria existindo, e não apenas em Estados autocráticos – aduzi.

Meu amigo Bóris concordou com um gesto de cabeça.

– Sim. Suponhamos, contudo, que a democracia fosse realmente a melhor opção em termos de governo. Isso seria realidade se todo o povo pensasse da mesma maneira, fosse bom, ordeiro, desprendido, solidário. Entretanto, não é o que acontece e, por isso, os governos democráticos não têm sido muito felizes. Sem dúvida, os mais lúcidos membros da sociedade terrena, em momentos de desprendimento, no sono, espelharam-se no sistema vigente aqui na espiritualidade, levando-o para o planeta, a exemplo de você mesmo. Porém, a inferioridade do espírito encarnado fez com que o homem, por egoísmo, orgulho e ambição, se preocupasse prioritariamente com seus próprios interesses, gerando acordos, conluios, negociatas e todo tipo de corrupção em detrimento da imensa maioria. A democracia será vitoriosa quando seus dirigentes realmente visarem ao bem comum. Todavia, é um passo a caminho do futuro. No fundo, para seres moralmente mais elevados, qualquer forma de governo vem a ser adequada.

Respirei fundo, fascinado, repetindo baixinho, mais para mim mesmo:

– Tudo com que sempre sonhei! Como pode ser?

Bóris soltou uma risada bem-humorada, enquanto dizia.

– Ainda não se conscientizou da sua realidade espiritual, Niki? Esqueceu que já viveu antes na Terra e que após cada estágio você retornava ao mundo que ora habita, para ganhar fôlego e se preparar para novos mergulhos na carne com vistas à evolução do ser imortal?

– Já conversamos sobre isso, mas sempre me surpreendo com a vida aqui na espiritualidade.

– Pois então! Nada disso representa novidade para você, que já retornou inúmeras vezes à verdadeira pátria, à vida do espírito!

– Sim, sim, você tem razão, meu amigo Bóris. E a saudade desse gênero de vida eu levei para a Terra, desejando nela implantar o estilo de existência que, tinha certeza, seria ideal para o homem. Em meus arroubos, sonhava com uma divisão mais equânime de bens, com a propriedade comum da terra. Vislumbrava essa realidade, idealizava um mundo mais justo e mais humano, sem saber que trouxera do Além as idéias, como lembranças esmaecidas de uma época melhor e mais agradável.

Bóris concordou, completando:

– Gênero de vida ao qual você retornava todas as noites, durante o repouso do veículo corpóreo, buscando forças junto dos amigos espirituais. Tal a razão por que essas idéias se mantinham tão nítidas em sua mente: estava sempre se reabastecendo de energias nas fontes do amor maior. Indispensável entender, Leon, que aqui todos temos o necessário e ninguém sente falta de nada, porque estamos num lugar preservado, em que todos estamos mais ou menos no mesmo nível evolutivo. No entanto, precisamos fazer por merecer o que recebemos. Deus é Pai, mas, sobretudo, é justo. Aqui, no invisível, existem zonas de sofrimento tão intenso que você nem consegue imaginar, locais em que os nossos irmãos não têm o que comer, beber ou onde se abrigar; vivem em situação infinitamente pior do que a dos encarnados em dificuldades. Não podemos olvidar que aqui, como na crosta, cada um colherá de acordo com o que plantou. Obviamente, *todos* deveriam ter condições básicas para viver com dignidade e respeito, o que não acontece na Terra. Tanto lá como cá, existem aqueles que não se esforçam para melhorar de vida, que não apreciam o trabalho, que vivem à custa dos outros e que infringem as leis, como também os que abusam do poder manipulando as pessoas, espoliando, escravizando, torturando, por orgulho, egoísmo ou ambição. Dessa forma, cada qual estará no local mais adequado a suas necessidades. Tudo dependerá da condição evolutiva do ser imortal.

– Sob esse aspecto – acrescentei –, considerando a vida na Terra, os homens obedecem às leis porque são obrigados a isso, sem acreditar nelas e sem acreditar na justiça dos que as executam. No mundo em que vivemos, as regras são aceitas por todas as pessoas de boa vontade porque reconhecem sua justeza e confiam naqueles que administram seu cumprimento, não é assim? Essa é a grande diferença.

– Exato. E é por isso que aqui, na Colônia Estrela da Manhã, como em outras colônias tudo funciona de forma tão fraterna e harmônica. Existe entendimento e aceitação das regras impostas pela sociedade – concordou Bóris.

Todavia, apesar das explicações de Bóris, ainda estava intrigado e voltei a questionar, pensando em meu próprio problema:

– Por que, ao regressar ao mundo terreno, após noites e noites de vivência espiritual, eu ignorava este outro lado da minha vida?

Bóris olhou-me de modo especial, pensou um pouco e explicou:

– Pelo mesmo motivo que você ignorava a continuidade de nossa amizade e de nossos encontros aqui no Além. De modo geral, Leon, o cérebro orgânico não tem condições de suportar essa dupla existência da alma, e ao retornar para o corpo esquece o que vivenciou. Desligada em parte do veículo grosseiro, a alma põe em ação outras potencialidades, mas dificilmente conserva essas impressões, pois que não as recebeu com os órgãos da carne, mas com os do espírito. Quando necessário, acontece lembrar-se dos sonhos que podem ser importantes para sua vida material.

– É verdade. Recordo-me de sonhos que tive e que muito me impressionaram na época. Entendo hoje que certamente eram vivências espirituais.

– Sim. O desprendimento é uma forma de emancipação da alma, que está sempre em movimento e em busca de seus interesses.

– Quantas vezes eu acordei com idéias para escrever, e que me devem ter sido sugeridas durante o sono? E quando escrevia muitas vezes me julgava inspirado pelo próprio Deus! Veja quanta ignorância e presunção! No entanto, Bóris, o que me causa estranheza é que, apesar desse outro lado tão presente em minha vida, por que sentia dificuldade em admitir o lado espiritual? – indaguei, pensativo.

– Sem dúvida, meu caro, você era inspirado por um ente superior. É óbvio que não era Deus, mas um mensageiro dele. Quanto a essa dificuldade que reconhece, ela tem ligação com suas outras existências, Leon. Com o tempo chegará a entender melhor seu posicionamento. O que lhe posso adiantar, e que você não ignora, é que você foi um seguidor do Cristo das primeiras horas, época em que ele peregrinava pelo planeta. E você fracassou. Posteriormente, existências tumultuadas no seio da própria Igreja levaram-no a desacreditar de tudo. Com grande esforço, tem recuperado os valores perdidos em termos de fé religiosa. Na última romagem terrena, o amigo conseguiu se sobrepor aos interesses pessoais, buscando pensar no próximo e resgatar a religiosidade latente em você, especialmente vinculando-se ao Evangelho de Jesus. Você tem grandes créditos adquiridos; todavia, evitava cogitar da existência espiritual por resquícios de outras eras; pelo mesmo motivo, não se recordava da vivência no Além.

As palavras de Bóris deixaram-me farto material para reflexão. Realmente, por que não aceitava os milagres do Cristo? Por que rejeitava o lado transcendental de sua personalidade e de seus feitos, considerando-os desnecessários para a compreensão de sua doutrina, cujos textos acreditava suficientes para tornar-nos pessoas moralmente melhores?

Essas e muitas outras perguntas afluíam-me à mente borbulhante.

A resposta teria de buscar dentro de mim mesmo, na minha rejeição pela Igreja e por tudo o que desvirtuasse os ensinamentos do Cristo.

4

A busca do progresso

"Há duas espécies de progresso, que se apóiam mutuamente e que, entretanto, não marcham lado a lado: é o progresso intelectual e o progresso moral."
(*O Livro dos Espíritos*,
Allan Kardec, questão 785)

AS INFORMAÇÕES RECEBIDAS no Além, sempre inspiradoras, me induziram a muitas reflexões, levando-me a rever minhas idéias e tudo o que já havia pensado sobre o assunto, mesclando-as com as informações atuais.

O homem, desde o seu surgimento na Terra, tem atravessado diversas fases que lhe caracterizam o processo evolutivo e que não podem ser atropeladas, visto que representam etapas de crescimento espiritual a ser vivenciadas em plenitude.

Conforme minhas crenças, impressas na obra O *reino de Deus está em vós*, o ser humano passou por três fases:

A do *homem-animal* ou *homem-instinto*, cujas atividades são simples e reduzidas ao mínimo, restritas à busca de alimentação, à preocupação com a defesa para a conservação da espécie e à reprodução. Individualista, vive apenas em função da sua personalidade. Não se dá conta disso, evidentemente, mas só enxerga a si próprio. Sua atividade primeira é a caça, fonte da vida, uma vez que os animais lhe fornecem tudo de que precisa para sobreviver: a carne como alimentação; a pele como vestimenta que o aquece e protege da inclemência dos elementos. Ele tem grande dificuldade em se defender da natureza inóspita, dos animais selvagens e das outras criaturas humanas, quase sempre hostis. Usa a função sexual apenas para a satisfação do instinto e, com isso, atende à lei de reprodução.

O *homem-social* foi a fase seguinte da espécie humana, quando se lhe detectam outras preocupações e atividades. Embora primitivo, ele já consegue olhar em torno de si e ver o que o cerca. Começa a enxergar a fêmea, não apenas como fonte de prazer puramente animal, mas como uma companheira; demonstra maior dedicação aos que o cercam, cuida da prole e toma-lhe a defesa. Sente necessidade de juntar-se a outros seres humanos, até para se fortalecer e preservar de ataques, surgindo assim a tribo. Para viver em grupo, constituir uma sociedade, conquanto rudimentar, cria regras de comportamento para melhor convivência de todos, estabelecendo pela primeira vez a idéia de direitos e deveres, em que cada qual deve respeitar o que pertence ao outro, se deseja que lhe façam o mesmo. Então, a vida do homem passa a representar não apenas ele, a sua personalidade, mas tudo aquilo em que se transformou sua vida, um conjunto de personalidades: a família, a tribo, a nação, o Estado. Percebe que tem de abrir mão de algumas coisas, até dos próprios interesses, para que o grupo seja beneficiado.

A idéia de um poder maior governando-lhe a vida o apavora. Sente a presença de algo superior, que não consegue compreender nem explicar, e prosterna-se perante as forças da natureza. Como não pode dominar nem entender os fenômenos naturais, julga-os de origem divina. Seus sofrimentos são encarados como punição ou vingança da divindade. Então, para agradar a esse poder supremo e conseguir o que deseja, oferece o que tem de melhor. A importância dessa oferenda passa a ter estreita relação com o valor daquilo que pretende conseguir. Quanto maior o pedido, maiores as oferendas, que são sempre materiais – frutos, objetos, animais ou vidas humanas –, como materializada é sua crença.

A terceira fase por que passou a humanidade foi a do *homem-divino* ou *homem-universal*, como denominei na obra citada. Toda a história das civilizações não é mais do que a passagem de uma fase a outra, do *homem-animal* ao *homem-social,* e deste ao *homem-divino*.

Essa terceira fase teve como marco a figura ímpar do Cristo, que, por meio do seu Evangelho, dos ensinamentos memoráveis que nos deixou, dos valores morais, do seu exemplo de vida, modificou a maneira de pensar do ser humano, estabelecendo uma Nova Era para a humanidade. Representa a etapa do *homem-espiritual*, porque Jesus de Nazaré não falou para o corpo, não se dirigiu à parte material do ser, temporária e sujeita às transformações celulares pela morte, mas à mente do homem, capaz de entender suas lições, apreender suas idéias e raciocinar, refletindo sobre os conteúdos que nos legou.

Então, segundo essa terceira etapa, a vida das pessoas não está centralizada na personalidade, nem mesmo num complexo ou graduação de personalidades, mas no princípio de tudo e, por conseqüência, na fonte da vida, que é Deus, Pai e Criador.

Depois do Cristo, a humanidade nunca mais foi a mesma. É certo que o homem progride muito lentamente, mas essa evolução é constante. Durante esse longo período após o retorno de Jesus às Altas Esferas de onde veio, grande dificuldade atravessou a espécie humana; infindáveis sofrimentos a afligiram e horrenda escravidão religiosa a impediu de agir, falar e até de pensar. Atados os pés e as mãos, todo aquele que se atrevia a raciocinar de forma diferente, ou mesmo que tinha nascido de um povo desprezado, considerado inferior, passou a ser perseguido. O ser humano curtiu as dores da injustiça, da perseguição, da tortura, e não raro da morte, pelo simples fato de não aceitar o que a Igreja determinava – dominada e comandada, também ela, por criaturas ignorantes e fanáticas, perversas e sanguinárias, que fizeram com que longos séculos de trevas cobrissem a Terra e um mar de sangue e lama inundasse muitos países, trazendo sofrimento, insegurança, pânico e dor às populações.

Renovando-me na vida espiritual, agora acredito que passamos por uma quarta fase, a do *homem-cósmico* ou *homem-integral*, com o advento do Consolador Prometido por Jesus, e que se configurou na presença da plêiade do Espírito de Verdade na face do planeta. Por intermédio de fenômenos aparentemente pueris, os espíritos do Senhor abalaram a sociedade terrena, mostrando-lhe a existência de uma outra realidade, com a continuidade da vida Além-túmulo. Esses fenômenos fizeram com que o emérito professor Hippolyte Léon Denizard Rivail, estudioso pesquisador, analisasse o assunto, mergulhando nos ensinamentos que os espíritos trouxeram, e acabasse por se convencer da veracidade das informações. Esses conhecimentos desembocaram na Codificação da Doutrina Espírita, iniciada com a publicação de *O Livro dos Espíritos*, em 18 de abril de 1857, obra com que o mestre Rivail – sob o pseudônimo de Allan Kardec, como ficou mundialmente conhecido – mostrou ao mundo a realidade espiritual.

De posse dessas novas informações, o ser humano passou a entender melhor o problema da vida e da morte, dos fenômenos que ocorrem em sua existência e a seu redor, e que não sabia explicar; da razão das diferenças – sociais, individuais, econômicas, culturais ou morais – entre as pessoas.

Sim, o homem que desacreditava de Deus, em virtude das aparentes injustiças que até então testemunhara, tem condições de compreender por que sofre e de saber que nada acontece por acaso, pois colhe hoje o que semeou no passado. Consegue analisar melhor suas reações e as dos outros, consciente da existência do mundo espiritual – em constante relação com o mundo material –, o qual influencia os encarnados de forma benéfica ou maléfica, de acordo com a natureza das companhias espirituais que cada um escolhe.

Também consegue ter mais compreensão e tolerância diante das dificuldades nos relacionamentos familiares, sabendo que a convivência na mesma casa pode trazer inimigos do passado que, pela bondade e misericórdia de Deus, se aproximam hoje para a necessária reparação.

O homem-cósmico é aquele que olha para o céu e não vê apenas o espaço infinito como um manto de estrelas criadas para enfeitar-lhe a vida; enxerga os minúsculos pontos luminosos que salpicam a noite como astros, estrelas e planetas, corpos celestes estuantes de vida, locais de aprendizado e de progresso, uma vez que o universo é, para ele, obra divina e Deus, a perfeição absoluta, que nada criou de inútil.

Na atualidade, as ciências, em quaisquer áreas, avançam num ritmo tão acelerado que raros humanos conseguirão acompanhar-lhes o desenvolvimento. Entre outras, a astronomia, a cibernética, a informática, a engenharia, a medicina e, especialmente, a genética levarão a humanidade às culminâncias do saber. Conquistas importantíssimas para a saúde, direcionadas para a conservação da vida e a melhoria de condições das grandes populações famintas e sofredoras, objetivam aumentar-lhes o conforto e prover-lhes as necessidades básicas da existência.

As ciências humanas e sociais trabalham para conferir maiores direitos ao homem, estudando-lhes as carências e procurando supri-las.

Todavia, a grande necessidade do homem é o aprimoramento moral. As imperfeições, configuradas nos defeitos e nos vícios, tolhem-lhe a caminhada, levando-o a terríveis desastres morais. Não raro, a invigilância de um momento produz fracassos de efeitos imprevisíveis, com reflexos graves na vida futura, que podem estender-se por séculos de sofrimento e dor.

O homem conserva um pé no passado e outro no futuro. Contudo, esse comportamento gera conseqüências desagradáveis e angustiosas, uma vez que não pode viver mais o passado, porque este ficou inapelavelmente para trás; também não pode viver o futuro, ainda uma incógnita indevassável; e dessa forma não vive o presente, que é uma bênção de Deus, oportunidade única que o Senhor lhe concede para seu crescimento e aprendizado. Preocupado entre o que passou e o que virá, perde a ocasião de VIVER.

Certamente, refiro-me aqui às etapas do ser imortal, sem esquecer que a evolução anímica é extremamente complexa, demandando um tempo infinito. As fases anteriores, desde as primeiras manifestações de vida, passando pelos demais reinos da natureza, com as conseqüentes conquistas orgânicas, instintivas e sensoriais, todas de extraordinária importância, serviram-lhe de base e sustentação no aprendizado constante e lhe permitiram chegar ao estágio hominal.

Eis o que penso agora na espiritualidade. Os conhecimentos novos esclareceram-me pontos que, por me permanecerem obscuros na mente, levaram-me a outras conclusões.

Um desses pontos, que eu tinha dificuldades de entender, é o que se refere ao espírito, ser inteligente e imortal. Acreditava na alma e numa outra vida, porém minhas idéias eram vagas e incertas, como as da maioria das pessoas. Quando me referi ao homem-espiritual, não me referi ao espírito-individualidade, mas espiritual no sentido de elevação de pensamentos, de conceitos, de idéias; espiritual no sentido de não pensar apenas no lado material da existência, mas em focalizar a mente num ângulo superior da razão e da vontade.

Essa constatação imprimiu mudança radical em meus pontos de vista e em minhas crenças, o que pretendo explicar nesta obra, com a bênção de Deus.

5

Reflexões sobre religião

"Somente é inabalável a fé que pode encarar a razão face a face, em todas as épocas da Humanidade."
(*O Evangelho Segundo o Espiritismo*, Allan Kardec, cap. XIX, item 7)

O CONSIDERO O EVANGELHO de Jesus a obra máxima da humanidade. O conteúdo das mensagens cristãs seria o suficiente para transformar o ser humano em alguém melhor, mais pacífico, mais amorável, que modifica o mundo em que vive. Exemplificando os ensinamentos evangélicos, o homem passaria a habitar um planeta onde as injustiças sociais deixariam de existir, onde a fome, a miséria, a violência seriam extirpadas das coletividades e todos conviveriam de forma harmoniosa e pacífica, exercitando a fraternidade e a solidariedade universais.

Não mais haveria ódio, dissensão, egoísmo, maldade. A ambição seria substituída pelo desprendimento, e uma divisão mais justa e equânime de bens daria a cada um o necessário para viver dignamente.

As doenças não encontrariam guarida numa sociedade em que o poder público cuidasse melhor do saneamento básico, proporcionando uma infra-estrutura mais condizente com as necessidades primárias da população. Em que as autoridades se preocupassem com a educação do povo, para que cada cidadão tivesse condições de aprender e de se desenvolver, assim como uma profissão e meios de subsistência. Impulsionado o crescimento econômico-financeiro, que movimenta as riquezas e gera rendas, aumentaria a oferta de empregos; e os salários produzidos retornariam para os meios de produção, criando mais recursos.

Por outro lado, com as mentes voltadas para a elevação espiritual, para o cultivo de valores morais nobres e para o despertar do amor ao próximo, as defesas orgânicas do ser humano seriam ativadas de forma extraordinária, desenvolvendo barreiras de contenção para impedir a proliferação de bactérias, vírus e fungos. Assim, o ser humano veria a concretização do adágio latino *Mens sana in corpore sano* (Mente sã em corpo são).

Essas e outras conquistas fariam com que a Terra se transformasse num paraíso, onde o homem teria condições mais adequadas para trabalhar e progredir com dignidade e respeito.

Tudo isso vai acontecer um dia, porque o nosso orbe já está passando por grandes mudanças, tendentes a transformá-lo num "mundo de regeneração". A realização dessas expectativas, no entanto, dependerá do esforço e da boa vontade de seus habitantes, isto é, dos espíritos compromissados com a própria evolução e com a melhoria do planeta.

Para que essas mudanças ocorram só há um caminho. E esse caminho é o do Evangelho do Cristo, que a Doutrina Espírita em tão boa hora trouxe de volta às populações famintas de luz e de conhecimento. É o Cristo redivivo, em Espírito e Verdade.

A Doutrina Cristã tem sofrido, através do tempo, os maiores ultrajes e mutilações; tem sido vilipendiada e massacrada, e tem servido à ambição de instituições que se consideram donas da religião cristã e as únicas detentoras da verdade, as quais enriqueceram à custa do povo ignorante.

Nada há nos textos evangélicos que comprove que Cristo teria fundado uma Igreja. No entanto, é isso o que afirmam aqueles que quiseram ocultar a verdade. Tinham que deixar muito claro que Cristo tinha fundado, não apenas *uma* Igreja, mas *a* Igreja. Porém, exceto em textos eclesiásticos, em lugar algum existe algo escrito que se assemelhe àquilo que o povo entende pelo vocábulo "igreja".

Certa ocasião, censurando os escribas e fariseus, falou Jesus às multidões e aos seus discípulos: "*Vós, porém, não sereis chamados mestres, porque um só é vosso Mestre, e vós todos sois irmãos. A ninguém sobre a Terra chameis vosso pai; porque só um é vosso Pai, aquele que está no céu. Nem sereis chamados guias, porque um só é vosso Guia, o Cristo. Mas o maior dentre vós será vosso servo. Quem a si mesmo se exaltar será humilhado; e quem a si mesmo se humilhar será exaltado*"[1].

Essas palavras de Jesus são uma indicação bem clara contra a igreja como autoridade externa, e não têm nenhuma alusão à instituição que os fiéis reconhecem como sendo a sua igreja.

É sabido que em apenas duas oportunidades aparece a palavra "igreja" no Evangelho:

A primeira, conforme podemos verificar no relato de Mateus[2]. "*Indo Jesus para as bandas de Cesaréia de Filipe, perguntou a seus discípulos: Quem diz o povo ser o Filho do homem? – E eles lhe responderam: Uns dizem: João Batista; outros: Elias; e outros: Jeremias, ou algum dos profetas. – Mas vós – continuou ele–, quem dizeis que eu sou? – Respondendo, Simão Pedro, disse: Tu és o Cristo, o Filho do Deus vivo. – Então Jesus lhe afirmou: Bem-aventurado és,*

1 ⋇ Mateus, 23:8 a 12. (Nota da Médium)

2 ⋇ Mateus, 16:13 a 18. (N.M.)

Simão Barjonas, porque não foi carne e sangue quem to revelou, mas meu Pai que está nos céus. Também eu te digo que tu és Pedro, e sobre esta pedra edificarei a minha igreja, e as portas do inferno não prevalecerão contra ela".

Na época em que escrevi sobre esse assunto, não tinha condições de entender o texto evangélico, que considerei obscuro e sem sentido, por me faltarem conhecimentos essenciais à interpretação das palavras de Jesus. Agora, compreendo claramente que Cristo se referiu à comunicabilidade entre os dois planos da vida, e ao uso da mediunidade, de que Pedro dera mostras. Por isso Jesus assegura que a resposta do discípulo, considerando-o "o Cristo, o Filho do Deus vivo", não foi nem o "sangue" nem a "carne" que lhe revelaram, mas os espíritos do Senhor. E prossegue dizendo: "*Tu és Pedro, e sobre esta pedra* edificarei a minha igreja"; isto é, sobre a *faculdade mediúnica* edificarei minha igreja, ou seja, *minha doutrina*.

Cristo sabia que as comunicações entre os mundos material e espiritual são essenciais para que os encarnados recebam informações, instruções, ajuda e assistência. Por essa ponte de luz ligando o céu e a Terra, sua doutrina receberia a oxigenação imprescindível a sua implantação nas inúmeras sociedades, e os cristãos obteriam força, consolo, esperança, incentivo e orientação na divulgação da Boa Nova às populações carentes de Deus. Através do intercâmbio mediúnico, curas seriam efetuadas, despertando a fé no coração das pessoas, ou aumentando-a, pela comprovação da misericórdia do Pai, em nome de quem Cristo operava. E essa ligação com o Alto, conforme podemos ler em Atos dos Apóstolos, fluiu ininterruptamente por pelo menos trezentos anos. E sobre esse dom de profecia, ou de mediunidade, que era aceito e reconhecido por todos até o século quarto, a Igreja declarou que tudo o que dissesse respeito à comunicação com os mortos era obra do demônio, ou pura ilusão. E aí fez o que fazem todas as autoridades despóticas:

"decretou" que a única fonte verdadeira de profecia, da revelação de Deus com os homens, provinha dela. Tudo o mais foi amaldiçoado, proibido e condenado.

Somente hoje entendo essa realidade. Em nenhum momento Cristo, ao falar em igreja, referiu-se a uma instituição religiosa. Igreja – do grego *ekklesia*; do latim *ecclesia* – significa assembléia, reunião de pessoas. Repito: jamais Jesus de Nazaré mencionou a palavra igreja como instituição; essa organização religiosa que conhecemos como Igreja Católica somente surgiu no século quarto. Os cristãos primitivos consideravam *ecclesia* como assembléia, o momento em que se reuniam para estudar o Evangelho de Jesus.

A segunda citação foi utilizada por Jesus para resolver uma situação dúbia:

"*Se teu irmão pecar contra ti, vai argüi-lo entre ti e ele só. Se ele te ouvir, ganhaste a teu irmão. Se, porém, não te ouvir, toma ainda contigo uma ou duas pessoas, para que, pelo depoimento de duas ou três testemunhas, toda a palavra se estabeleça. E, se ele não os atender, dize-o à igreja; e, se recusar ouvir também à igreja, considera-o como gentio e publicano*"[3].

Nitidamente, também nesse texto, vemos que Jesus utilizou o vocábulo igreja no sentido de assembléia, de reunião de pessoas.

Todavia, mais tarde, a Igreja se valeu de interpretação equivocada para consolidar o seu reinado. Releva notar que fica patente essa posição da Igreja quando fez a seguinte interpolação, na seqüência do texto evangélico citado: "*Em verdade vos digo que tudo o que ligardes na terra terá sido ligado no céu, e tudo o que desligardes na terra terá sido desligado no céu*"[4].

3 ⋇ Mateus, 18:15 a 17. (N.M.)

4 ⋇ Mateus, 18:18. (N.M.)

Com base nisso, a Igreja passou a considerar-se autoridade máxima para todos os fiéis, que ficaram proibidos de contestar-lhe o poder. Bastante elástico, o versículo é utilizado até hoje pela Igreja, em qualquer circunstância, inclusive para justificar o sacramento do matrimônio.

E aqueles que *criaram* a Igreja atreveram-se a tachar de hereges todos aqueles que não pensavam da mesma forma. É bom lembrar que cada igreja considera que apenas a sua é doutrina verdadeira, em oposição às de outras igrejas, que classifica como heréticas.

Mas o que vem a ser heresia? Os dicionários definem como: doutrina contrária ao que foi definido pela Igreja em matéria de fé e ato ou palavra ofensiva à religião[5].

Para mim, heresia, palavra que em grego significa "parte", "*é o nome dado por uma reunião de homens a toda argumentação que refuta uma parte da doutrina professada por esta sociedade. O significado mais especial dado com freqüência à palavra heresia é o de uma opinião que derruba a doutrina estabelecida pela Igreja e sustentada pelo poder temporal*"[6].

Como afirmei há pouco, cada igreja aceita apenas a *sua* doutrina como verdadeira. Tudo o mais é falso e sem valor. Entretanto, como podemos entender a doutrina do Cristo dividida entre tantas igrejas, cada uma delas se considerando a legítima, e as outras, heréticas?

Conforme deixei escrito em minha obra já citada, se existiu uma igreja que, no ano 51, tratou de tema polêmico para os judeus, que é o dos nãocircuncidados, e resolveu admiti-los, certamente é porque havia outra, apegada às normas judaizantes, que, embora seguidora de Jesus, havia decidido não aceitá-los.

---

5 ⋇ Ver *Novo Dicionário Aurélio*. (N.M.)

6 ⋇ Ver *O reino de Deus está em vós*, Rosa dos Tempos/Record, 2ª ed., 1994, p. 83. (N.E.)

Da mesma forma, se existe uma Igreja Católica que se considera infalível, é porque existem outras igrejas – greco-russas, ortodoxas, protestantes – cada uma afirmando sua própria infalibilidade e negando, conseqüentemente, as outras igrejas. Entendemos que, nesse passo, a igreja *universal*, ou que assim se considera – visto que "católico", do grego *katholikós* e do latim *catholicus*, significa "universal" –, é apenas um conceito ilusório, sem apoio na realidade. Assim, considero que as várias sociedades que dizem, cada qual, representar a igreja universal "fundada" por Cristo, julgando as demais cismáticas e heréticas, não existiram a não ser como fatos históricos, já que o que afirmam não tem respaldo da verdade.

Percebe-se isso de forma clara nos catecismos das igrejas mais difundidas – católica, ortodoxa e protestante – que proclamam isso abertamente.

O catecismo católico pergunta: "Quem são os que estão fora da igreja?" Resposta: "os infiéis, os hereges e os cismáticos".

E quem são eles? Os cismáticos são aqueles que se autodenominam ortodoxos, e os protestantes são reconhecidamente os hereges. O que insinua que, conforme o catecismo católico, na Igreja existem apenas católicos.

Vejamos os que pregam os ortodoxos. No seu catecismo lemos: "Sob o nome de igreja única de Cristo, entende-se somente a igreja ortodoxa, que permanece em plena concordância com a igreja universal. Quanto à igreja romana e outras confissões (aos luteranos e aos outros esse catecismo não dá nem mesmo o nome de igreja), não podem ser compreendidas na igreja universal, pois se dividiram em si mesmas". Por essa definição, os protestantes e católicos estão fora da igreja, e só os ortodoxos dela fazem parte.

E os luteranos? Vejamos o que afirma o seu catecismo: "A verdadeira igreja é reconhecida pela palavra de Deus ensinada clara e puramente, sem intervenções humanas, e pelos sacramentos nela estabelecidos fielmente, a exemplo da doutrina de Cristo".

De acordo com essa definição, todos aqueles que acrescentaram textos apócrifos na doutrina de Cristo e dos Apóstolos, como fizeram a Igreja Católica e a grega, estão fora da igreja, e só os protestantes dela fazem parte.

Em relação ao Espírito Santo, temos um novo foco de divergências. Os católicos afirmam que o Espírito Santo se manifesta constantemente em sua hierarquia, isto é, dentro do sacerdócio organizado; os ortodoxos dizem a mesma coisa. De modo idêntico os arianos[7]. Igualmente os protestantes (luteranos, presbiterianos, metodistas e outros adeptos da igreja reformada), os mórmons, os seguidores de Swedenborg, asseguram que o Espírito Santo só se manifesta entre eles.

Se os católicos acreditam que o Espírito Santo, à época da dissidência das igrejas ariana e grega, as abandonou, e só permaneceu na Igreja Católica, a única que consideram verdadeira, com os mesmos direitos os protestantes das mais variadas correntes podem afirmar que, com a Reforma, o Espírito Santo abandonou a Igreja Católica e passou para a nova igreja. Aliás, é essa a convicção deles.

O alicerce da fé de cada uma das igrejas é a tradição ininterrupta que lhes vem sendo transmitida desde o advento de Cristo e dos Apóstolos. Efetivamente, cada confissão religiosa proveniente dos ensinamentos de Cristo deveria chegar à geração atual por meio de certas tradições, o que não prova que essas tradições sejam indiscutíveis e excluam todas as outras.

Exemplificando, gosto de pensar que a Doutrina Cristã é como uma árvore, cujos galhos são provenientes de um mesmo

7 ⋇ Seguidores do arianismo, doutrina de Ário, famoso heresiarca de Alexandria (280-336) segundo a qual era Cristo uma criatura de natureza intermediária entre a divindade e a humanidade. (N.M.)

tronco e de uma mesma raiz; desse fato, porém, não podemos deduzir que cada galho seja o único galho.

Uma vez que, para atingir suas finalidades, cada igreja procura comprovar sua continuidade baseada na tradição, bem como apresentar os mesmos milagres para sustentar sua ortodoxia, afirmo categoricamente que a definição exata e absoluta de igreja só pode ser: uma reunião de homens que afirmam ser os únicos detentores da verdade.

Desse modo, acredito que essas sociedades religiosas, transformadas e vitalizadas com a contribuição do Estado em poderosas instituições, foram os verdadeiros e principais obstáculos à propagação da perfeita inteligência da doutrina de Cristo.

Não poderia ter sido diferente.

A característica principal da doutrina de Cristo, a que a distingue de todas as outras, é que aqueles que a aceitaram tendem sempre mais a compreendê-la e pô-la em prática; enquanto a igreja afirma a inteligência definitiva da doutrina e seu cumprimento[8].

Tudo isso se levarmos em consideração as diversas igrejas existentes à época em que escrevi minha obra. Nesse período, isto é, de 1893 para cá, grandes transformações ocorreram em matéria de fé religiosa, todavia as igrejas continuam basicamente as mesmas, em obediência às tradições.

Entretanto, outras denominações surgiram, com novos segmentos e divisões das igrejas existentes, aumentando os cismas nas comunidades religiosas, com ênfase para o ramo das igrejas pentecostais, que atualmente arrastam multidões aos seus cultos, e para a Igreja Católica Apostólica Romana, que tem dentro dos próprios templos uma ramificação com o surgimento dos carismáticos.

---

8 ⨳ Obra citada, p. 81. (N.E.)

As controvérsias e polêmicas continuam as mesmas, pois cada uma dessas igrejas quer ter – e afirmam isso textualmente – o monopólio do Espírito Santo. Todas garantem que só elas o recebem, com exclusão das demais, cujas doutrinas julgam heréticas ou heterodoxas.

Ainda temos a considerar o movimento deflagrado como moderno espiritualismo, que veio desaguar na Doutrina Espírita, codificada por Allan Kardec, na França, em 1857, quando as ciências, avançando com a eclosão de novas idéias, possibilitaram a constatação, por experiências em laboratórios, de verdades conhecidas, mas não comprovadas.

O Espiritismo veio trazer a maior contribuição de que se tem notícia – depois do Cristo – para a sociedade terrena, permitindo o estudo sério de assuntos transcendentais, como a existência e a imortalidade da alma, a comunicabilidade entre os dois mundos, a reencarnação, a Lei de Causa e Efeito, a pluralidade dos mundos habitados e muito mais.

Trouxe fantástica contribuição às relações entre os mundos material e espiritual, que se interpenetram e interagem, aumentando a polêmica em torno do assunto. Proclama que aqueles que se comunicam com os encarnados são os espíritos dos homens que já habitaram a Terra e que agora estão numa outra realidade, o mundo espiritual.

Não podemos deixar de citar as seitas africanas, que, desde o início do triste e lamentável episódio da escravatura no Brasil e ainda que utilizem elementos de seu sincretismo religioso, têm contribuído, e muito, para o intercâmbio entre os dois mundos.

Outras denominações religiosas, embora mantenham contatos com a espiritualidade, não aceitam que esses comunicantes sejam seres como nós, afirmando tratar-se do Espírito Santo *em pessoa*.

E tudo isso aquece as controvérsias, mas comprova que, no fundo, todos os segmentos religiosos caminham num mesmo sentido: o da constatação da existência do espírito e de sua sobrevivência após a morte do corpo físico.

6

Cristo: O maior dos hereges?

"A luz resplandece nas trevas,
e as trevas não prevaleceram contra ela."
(JOÃO, 1:5)

EM RELAÇÃO AO CRISTIANISMO, o que não se admite, sendo verdadeiramente inaceitável, é que cada segmento religioso considere apenas a própria igreja como verdadeira, com a exclusão das demais. Afinal, somos todos filhos de Deus e o Pai nunca fez distinção entre seus filhos, amando-os da mesma maneira e com igual intensidade.

Os que pensam de forma diferente mostram que ignoram a grandeza de Deus – ou outro nome que se lhe dê – e seus atributos essenciais, não raro dando mais poder às trevas do que à luz. Ele é a perfeição absoluta, existe desde sempre e é imutável, regendo o universo por meio de leis igualmente imutáveis, de modo a gerar estabilidade no tempo e no espaço.

Ora, entre os atributos que reconhecemos de Deus, necessariamente têm de estar a unicidade e a onipotência; se assim não fosse, o poder estaria dividido com outra divindade e Deus não poderia representar o poder supremo do universo.

Deve ter também justiça e bondade em grau máximo, pois, se assim não o considerássemos, Ele seria parcial e poderia não conceder a seus filhos as mesmas condições de vida e de potencialidades, protegendo a uns em detrimento de outros. Assim, Deus quer a todos nós com o mesmo amor e nos dá sem distinção iguais oportunidades de nos modificarmos, quer sejamos bons ou maus.

O Cristo sempre se referiu a Deus como o Pai, mostrando que a nossa relação com a divindade é a de filho e, conseqüentemente, a relação com nossos semelhantes é a de irmãos.

Bastaria que buscássemos os enunciados cristãos para entendermos essa verdade, que os homens teimam em esquecer, preocupados em proteger seus interesses pessoais, pois Jesus afirmou categoricamente que nenhuma das ovelhas que o Pai lhe confiou se perderia. Como entender Deus mandando seus filhos para um inferno eterno?

Assim, como enfatiza a Doutrina Espírita, a evolução é meta do espírito; todos chegaremos lá, não importa o tempo que cada um leve para progredir.

Deparamos também com a curiosa constatação de que, a valer o que pregam as igrejas, Cristo seria o maior dos hereges!

Pode parecer um absurdo colocarmos o assunto dessa maneira, e até um profundo desrespeito à figura venerável de Jesus, a mais alta expressão do amor divino na face da Terra. De acordo, porém, com a atitude dos religiosos que pregam o Evangelho e agem de forma oposta, concluímos com surpresa que o Cristo está fora da Igreja. E se ele está fora da Igreja, é herege!

Em primeiro lugar, temos a considerar que a Igreja, da maneira como foi constituída, é a negação dos preceitos cristãos. Jesus nunca criou uma igreja, como acabamos de demonstrar. Deixou-nos o Evangelho, código moral luminescente, onde o ser humano pode, na medida de suas necessidades, encontrar respaldo para seu crescimento, melhorando o relacionamento com o próximo e transformando-se moralmente.

De perseguida que era, a Igreja transformou-se em perseguidora – exatamente no momento histórico em que se criou a Igreja Cristã[1] –, num flagrante desrespeito aos ensinamentos do Cristo, dentre os quais sobreleva o amar ao próximo como a si mesmo.

Para ser aceita pelo povo em Roma, no centro mesmo do paganismo (as pessoas foram obrigadas a abandonar as antigas crenças nos deuses da mitologia para adotar a religião cristã, completamente desconhecida dos pagãos, mas obrigatória para toda a população, uma vez que elevada à categoria de religião oficial do Império Romano), a Igreja aproveitou os velhos e suntuosos templos existentes, transformando-os em templos cristãos. Para preencher os nichos vazios, antes ocupados pelos deuses do Olimpo, introduziu imagens de santos da Igreja; passou a realizar cerimônias de culto exterior, como as procissões, e a fazer uso de velas, incenso, paramentos, para agradar o populacho, afeito às festas mundanas. Criou dogmas e mistérios, inventou liturgias, instituiu sacramentos[2],

---

1 ⋇ Até essa época, os seguidores de Jesus viviam na clandestinidade, até que o imperador Constantino lhes atribuísse foros de cidadania criando uma Igreja. (N.M.)

2 ⋇ Segundo o *Novo Dicionário Aurélio*, *dogmas* são pontos fundamentais, indiscutíveis e incontestáveis de uma doutrina religiosa, porque se acredita exarada por Deus, e a Igreja Católica adotou como tais, entre outros, o do pecado original e o da divindade de Jesus. *Mistérios* são objetos de fé ou dogmas religiosos impenetráveis à razão humana, como o da Santíssima Trindade, da Imaculada Conceição, da virgindade de Maria, da infalibilidade papal. *Liturgias* são cultos públicos e oficiais instituídos por uma igreja, como a liturgia da missa, por exemplo; são rituais que cada igreja estabelece como parte de suas cerimônias. *Sacramentos*, segundo a Igreja de Roma, são sinais sagrados instituídos por Jesus Cristo para distribuição da salvação divina àqueles que, recebendo-os, fazem uma profissão de fé. São eles: o batismo, a confirmação ou crisma, a eucaristia, a penitência ou confissão, a ordem, o matrimônio e a extrema-unção. (N.M.)

obscurecendo a busca da verdade, que era uma característica dos seguidores do Evangelho, e passou a preocupar-se fundamentalmente com os interesses materiais, fixando preço pelos serviços prestados aos fiéis, em evidente discordância com os preceitos do Mestre, que afirmou: "*Dai de graça o que de graça recebestes*"[3].

A tudo isso, e muito mais ainda, Jesus nunca se referiu nem de leve! No entanto, a Igreja teve a audácia de inventar tais absurdos, apregoando que eles foram *instituídos pelo Cristo*. Pasmem!

Quando da publicação de meu livro *O reino de Deus está em vós*, acusaram-me de não reconhecer a Santíssima Trindade, a Redenção e a imortalidade da alma. Mas, como poderia?

Em relação à imortalidade da alma, depois de analisar profundamente a mensagem de Cristo, percebi que ele menciona em várias oportunidades a vida futura; mesmo porque, sem isso, como entendermos a promessa do Reino dos Céus a que Jesus aludiu em várias oportunidades? O que eu não acreditava era na maneira como essa informação era passada pela Igreja, que afirmava categoricamente que o destino das almas estaria selado após a morte, com o céu, o inferno ou o purgatório.

Agora, habitante do Além-túmulo, pude comprovar essa realidade por mim mesmo. E é o que acontecerá com todas as pessoas, mais cedo ou mais tarde, que, um dia, terão de deixar a veste carnal, transitória e sujeita às transformações da matéria, partindo para a pátria espiritual. Aí, acreditem ou não, irão deparar com a verdadeira vida.

Quanto à Santíssima Trindade, representa um absurdo e uma tolice tão grandes que, não apenas eu, mas qualquer pessoa de mediana inteligência e em sã consciência se recusaria a

3 ⨯ Mateus, 10:8. (N.M.)

aceitar. Como pode existir essa estranha concepção de um Deus que se divide em três pessoas: o Pai, o Filho e o Espírito Santo?

Jesus jamais disse que era Deus. Ao contrário, sempre se colocou na posição de filho de Deus, um Pai bom e generoso que ama igualmente a todos os seus filhos, que somos todos nós, espíritos criados por Ele. Como Jesus pode ser Deus, se reconhecidamente é filho de Maria, da cidade de Nazaré? E se é filho de Maria, como pode ser o próprio Deus? Então, Maria de Nazaré seria maior que a divindade, pois teria gerado o próprio Deus?

Referem-se os teólogos à consubstancialidade, isto é, à qualidade daquilo que é consubstancial: que tem uma só substância; em que há unidade de substância. Da mesma natureza ou essência que outro, informa o dicionário de Aurélio. Dessa forma, tudo se torna mais confuso, e nada se explica. Por que obscurecer a idéia clara e luminosa que Jesus trouxe sobre Deus?

Querer transformar Jesus num ser divino é irracional e contra tudo em que se acreditava. Os apóstolos, os pais da Igreja e todos os estudiosos sempre viram em Jesus um homem superior pelas suas condições de nobreza moral e espiritual, um ser iluminado, mas um homem. No entanto, à Igreja era conveniente que ele fosse confundido com a divindade, porquanto isso traria para Jesus uma importância e um poder muito maior, fazendo com que esse resplendor respingasse luminosidade na própria instituição, conferindo-lhe mais poder e autoridade material e moral. Sempre a questão dos interesses materiais sobrelevando-se aos de ordem espiritual!

Esse absurdo só foi concretizado no Concílio de Nicéia, no ano de 325, depois de rejeitado por três outros concílios, ficando assim estabelecido: "A Igreja de Deus, católica e apostólica, anatematiza os que dizem que houve um tempo em que o Filho não existia, ou que não existia antes de haver sido gerado".

Pasmem! Como se pode aceitar uma coisa dessas? No entanto, é o que a Igreja Católica prega! Essa decisão deixa claro, inclusive, que durante mais de três séculos não era esse o pensamento dos seguidores de Jesus nem dos responsáveis pela Igreja, e que houve muita polêmica e acirrados debates sobre o assunto.

Em virtude desse amontoado de absurdos difundidos pelas igrejas, que considero um verdadeiro atentado à razão e que obscurecem o entendimento da mensagem cristã, foi que me insurgi contra a Igreja Ortodoxa russa, discutindo e polemizando com os altos prelados.

Amante do Evangelho do Cristo, estudioso das suas lições, não podia aceitar o que era imposto e apregoado ao povo da minha terra. Percebia as incoerências, a diversidade entre o pensamento de Jesus e o da Igreja, e isso me desesperava. Por esse motivo, sem respostas para meus questionamentos, mas convicto de que o Evangelho era o caminho para a redenção do ser humano, resolvi fazer minha própria tradução dos textos evangélicos, indo buscar nas fontes mais primitivas do texto grego o verdadeiro pensamento da doutrina do Cristo. Para isso, estudei hebraico e grego, encontrando grande facilidade, o que na época não percebi, mas que agora, na espiritualidade e com outro entendimento, *sei* que é porque já possuía conhecimento desses dois idiomas em vidas pretéritas.

E aí, como um milagre, a luz sobressai das trevas, a jóia rara aparece no meio do cascalho e o perfume de Jesus se espalha envolvendo e mostrando a verdade que os homens tentaram obscurecer, tornando a religião cristã incompreensível em muitos pontos.

Amando a pureza e a simplicidade, o Mestre pregou a humildade, em detrimento do orgulho, o desprendimento em oposição ao egoísmo e à ambição, rejeitando-os como sendo das maiores imperfeições que o ser humano ainda carrega em seu íntimo e que deve se esforçar para vencer. Jamais Jesus instituiu qualquer dogma, sacramento, mistério, liturgia. Jesus não fez batizado, casamento, não deu extrema-unção. Desafio qualquer um que prove o contrário.

Por todos esses excertos, chegamos à conclusão de que a doutrina que ensinam nas igrejas não é a do verdadeiro pensamento cristão. O Cristo estaria fora delas por divergir das idéias propagadas como verdade; seria considerado um herege, conforme a Igreja classifica todos aqueles que não rezam pela sua cartilha.

Todavia, a verdade há de prevalecer límpida e clara, brilhando como o sol no alto das montanhas. Chegará o dia em que essas instituições cairão por terra, por desnecessárias, desaparecendo no meio do amontoado de mentiras e absurdos que cultivaram. Chegará o dia em que as pessoas, modificadas interiormente, aceitarão o Cristo em espírito e verdade, e seu Evangelho passará a ser vivenciado por todos.

Até lá, conservemos o bom ânimo e o desejo de trabalhar e de servir, como obreiros da seara de Jesus, a que temos a honra de pertencer.

7

Amor ao próximo

"Os fariseus, tendo sabido que ele
tapara a boca aos saduceus, reuniram-se;
e um deles, que era doutor da lei,
para o tentar, propôs-lhe esta questão:
– Mestre, qual o mandamento maior da lei?
– Jesus respondeu: Amarás o Senhor teu Deus
de todo o teu coração, de toda a tua alma
e de todo o teu espírito; este o maior e o primeiro
mandamento. E aqui tens o segundo, semelhante a esse:
Amarás o teu próximo como a ti mesmo.
– Toda a lei e os profetas se acham contidos
nesses dois mandamentos."
(Mateus, 22:34 a 40)

A PREOCUPAÇÃO COM A questão social sempre foi uma constante em minha mente. Incomodava-me ver os mujiques da minha terra vegetando sem as mínimas condições de existência. Por longos períodos, a fome campeava em seus lares, a miséria atroz humilhava aquelas criaturas, seres humanos como nós, os de descendência nobre, que vivíamos entre festas, viagens e prazeres.

Nos salões freqüentados pela alta nobreza, o luxo exorbitava; roupas caríssimas e jóias de grande valor serviam para despertar a inveja de todos os presentes. Em qualquer residência aristocrática que abrisse suas portas para receber, a comida e a bebida eram fartas, preocupando-se o anfitrião em sobrepujar os demais em refinamento e grandeza.

Tudo isso eu observava, acabrunhado, acompanhando minha esposa Sofia aos banquetes ou às reuniões mais requintadas; questionava intimamente os valores do nascimento, do dinheiro e do poder, valores esses que provocavam e sustentavam as distorções sociais.

Num desses eventos, eu examinava com olhos críticos uma dama, vestida dentro dos rigores da moda, penteada com capricho e coberta de jóias, invariavelmente acompanhada de um cavalheiro elegante e bem-posto que desfilava com orgulho pelo salão, dando o braço à sua dama e soltando longas baforadas com seu charuto. Ao mesmo tempo, sobrepunha-se em minha tela mental outra imagem: uma mulher do povo, com trajes paupérrimos de tecido rústico, um lenço a cobrir-lhe a cabeça, amarrado ao pescoço, acompanhada do marido, mujique miserável, vestindo frangalhos de cor indefinível; na cabeça um gorro furado, insuficiente proteção contra o frio e o vento das estepes. No rosto deles prematuramente envelhecido, crestado pelo sol e pelo frio cortante, o olhar denunciava a tristeza e a desesperança dos que não têm pão para matar a fome, nem lume para se aquecer nas longas noites de inverno. Os olhos, como verdadeiras janelas da alma, falavam da miséria, do abandono a que eram relegados pela sociedade e pelas autoridades; falavam da dor por não terem o mínimo necessário para mitigar a fome dos filhinhos.

Comparava essas duas imagens tão discrepantes e uma imensa revolta invadia-me a alma, a par de intenso desejo de modificar esse panorama desolador. Afinal, os mujiques eram nossos irmãos perante Deus, tendo como única diferença o fato de terem nascido numa humilde isbá e não num palácio.

Mas o Cristo, em sua luminosa passagem pela Terra, nos convidava ao amor do próximo, à beneficência e à caridade. Ele sempre deixou clara essa intenção. Quando um doutor da lei, querendo colocá-lo à prova, levantou-se e questionou o Mestre como fazer para herdar a vida eterna, Jesus lhe perguntou: "*Que está escrito na lei? Como interpretas? E ele respondeu: – Amarás o Senhor teu Deus de todo o teu coração, de toda a tua alma, de todas as tuas forças e de todo o teu entendimento; e amarás o teu próximo como a ti mesmo. Então Jesus lhe disse: Respondeste corretamente; faze isto, e viverás*".

Ele, porém, querendo justificar-se, perguntou a Jesus: "*Quem é o meu próximo?*"[1]

E o Mestre aproveitou para ilustrar o ensinamento, contando a Parábola do Bom Samaritano, em que um homem que descia de Jerusalém para Jericó foi atacado por salteadores que o roubaram e o deixaram muito ferido, quase morto. Um samaritano em viagem, criatura considerada inferior e herética, mostra os tesouros do sentimento que possui, socorrendo o viajor necessitado. Um sacerdote e um levita já tinham passado por ali e visto o pobre homem, mas não se detiveram. O samaritano cuida de seus ferimentos e, depois, colocando-o sobre o cavalo, leva-o até a hospedaria mais próxima e cuida dele. No dia seguinte, paga pela hospedagem, solicitando ao dono que cuide bem do ferido. Vai mais longe, recomendando ao estalajadeiro que, se algo viesse a gastar com o hóspede além do que recebera, iria ressarci-lo quando retornasse da viagem.

E o Mestre pergunta ao doutor da lei: "*Qual destes três te parece ter sido o próximo daquele que caiu nas mãos dos*

1 ⋇ Lucas, 10:26 a 29. (N.M.)

salteadores? – Respondeu o doutor da lei: – Aquele que usou de misericórdia para com ele. Disse Jesus: – Vai, e faze tu o mesmo"[2].

Essa passagem evangélica sempre me comoveu profundamente, porque mostra o sentimento de compaixão, acompanhado de uma ação enobrecedora por um desvalido. Todavia, o Cristo deixa expresso o dever de amparo ao próximo numa outra oportunidade em que se coloca como necessitado, referindo-se ao julgamento final.

"*Quando vier o Filho do homem na sua majestade, e todos os anjos com ele, então se assentará no trono da sua glória; e todas as nações serão reunidas em sua presença, e ele separará uns dos outros, como o pastor separa dos cabritos as ovelhas; e porá as ovelhas à sua direita, mas os cabritos à sua esquerda.*

Então dirá o Rei aos que estiverem à sua direita: Vinde, benditos de meu Pai! Entrai na posse do reino que vos está preparado desde a fundação do mundo. Porque tive fome e me destes de comer; tive sede e me destes de beber; era forasteiro e me hospedastes; estava nu e me vestistes; enfermo e me visitastes; preso e fostes ver-me.

Então perguntarão os justos: Senhor, quando foi que te vimos com fome e te demos de comer? Ou com sede e te demos de beber? E quando foi que te vimos forasteiro e te hospedamos? Ou nu e te vestimos? E quando foi que te vimos enfermo ou preso e te fomos visitar?

O Rei, respondendo, lhes dirá: Em verdade vos afirmo que sempre que o fizestes a um destes meus pequeninos irmãos, a mim o fizestes.

E dirá, em seguida, àqueles que estiverem à sua esquerda: Apartai-vos de mim, malditos, para o fogo eterno, preparado

---

2 ⋇ Lucas, 10:36 e 37. (N.M.)

para o diabo e seus anjos. Porque tive fome e não me destes de comer; tive sede e não me destes de beber; sendo forasteiro não me hospedastes; estando nu, não me vestistes; achando-me enfermo e preso não fostes ver-me.

E eles lhe perguntarão: Senhor, quando foi que te vimos com fome, com sede, forasteiro, nu, enfermo ou preso, e não te assistimos?

Então lhes responderá: Em verdade vos digo que sempre que o deixastes de fazer a um destes mais pequeninos, a mim o deixastes de fazer. E irão estes para o castigo eterno, porém os justos para a vida eterna"[3].

Jesus deixa claro, nessa passagem, a importância de assistirmos o próximo em dificuldade. Mais do que isso: o Mestre é enfático, chega a ser repetitivo diante da importância do ensinamento que lega à posteridade. E o faz em termos tais que condiciona a salvação da alma, ou a felicidade futura de que venha a gozar, ao amparo que esta dê ao semelhante em desvalimento.

Entretanto, apesar da clareza e da insistência do Cristo na repetição sistemática, procurando fixar o aprendizado, parece que os homens não assimilaram a extraordinária lição evangélica.

Notadamente em relação aos religiosos, que julgamos mais versados nas verdades espirituais pelos estudos teológicos e pelos profundos conhecimentos do Evangelho do Cristo, chega-se a três hipóteses:

1ª) Eles não entenderam as mensagens evangélicas;

2ª) Se entenderam, interpretaram-nas erroneamente;

3ª) São mal-intencionados.

Quanto às duas primeiras hipóteses, julga-se impossível que não tenham entendido ou tenham interpretado erroneamente, visto que o Mestre não deixou dúvidas quanto ao seu

3 ⁎ Mateus, 25:31 a 46. (N.M.)

pensamento e intenção. Resta-nos a terceira, considerando-se, com tristeza, que a ambição falou mais alto para todos quantos detinham o poder de socorrer a população, tanto material quanto espiritualmente. Materialmente, considerando-se o extraordinário poderio econômico da Igreja e, nesse caso, refiro-me especialmente à Igreja Ortodoxa russa, que conheci, cujo luxo e ostentação eram desmedidos; espiritualmente, porque as populações, sobretudo as mais miseráveis, encontravam na fé o sustentáculo para suportar as agruras da existência, e os religiosos, mais do que ninguém, estavam capacitados para socorrê-las.

Entreguei-me a longas elucubrações, tentando solucionar a questão, pois a consciência não me concedia paz, até que vislumbrei a verdade. Agora, no Além, entendo, mais do que nunca, a responsabilidade que toca a cada ser imortal. Passei a ver o problema, não só como uma obrigação do Estado – e que na realidade o era! –, não só como uma obrigação da Igreja – que tinha responsabilidade no processo! –, mas também como dever inalienável de cada criatura humana.

Entendi, finalmente, que não adianta esperarmos que outros realizem o que nós julgamos necessário. Cada qual, consoante às possibilidades que Deus lhe deu, deverá fazer sua parte, contribuindo com seu esforço e boa vontade em benefício do próximo.

Tomando conhecimento da Doutrina Espírita na vida maior, renovei-me interiormente, cheio de satisfação por encontrar idéias que se sintonizavam com as minhas. O lema "Fora da caridade não há salvação", de Allan Kardec, caiu-me como uma luva por expressar exatamente aquilo que eu sentia e que não conseguia definir enquanto encarnado.

Dentro das minhas limitações como ser terreno, mergulhado em novas disposições, cansado de debater com teólogos e filósofos, lancei-me à luta. A dor me comovia profundamente, o sofrimento me tocava o coração de forma quase física, e parti ao encontro das necessidades humanas, trabalhando em favor de quantos estivessem ao meu redor.

Quando a terrível crise de 1891 assolou a Rússia, saí a campo para organizar refeitórios populares de forma a minorar a fome da população profundamente atingida. Dividia meu tempo entre as atividades literárias e as de assistência aos mais humildes. Por essa época, estava escrevendo minha obra *O reino de Deus está em vós*.

Minha consciência se acalmou momentaneamente, conquanto considerasse muito pequena a contribuição que dispensava à comunidade. Entretanto, já era alguma coisa, e isso minorava meus padecimentos íntimos.

Lutei de todas as maneiras para mostrar à sociedade de meu tempo a importância da mensagem cristã como código moral e a necessidade de vivermos de acordo com o ideal que, supostamente, dizíamos abraçar.

O homem ama a si mesmo, ama a sua família e ama a sua pátria. Por que não poderia também amar a humanidade, estendendo o amor a todos os seres humanos? É isso o que o Cristo prega!

Hoje compreendo perfeitamente que era impossível uma mudança estrutural da criatura humana, em virtude do grau evolutivo em que cada um estagia. As imperfeições só gradativamente irão sendo extirpadas do espírito, num processo lento, mas inexorável, em que não podemos atropelar as etapas de evolução. Estas constituem seqüências úteis e imprescindíveis ao desenvolvimento do grau de consciência, que gerará à responsabilidade pelo exercício do livre-arbítrio, na aplicação da Lei de Causa e Efeito, a que estamos sujeitos.

Conversando com Bóris, em nossos longos diálogos na espiritualidade, falamos exatamente sobre esses assuntos tão palpitantes. Nessas ocasiões, ele tenta conter a minha impaciência de ser imperfeito e de desejar que tudo funcione da melhor maneira possível.

– Calma, Niki – afirma ele sorridente.

Tudo tem um tempo certo.

Respiro profundamente, contemplando as estrelas. Eu sei que ele tem razão.

Hoje, *eu sei*.

8

Crise existencial

"– Pois em verdade vos digo que, se tiverdes fé como um grão de mostarda, direis a este monte: Passa daqui para acolá, e ele passará. Nada vos será impossível."
JESUS (MATEUS, 17:20)

EM CERTA FASE DA MINHA última romagem terrena, entrei em terrível crise existencial. O sofrimento era intenso, indefinível, inenarrável. Não conseguia entender ou justificar as razões do mal-estar íntimo, da angústia, da opressão no peito, da tristeza profunda que me transformavam a vida num martírio verdadeiramente insuportável.

Sentia-me descontente comigo mesmo e com o mundo. Hoje sei que o mal que me atingia tão duramente tem o nome de depressão.

Conquanto existisse desde os tempos mais remotos, àquela época, em pleno século dezenove, quando a ciência dava os primeiros passos, tal doença era desconhecida, e suas causas ainda não identificadas, apesar de a população terrena sofrer-lhe os efeitos devastadores.

Considerada "o mal do século vinte", em virtude da quantidade imensa de pessoas por ela vitimadas, a depressão, na atualidade, é combatida com terapias eficazes (psicológicas, psiquiátricas e espirituais), em que se alia o uso, ou não, de medicamentos.

Sofrendo terríveis pressões dentro desse quadro depressivo – inclusive sentindo-lhe o pior sintoma, o mais devastador, que é o desejo de autodestruição –, intuitivamente aproximei-me mais da religião. Não no seu aspecto teológico, no estudo frio e racional dos textos sagrados, das tradições cristãs e dos dogmas impostos pela Igreja. Isso não. Procurei a religião como representação da busca de um ser superior, encontrando no Evangelho do Cristo a resposta para minhas indagações, como tive oportunidade de relatar anteriormente.

E, por intermédio de Jesus de Nazaré, veio a preocupação com os mais humildes, na doação de amor que ele exemplificou de maneira sublime, notadamente na regra de fazer aos outros o que gostaríamos que os outros nos fizessem.

Em meio ao marasmo da minha existência de homem rico, amante da literatura, escritor conhecido e incensado, com dois romances de sucesso já publicados – *Guerra e paz*, em 1868, e *Ana Karênina,* em 1875 –, acostumado aos prazeres da sociedade frívola da Rússia, encontrei na fé o sustentáculo para sobreviver.

Em contato com os pobres, especialmente com os mujiques, sofredores e miseráveis, descobri mais. Descobri que, para os desafortunados, a fé não é uma palavra vã ou algo para ser utilizado na igreja, em determinado horário e dia da semana, ou para servir de tema a infindáveis discussões entre teólogos e filósofos; ou, ainda, como passatempo entre pessoas desocupadas que, instaladas confortavelmente em elegantes aposentos, recostadas em almofadas de cetim, discutem seus pontos de vista enquanto bebericam uma chávena de chá, saído fumegante de um samovar de prata, e fumam seus charutos. Não. Percebi que a fé – a convicção religiosa fundamental para suportarem suas existências misérrimas – é que lhes dá a sustentação para sobreviverem.

E essa constatação mudou minha vida. Passei a dedicar-me mais aos assuntos da fé, como verdadeira missão. Por me sentir impotente para as mudanças que desejava ver implantadas na sociedade, resolvi colocar minha pena e verve literária a serviço de Deus e da religião. E, quando escrevia, sentia-me inspirado pelo próprio Criador. Que pretensão!

Hoje, compreendo o que se passava comigo. No intercâmbio entre os dois mundos em que a vida se manifesta – o material e o espiritual –, somos sempre intermediários dos seres desencarnados com os quais estamos em sintonia. E eu desejava ajudar, fazer o melhor pelos meus semelhantes.

Dessa forma, elevei-me mentalmente, permitindo que se acercassem de mim entidades de alto padrão vibratório; benfeitores do Além que, através de minhas parcas condições, inspiravam-me idéias nobres e edificantes. Um deles – soube depois – era meu amigo Bóris Pietrovitch, sempre interessado e entusiasmado por assuntos transcendentais.

Elevando-me pelos bons propósitos e ajudando os miseráveis da minha terra, consegui vencer as amarras que me mantinham encarcerado dentro de mim mesmo. Eram coisas simples o que me pediam: um pouco de carvão para o lume, alguma madeira para conserto do telhado, um calçado, um gorro para proteção contra o frio, luvas, um agasalho, alguns rublos para compra de remédio ou comida, entre outras coisas. Consegui também me libertar dos adversários invisíveis que me tentavam solapar o equilíbrio e lançar-me à autodestruição. Voltarei mais tarde a esse assunto, explicando o que aconteceu.

A realidade é que, apesar de desconhecer a Doutrina Espírita, utilizei-me exatamente da sua terapêutica, mais adequada às minhas condições e em estrita consonância à mensagem cristã: o amor ao próximo.

Ao ajudar os mais necessitados e cultivar a elevação mental, consegui libertar-me do perigo que ameaçava rojar-me num abismo de conseqüências imprevisíveis. E essa ajuda muito tenho a agradecer aos amigos espirituais que me assistiam, pois, dedicando-me à literatura de ensaios, direcionada para as coisas de Deus, com ênfase no Evangelho do Cristo, libertei-me de mim mesmo passando a viver em faixa vibratória mais elevada.

Reconheço agora que o amparo espiritual nunca me faltou, como nunca falta a ninguém. Mesmo quando, completamente ignorantes, desconhecemos a realidade maior e as leis que regem a vida, a misericórdia divina nos ampara e nos sustenta, para que possamos render o máximo de nossas potencialidades.

Fui médium sem o saber. Por certo, era eu que escrevia. Nunca tive sintomas que me levassem a pensar o contrário; todavia, contava com o auxílio e a inspiração de benfeitores espirituais que me secundavam.

E com quantas pessoas não ocorrerá o mesmo fenômeno?

Daqui da espiritualidade, com a visão facilitada, pode-se perceber essa realidade e também testemunhar as sábias palavras de Paulo, quando afirma, em relação aos encarnados, que estamos cercados por uma nuvem de testemunhas.

Presentemente, sou eu que me sirvo de um veículo[1] para colocar minhas idéias. Não é simples nem fácil; ao contrário, exige árduo esforço; contudo, é por demais gratificante ver nossa maneira de sentir e de pensar passadas para o papel, com a cooperação de um medianeiro. Encontrar as palavras corretas, conseguir a sintonia necessária para que os pensamentos reflitam de fato o nosso desejo é algo trabalhoso e complexo. No entanto, com o passar do tempo, o processo torna-se mais fluente. É como se o fenômeno da psicografia deslizasse em terreno adrede preparado.

Sou imensamente grato a Deus pelas oportunidades que me tem concedido e pela amorosa solicitude dos benfeitores

1 ※ Médium. (N.E.)

espirituais que, através do tempo, têm-me mostrado o caminho. Reconheço que muito errei, porém nas maiores dificuldades sempre vislumbrei uma luz ao longe me indicando o roteiro.

E é isso o que as pessoas deveriam entender. Mesmo no meio das maiores desventuras, atravessando dores amargas, sofrendo incompreensão e desprezo – não importa –, encontraremos dentro de nós mesmos a coragem necessária para vencer, se soubermos aceitar a ajuda de mãos que se estendem para nos amparar, ou intuições delicadamente sugeridas no íntimo. O Mestre assegura que o Pai nunca nos dá uma cruz maior do que aquela que podemos carregar, deixando claro que ela será sempre proporcional às nossas forças.

Isso significa, então, que estamos, muitas vezes, menosprezando a nossa própria capacidade de lutar e de vencer.

Jamais devemos deixar que o desânimo e a tristeza nos dominem, ou que a revolta e a inconformação nos façam descrer de Deus, criando uma couraça ao nosso redor que venha a nos afastar das demais criaturas, muitas que até poderão um dia nos socorrer.

Percebe-se que inúmeras pessoas, ao mesmo tempo em que desejam ajuda para modificar suas íntimas disposições para sair daquele fosso escuro em que se colocaram, no fundo gostam de sofrer e de fazerem-se de vítimas, atraindo a atenção dos que estão à sua volta. São carentes e esse comportamento doentio necessita de tratamento específico e urgente.

Olhar a questão, identificar o verdadeiro problema que nos leva à depressão é imprescindível, pois sua aceitação é fundamental.

A verdade é que, se tivermos disposição e coragem para enfrentar as aflições e se soubermos ser resignados diante do que não podemos mudar, conseguiremos a vitória, porque o Cristo está conosco.

9

Aprimoramento moral

"Portanto, sede vós perfeitos como perfeito é o vosso Pai celeste."
JESUS (MATEUS, 5:48)

ENTRE AS PREOCUPAÇÕES QUE me assoberbavam o espírito na última existência corpórea, a necessidade do aprimoramento moral era das mais intensas. No íntimo, sentia urgência em trabalhar para vencer minhas inferioridades, de me tornar um ser humano melhor, mais fraterno e mais solidário – enfim, verdadeiro seguidor do Cristo.

Hoje, reconheço o motivo principal dessa inquietação: a resolução havia sido tomada ainda no plano espiritual. Durante aquela permanência, aprendi que, antes de voltar a habitar um novo corpo, o espírito passa por uma fase de preparação, período em que se estabelecem os objetivos da encarnação, as metas que se deseja alcançar. Definidas essas balizas, escolhe-se o local mais adequado, o grupo espiritual ou família consangüínea que irá integrar, área de atuação, potencialidades a serem desenvolvidas; em suma, faz-se um projeto de vida de acordo com as necessidades e condições daquele que vai reencarnar.

Tal programação, contudo, dependerá da tenacidade do espírito para se concretizar. A decisão de vencer e a perseverança em atingir os fins colimados serão determinantes, uma vez que, por ser detentor de livre-arbítrio e ter a capacidade de escolha pela ação da sua vontade, poderá realizar ou não o plano estabelecido.

Naturalmente, executar as tarefas em sua totalidade é muito difícil e raro. O ideal é que possamos cumprir o máximo possível do que nos comprometemos, reparando erros e saldando débitos contraídos com o próximo, o que nem sempre acontece. Muitas vezes, o espírito esquece o que planejou e relega para segundo plano suas metas, deixando-se levar pelas tendências negativas que ainda conserva.

Neste capítulo, as situações que ocorrem são as mais diversas. além de não realizar o que planejou, o espírito poderá complicar-se ainda mais, aumentando seus débitos perante a justiça divina, o que lhe valerá intensos sofrimentos ao retornar à verdadeira vida e perceber o quanto errou.

Por outro lado, pode acontecer que o reencarnado desempenhe tão bem suas tarefas, que venha a concretizar os objetivos idealizados, e, ainda, consciente da necessidade de progredir, alcance muito mais do que havia previsto.

Uma grande parcela, porém, se constitui de espíritos que conseguem completar apenas uma parte do que se propuseram, tendo de retornar para concluir suas tarefas.

Lamentavelmente, existem também aqueles que se mantêm neutros, incapazes de vencer as dificuldades naturais da existência e de fazer algo de bom e útil, por preguiça, indiferença ou tédio. Atravessam a vida como observadores que, de braços cruzados, esperam que tudo lhes caia do céu.

Em nossas reuniões de estudo e conscientização aqui na espiritualidade, integradas por desencarnados com idênticas dificuldades de ajustamento, tenho ouvido inúmeras reclamações do tipo: "se eu soubesse o que precisava fazer, teria feito", debitando ao esquecimento do passado suas derrotas.

Essa é uma desculpa que usamos freqüentemente para justificar nossas faltas. A verdade é que Deus nos dá a voz da consciência, que funciona como um sensor, balizando nossas ações; além de nossas tendências instintivas, que representam o progresso realizado pelo espírito, e que seriam suficientes para podermos vencer.

Percebo muito claramente que não foi falta de aviso, mas sim falta de firmeza e coragem para mudar, o que aconteceu em minha última encarnação.

Sou um espírito comprometido com a mensagem do Cristo. *Sei* que estive lá, que conheci aquelas paragens da Galiléia, da Judéia, em que Jesus viveu; que acompanhei seus passos, ouvi suas prédicas, testemunhando as curas que realizou, para júbilo de quantos puderam estar lá nessa época de tão grandes acontecimentos para a humanidade.

Quantas vezes, habitante da Terra, em nossa propriedade rural, Iasnaia Poliana, sentado na varanda de casa ou andando pelos campos, ouvia sua voz terna e amorável, ecoando-me na acústica da alma! Eu o via acompanhando-me os passos e repetindo as mais belas passagens do seu Evangelho. Não tenho a pretensão de afirmar que o Cristo estivesse lá, a meu lado naqueles instantes. Todavia, a visão dele conservava-se presente nas caras lembranças que eu mantinha indelevelmente gravadas nos refolhos da memória. Recordava-me da sua passagem pela Terra, por tê-la vivenciado. Essas imagens, impressas na memória integral, surgiam-me na tela da mente para lembrar-me do compromisso assumido com o Mestre. Compromisso que deixei de honrar por quase dois milênios, fugindo do testemunho por preconceito, medo da reação da família, de enfrentar a opinião da sociedade tacanha da época, por interesses espúrios – por orgulho, em suma.

Sei, no entanto, que renasci na Rússia com tarefas específicas, especialmente a de testemunhar o meu amor pelo Cristo e por seu Evangelho, e, por conseqüência, a de reformar-me moralmente.

Muito jovem, entre crises de angústia e de ansiedade, sentia urgência em vencer três paixões que considerava diabólicas em mim: o sexo, o jogo e a vaidade. Lutei intensamente para combater o mal arraigado em meu íntimo; estabelecia bons propósitos que logo em seguida quebrava; tive quedas homéricas e recaídas inúmeras, a ponto de comprometer minha saúde com mulheres, e minha riqueza com jogo. No fundo, porém, a consciência me alertava, pois sempre tive certeza de que precisava alcançar um objetivo e que seria profundamente infeliz se não o fizesse. Eu não sabia qual era esse objetivo, e por isso quebrava a cabeça tentando encontrá-lo.

Assim, apesar dos excessos a que me entreguei enquanto estava na universidade – que abandonei dois anos depois por achar que não me acrescentava nada de bom e depois, quando ingressei no exército –, as diferenças sociais começaram a incomodar-me.

Mais tarde, em 1861, voltei para Iasnaia Poliana, onde desejava me realizar como homem, e casei-me com Sofia Andreievna Bers, de dezoito anos, por quem me apaixonei. Pesava-me, porém, a condição de aristocrata e de proprietário de terras. Mesmo quando deixava o lar, vestindo o traje simples do povo para trabalhar no campo com os mujiques, isso não me satisfazia a íntima necessidade de igualar-me a eles.

A princípio, eles estranhavam minha atitude, não entendendo o que um rico proprietário de descendência nobre estaria querendo no meio deles. Com o passar do tempo, no entanto, foram se tranqüilizando, baixando as defesas e aceitando-me como um trabalhador tal qual eles mesmos. No meio do dia, durante o horário de repouso, sentava-me entre os mujiques e entabulava conversação. Ganhando-lhes a confiança, fiz-me seu confidente e os orientava, ajudando-os na solução de seus problemas morais, familiares e comunitários. Falava-lhes do Cristo, contava-lhes as belas passagens do seu Evangelho, narrava-lhes as expressivas parábolas com que Jesus ilustrava os ensinamentos para o povo de sua época, tão pobre quanto eles próprios. Desconhecendo o Evangelho, os mujiques ouviam-me embevecidos, boca entreaberta de espanto, olhos úmidos e brilhantes de emoção. Esses eram momentos muito importantes para mim.

Voltava para nossa suntuosa casa ao final do dia, cansado, sujo, mas intimamente satisfeito. Lavava-me e depois me sentava à mesa, sempre bem posta e farta, para a refeição com a família, sendo servido por criados com luvas brancas.

Os anos foram passando e essa situação me enchia de vergonha, fazendo com que me sentisse singularmente humilhado perante a própria consciência, considerando-me um verme por pregar uma coisa e fazer outra. Tal incoerência torturava-me a alma e, sem saber o que fazer, eu buscava inutilmente uma saída, visto que minha esposa não aceitaria condição mais humilde, nem os filhos, nessa época já crescidos. Isso porque fora eu mesmo que lhes dera tal condição e os habituara àquela vida de conforto e fartura.

Propus à família mudanças em nossa vida. Vender a fazenda e vivermos em outro lugar, de maneira mais simples. Mas ninguém aceitava abrir mão do conforto por causa de minhas idéias, que consideravam estapafúrdias, que não entendiam nem delas compartilhavam. E as dificuldades foram-se acentuando em meu íntimo, visto que não conseguia viver torturado pela incapacidade de mudar de vida e pela insatisfação comigo mesmo.

Cheguei a propor à minha esposa, Sofia, passar-lhe todos os bens, dada a grande dificuldade de conviver com esse peso. Ela não aceitou, indignada, acusando-me de querer livrar-me daquilo que considerava um peso excessivo para mim, jogando-o em seus ombros.

Não havia acordo possível e os desentendimentos eram constantes. Chegamos a um impasse. Solucionei a questão propondo repartir as riquezas entre meus entes queridos, bens que lhes ficariam de herança após minha morte. Os filhos aceitaram, e fez-se a partilha. A casa de Iasnaia Poliana ficou para minha esposa. Os direitos autorais dos livros que escrevera já tinham sido passados anteriormente para Sofia, e com a divisão dos bens fiquei mais tranqüilo.

Interessante é que minha vida depois disso não mudou estruturalmente porque continuei fazendo as mesmas coisas que fazia antes. Não obstante, passei a experimentar estranha sensação de alívio e liberdade.

Revendo o passado, percebo como estava afinado, não apenas com o Evangelho do Cristo, mas também com a Doutrina Espírita, cuja meta é tornar o homem melhor por meio do aprimoramento moral.

Certa ocasião, resolvemos nos mudar para Moscou. Os filhos estavam numa idade em que precisavam continuar os estudos, especialmente os mais velhos. Sofia ficou com as crianças em nossa casa de Moscou, e eu permaneci em Iasnaia Poliana. Todavia, o acúmulo de responsabilidades sobre os ombros dela fez com que eu também, a contragosto, fosse para junto deles.

Sentindo necessidade de ter outra atividade, inscrevi-me para ajudar no censo. Esse trabalho levou-me a visitar os cortiços de Moscou, onde deparei com uma situação de miserabilidade jamais vista em toda a minha vida. Famílias habitando cômodos infectos, crianças cheias de doenças, falta de comida e de higiene. Os excrementos eram jogados a céu aberto, e a fedentina tornava insuportável a permanência no local. Entretanto, era ali que eles viviam! Sem alimentação, sem roupas, sem aquecimento no inverno.

Foi a experiência mais traumatizante que tive a oportunidade de vivenciar. Esse fato me abalou profundamente. Nunca vou esquecer aqueles rostos esquálidos e esfaimados. Percebi, então, que a situação dos mujiques era infinitamente melhor do que a daqueles miseráveis.

E punha-me a pensar na razão das diferenças entre as pessoas, quer sociais ou culturais, quer físicas ou morais. Na época, pouco sabia sobre as vidas sucessivas, ou não acreditava nelas. Agora compreendo que somente a reencarnação pode nos responder aos íntimos questionamentos.

Com os conhecimentos que a Doutrina Espírita nos abre diante dos olhos atônitos, podemos avaliar melhor nossa condição de seres imortais a caminho do progresso. Sabemos hoje que, por meio de múltiplas existências, na Terra ou em outro lugar do universo, estamos sempre em evolução, aprendendo e nos aperfeiçoando, exercitando o livre-arbítrio e nos tornando responsáveis por nossas ações, boas ou más. Não conseguiremos encontrar paz enquanto não repararmos os erros cometidos contra o próximo, ao infringirmos a lei e nos comprometermos perante a justiça divina. Sejam os mujiques da Rússia, os moradores dos cortiços de Moscou, nós mesmos, ou quem quer que esteja passando por dificuldades, a verdade é que, se estamos sofrendo, é porque fizemos por merecer essa situação em virtude de nossas ações delituosas no passado, quando prejudicamos nossos semelhantes ou abusamos da riqueza e do poder, explorando o próximo. No entanto, essa condição de pobreza não representa vingança ou castigo divino, mas apenas conseqüência da Lei de Ação e Reação, oportunidade de aprendizado com que o Pai nos favorece, a todos, para que possamos rever nossos posicionamentos e sentir na pele, pela reciprocidade, o que fizemos outros sofrerem.

Sob a vista de Deus, ninguém está desamparado. O entrosamento entre os dois planos da vida, que se interpenetram e interagem, se pode nos trazer problemas de influência negativa – dependendo da categoria do espírito que esteja ao nosso lado –, também nos permite receber o amparo de generosos amigos e parentes queridos da espiritualidade, que nos socorrem e orientam, independentemente do conhecimento que possamos ter da presença deles, ou até de nossas crenças religiosas.

O Espiritismo leva-nos a compreender melhor o Criador na sua perfeição e na sua infinita misericórdia, e, especialmente, na sua condição de Pai amoroso, que deseja o melhor para seus filhos muito amados, conforme Jesus nos ensinou. Em conseqüência, uma nova esperança nos balsamiza o íntimo, permitindo-nos respirar aliviados e serenos, seguros e protegidos.

Finalmente, entendemos que só o amor amplamente sentido e repartido com nossos irmãos nos trará a felicidade com que tanto sonhamos. Certamente, ela será uma realidade no futuro; entretanto, para que se concretize o mais rápido possível, importa que iniciemos desde já um trabalho persistente de implantação do bem em nosso próprio coração.

10

Novas experiências

"As reuniões espíritas têm caracteres bastante diferentes, segundo o objetivo a que se propõem e sua condição de ser; por isso mesmo também podem diferir. De acordo com sua natureza, podem ser frívolas, experimentais *ou* instrutivas.*"*
(*O Livro dos Médiuns*, Allan Kardec, capítulo XXIX, item 324)

COM O TEMPO, A vivência na espiritualidade mostrou-me realidades que eu desconhecia. Fui aprendendo, refletindo em tudo o que via e ouvia, comparando as informações que me chegavam de todos os lados com os conhecimentos já adquiridos, adequando as novas idéias e conceitos ao meu acervo cultural, arquivado em camadas profundas na memória integral.

Assisti a palestras, participei de cursos, excursionei por lugares indescritíveis, e todas essas experiências faziam parte do meu aprendizado para entender a nova realidade a que fora chamado a viver, e para adequar-me a ela.

O intercâmbio entre os mundos espiritual e físico, em que a mediunidade se apresenta como fenômeno de co-participação entre desencarnado e encarnado, deixou-me literalmente assombrado. Debrucei-me, então, sobre o estudo dos fenômenos mediúnicos, analisando-lhes os vários aspectos e detendo-me especialmente nas suas potencialidades e conseqüências.

Certa ocasião, com alguns companheiros e sob a direção de Bóris Pietrovitch, fui conduzido a certa região européia para assistir a uma reunião em que algumas pessoas se dedicavam a esse tipo de experiência. As condições do grupo eram ainda bem primárias, comparando-se com as da atualidade, quando a Doutrina Espírita, notadamente em terras brasileiras, fez tantas conquistas e avanços notáveis, e onde proliferam equipes devotadas ao labor do bem, com pleno conhecimento da realidade espiritual, responsabilidade no trabalho, dedicação ao estudo e profundo amor aos sofredores.

Mas estávamos no ano de 1913, e o Espiritismo, conquanto quase sexagenário, dava os primeiros passos como doutrina em meio a inúmeros problemas e obstáculos de vulto, mormente o preconceito social e religioso. Não se poderia exigir muito daqueles primeiros abnegados trabalhadores que, vencendo as dificuldades naturais e sobrepondo-se à opinião pública, dedicavam seu tempo à procura de provas da existência do espírito.

O que se buscava ali, naquela reunião, ainda era a experiência científica, a comprovação por meio de fenômenos, o que exacerbava as mentes mais abertas da Europa. Não havia entre os participantes a deliciosa e encantadora união de pensamentos e de intenções, que tornam o ambiente espiritual tão agradável e especial, nem o generoso intuito de socorrer os sofredores, como vemos hoje no Brasil. Não. O ambiente era pesado, carregado de emanações mentais negativas, em virtude das dúvidas e desconfianças que os assistentes conservavam entre si, notadamente em relação à pobre médium, senhora de quarenta anos, mais ou menos.

A dedicada sensitiva trajava-se com simplicidade, embora denotasse dignidade e nobreza. Auscultando-lhe o ambiente psíquico, percebia-se sinceridade, pureza de intenções e uma comovente boa vontade, não obstante as humilhações de que era vítima em se deixando analisar.

A preocupação essencial do responsável encarnado, nesses casos, era a fraude, sempre temível, e que poderia pôr tudo a perder, inclusive sua própria reputação.

Apesar disso, Antúlio, o orientador espiritual, informou-nos:

– A Doutrina Espírita avança em todos os países, e seus postulados ganham força. Continuadores do notável trabalho realizado por Allan Kardec surgiram de todos os lados, como Léon Denis, Gabriel Delanne, Camille Flammarion, estudiosos e companheiros do Codificador. Outros se dedicaram à área das pesquisas científicas na Europa e na América, como William Crookes, Oliver Lodge, César Lombroso, Ernesto Bozzano, Albert de Rochas, William James e, na Rússia, Alexandre Aksakoff. Esses pioneiros empregaram o melhor de seus esforços pela causa da imortalidade da alma e pelo Espiritismo que, como doutrina muito nova, apenas engatinha na tentativa de provar a existência do espírito e sua influência no mundo das formas. Longo tempo irão despender os estudiosos, entre dúvidas e desconfianças, entre conquistas e fracassos, nada enxergando além das experiências que seu limitado saber descortina. Contudo, independentemente da reunião que se realiza entre os encarnados – respeitável e merecedora de todo o amparo porque se constitui num avanço entre os homens –, outras atividades existem em nossa esfera de ação, desconhecidas dos encarnados, com vistas à ajuda aos necessitados, tanto do plano espiritual quanto do plano físico.

Calou-se o orientador Antúlio. Depois, com sorriso delicado, pediu licença para voltar às atividades que lhe exigiam a presença. Ficando sozinho, visto que os demais estavam ocupados, aproveitei a oportunidade para observar o ambiente. No plano terreno, as instalações eram reduzidas; o pequeno apartamento, normalmente usado como escritório, compunha-se de sala, banheiro e cozinha. No plano espiritual, todavia, as paredes afastavam-se, ampliando bastante o recinto e permitindo outras acomodações, nas quais se congregava grande quantidade de espíritos em diversas dependências.

A atividade em nosso campo de ação era intensa. Alguns espíritos se faziam presentes para participar da realização de fenômenos físicos, como *raps*, arrastar de móveis, de correntes; tinham aspecto rude, grosseiro, primitivo, bastante materializado, mas denotavam boa vontade, apesar da acentuada inferioridade espiritual. Outros ali estavam para facilitar a ocorrência de casos de materialização de desencarnados. Todas essas atividades demandavam grande esforço e dispêndio de energias. Entidades de nobre condição manipulavam a atmosfera ambiente, movimentando-a e produzindo vibrações, e se incumbiam de recolher energia dos assistentes, denominado ectoplasma, para a produção de efeitos físicos. Outras ainda chegavam trazendo elementos que retiravam da natureza, das plantas e dos animais, com idêntico objetivo, além das que se ocupavam da médium, preparando-a para as atividades da noite, e das que agiam sobre os demais assistentes, melhorando-lhes as condições psíquicas e orgânicas, de modo que tudo transcorresse como fora programado.

Tudo me pareceu extremamente interessante, mas fiquei admirado com os cuidados necessários à realização dos fenômenos e condoído sobremodo do estado da generosa médium, bastante incômodo e constrangedor e que sem dúvida lhe estaria causando sofrimentos. Ela, no entanto, demonstrava uma serenidade digna de nota.

Encontrava-se essa senhora amarrada na cadeira, amordaçada com lenço resistente atado na nuca; seus tornozelos estavam presos por grossas correntes fechadas por grande cadeado, cuja chave ficava na algibeira do responsável pela reunião. Outra corrente prendia o pulso direito da médium ao esquerdo do dirigente, e também era fechada com cadeado, cuja chave igualmente foi juntar-se à outra. Todos esses cuidados tinham por objetivo não permitir que a senhora se movimentasse sem ser percebida, durante a reunião. Tudo em nome da ciência.

Andando pelas dependências, entrei em outro cômodo, onde estavam espíritos com características e aspectos diferenciados: sofredores, revoltados, maliciosos, brincalhões, loucos, enfermos. Uma grande piedade envolveu-me o íntimo e acabei por me esquecer da médium que tanto me impressionara. Não tinha tido ainda a oportunidade de ver irmãos nossos em situações tão precárias. A condição dos mujiques nos campos da Rússia e a dos miseráveis que habitavam os cortiços de Moscou, de que eu tanto lastimara quando encarnado, nada representava diante do sofrimento daqueles infelizes.

Caminhando pelo amplo recinto – onde a espaços regulares havia servidores do nosso plano atendendo aos necessitados e procurando manter a tranqüilidade ambiente –, em determinado momento meus olhos se detiveram em um ser medonho, sujo, cabelos desgrenhados, roupas em frangalhos, o qual exalava um odor nauseabundo. Tinha expressão patibular e olhos magnéticos, vermelhos como brasas, que me fitavam com ódio. O que mais me incomodou, porém, foi perceber que essa criatura estava acorrentada. Perplexo, sem conseguir entender os motivos de tal contenção, pedi esclarecimento a um dos atendentes que ajudavam a cuidar dos necessitados. A médium eu podia entender, pois ela se prestara de boa vontade a ser acorrentada, tendo em vista os objetivos da reunião. Mas aquele infeliz, por que estaria sendo mantido preso?...

Gentilmente, o servidor do bem informou-me que aquele irmão – por ser extremamente agressivo e violento e, portanto, apresentar acentuada periculosidade – não tinha condições de ficar solto como os demais.

Naquele instante, tudo o que havia dentro de mim se revoltou contra essa atitude, especialmente porque tomada por trabalhadores da espiritualidade dedicados ao bem.

Veio-me à mente o trecho evangélico que eu tão bem conhecia, e que fora a base de toda a minha doutrina da não-violência: "*Aprendestes que foi dito: olho por olho e dente por dente. – Eu, porém, vos digo que não resistais ao mal que vos queiram fazer; que se alguém vos bater na face direita, lhe apresenteis também a outra; – e que se alguém quiser pleitear contra vós, para vos tomar a túnica, também lhe entregueis o manto; – e que se alguém vos obrigar a caminhar mil passos com ele, caminhai mais dois mil. – Dai àquele que vos pedir e não repilais aquele que vos queira tomar emprestado*"[1].

As doces e generosas palavras do Mestre pareciam ainda repercutir em meus ouvidos, num convite à doçura, à paz e à misericórdia.

Contendo minha indignação, em tom grave que procurei manter o mais natural possível, sem desejar parecer desrespeitoso pela minha condição de visitante, reclamei:

– Não posso entender nem aceitar esse encarceramento, quando a orientação do Cristo é contrária a qualquer violência, não existindo em seu Evangelho nada que justifique tão drástica atitude.

Certamente alertado pelas minhas íntimas disposições, o orientador Antúlio acercou-se com carinho, colocando a mão delicadamente em meu ombro:

– Irmão Leon, compreendo-lhe a nobreza dos sentimentos e a relutância na aceitação do que vê. Todavia, a serviço do bem, nosso comportamento deve ser aquele mais consentâneo com a justiça e a misericórdia que aprendemos com o Divino Crucificado. Nossas ações devem ser pautadas de modo a

---

1 ⁜ Mateus, 5:38 a 42. (N.M.)

ajudar uma maior quantidade de pessoas. Assim, diante de situação de risco, temos de adotar a ação mais justa para preservar o direito da maioria e evitar o menor mal possível. No caso do infeliz irmão que se encontra acorrentado, não tivemos alternativa, não obstante nossas íntimas resistências. A presença dele era necessária aqui esta noite, com vistas ao socorro de que carece e que esperamos concretizar, uma vez que demonstra certo cansaço da vida que está levando. Contudo, ante a quantidade enorme de sofredores que se aglomeram neste recinto, como você pode ver, não nos seria lícito pôr em risco os demais, deixando que o tumulto e a confusão se estabelecessem, com perturbação da ordem que nos compete, transtorno esse que poderia comprometer o trabalho programado em conjunto com os encarnados.

Envergonhado diante da explicação que Antúlio tão generosamente se dispusera a me dar, embora não me sentisse no direito de recebê-las, pois ali estava na condição de visitante, aproveitei a pausa que ele fizera e aduzi:

– Compreendo, irmão Antúlio, e agradeço-lhe as informações. Não estou em condições de julgar os atos de quem quer que seja. Todavia, as exortações evangélicas sempre me levaram a acreditar que a violência estava definitivamente abolida, segundo a concepção de vida que o Mestre nos legou.

– Sem dúvida, Leon. Entretanto, o apóstolo Paulo nos lembra que "a letra mata e o espírito vivifica"[2]. Não podemos ser radicais em coisa alguma, especialmente quando lidamos com o ser humano. A experiência nos mostra que é preciso adequar nossas idéias às necessidades do momento, sem nos afastarmos da justiça e da misericórdia que vigem nas leis divinas.

Fez nova pausa, dando-me tempo para assimilar suas palavras, e prosseguiu:

2 ⋇ II Coríntios, 3:6. (N.M.)

– Além do mais, não devemos nos esquecer de que o irmão cujo estado tanto o sensibilizou, meu caro Leon, está preso porque quer.

– Como assim? Não me parece que ele tenha opção, uma vez que o infeliz está acorrentado.

– Exato. Entretanto, essas correntes a que se refere são fluídicas, não se esqueça! Bastaria que ele mudasse suas íntimas disposições, aproveitasse o momento de bênçãos pelas orientações que foram oferecidas a ele e aos demais necessitados, para que imediatamente se sentisse livre. O fato de permanecer preso mostra que continua o mesmo ser truculento e vingativo.

Calei-me ante essas ponderações, que não podia refutar.

Após as atividades da noite, transcorridas com grande êxito, os encarnados se despediram, deixando o local, entre o júbilo de alguns e a perene dúvida de outros, sempre céticos e exigentes.

Permanecemos, os desencarnados, no apartamento. Havia ainda muito para ser feito. Grande parte daqueles desafortunados tinha sido socorrida e encaminhada para local de assistência e repouso na espiritualidade. Outros ali ficariam, recebendo atendimento dos amigos espirituais, ou aguardando nova oportunidade.

O assistido que tanto me preocupou foi desacorrentado e colocado num pequeno cômodo, onde iria permanecer por alguns dias. O quarto tinha um leito simples, mas acolhedor, com roupas limpas e alvas; mesa de cabeceira sobre a qual, estrategicamente, fora deixado um livro, que identifiquei como *O Evangelho Segundo o Espiritismo*, de Allan Kardec.

Gostaria de conhecer a história de Gotardo – era esse o seu nome –, pois minha sensibilidade de escritor entrevia uma história dramática, de amor e sofrimento, de traições e injúrias, de crimes e vinganças atrozes.

Todavia, não me atrevi a perguntar. Havia muito por fazer e estavam todos ocupados.

11

Região de névoas densas

"Buscai e achareis."
Jesus (Mateus, 7:7)

OS ATENDIMENTOS PROSSEGUIRAM, com grande proveito da minha parte, pois pude observar e comprovar o nobre esforço dos dedicados operários do bem no trato com os necessitados, e isso me enriqueceu interiormente.

Durante a madrugada, as atividades se tornaram mais intensas, com a presença, facilmente identificável, de inúmeros encarnados que ali tinham sido levados para um encontro com familiares do nosso plano[1]. Outros iam dialogar com adversários e desafetos, na tentativa de selarem a paz por meio do perdão mútuo. Comovente era ver entidades de elevada condição espiritual procurando aconselhar entes queridos na travessia de graves provações existenciais. Ante o pranto do encarnado – não raro incapaz de entender o que estava acontecendo para poder

---

1 ⁕ À noite, quando a pessoa dorme, seu espírito fica liberto para ir aonde sua moral mais encontre ressonância. (N.E.)

aquilatar a grandeza do momento –, orientavam-no de modo firme e incisivo. De modo geral, as palavras desses benfeitores se faziam acompanhar de imagens mentais fortes e positivas, para melhor fixação das idéias, em que a tônica era a insistência para que mantivessem paciência para suportar as adversidades, coragem para enfrentar os problemas, pensamento em oração, fé em Deus, bom ânimo e força de vontade; agindo assim, tudo iria mudar. Incutiam-lhes na mente que ninguém está desamparado sob a vista do Criador.

O encarnado anotava as idéias enobrecedoras, enxugava as lágrimas com novo brilho no olhar e, repetindo as palavras que lhe eram ditas, acusava nova e renovadora disposição para voltar ao corpo e enfrentar suas dificuldades.

E eu, acompanhando esses carinhosos diálogos, sentia-me enternecido até às lágrimas, reconhecendo a grandeza e a misericórdia do Pai, que nos estende mãos compassivas, dulcificando o amargor das aflições por que temos de passar, lenindo as dores e consolando todos os necessitados, mesmo aqueles que, em grande número, não têm consciência das bênçãos recebidas.

Os mais esclarecidos certamente despertariam na carne com lembranças nítidas do sonho bom que tiveram; muitos recordariam vagamente um encontro com alguém querido que não conseguiram identificar, não obstante o bem-estar e a tranqüilidade que esse encontro lhes proporcionou. E outros, infelizmente, ainda não conseguiriam lembrar nada do que fora dito; porém, inconscientemente, teriam a convicção de que tudo iria melhorar.

O dia já estava clareando quando, terminado o serviço, pudemos descansar um pouco.

Mais tarde, Bóris procurou-me como portador de convite de Antúlio, para tomar parte em uma equipe socorrista que partiria em noite próxima com destino à região de Névoas Densas. Satisfeito, aceitei a oportunidade que me era oferecida. Eu, especialmente, ainda não tivera ocasião de integrar excursão do gênero e estava ansioso para participar.

Na noite seguinte, no horário aprazado, reunimo-nos na sala do Grupo de Trabalhos Experimentais. Após uma prece proferida com grande sentimento pelo nobre Antúlio, nossa equipe se preparou para partir. Explicou-nos o benfeitor que o objetivo da excursão era socorrer determinada entidade que se achava em poder de poderosa falange do mal.

Durante horas volitamos[2] pelo espaço sem nenhum problema. Depois, a um sinal de Antúlio, descemos numa região bastante acidentada. Olhei em torno. Estávamos num local que beirava um precipício, cujo fundo não podíamos ver, e que me pareceu um vulcão extinto.

Naquele lugar nos esperavam alguns tarefeiros com veículo leve, puxado por um cavalo[3], transportando material que não pude identificar. Como ninguém estranhou, entendi que a prática era normal nesses casos.

Alertou-nos Antúlio, após apresentar-nos os novos servidores:

– Os companheiros seguirão conosco. Daqui para frente poupem suas energias. Falem o menos possível. A atmosfera ficará mais pesada e a respiração mais difícil[4]. Continuemos.

Iniciamos a caminhada, seguindo por pequena trilha cheia de pedras à margem do despenhadeiro. Confesso que fiquei preocupado, imaginando como o veículo transitaria em senda

---

2 ⋇ Volitar: locomover-se no espaço pelo ato da vontade. (N.E.)

3 ⋇ O Espírito André Luiz refere-se aos animais no mundo espiritual em *Nosso Lar*, *Libertação* e *Obreiros da vida eterna*, psicografados por Francisco Cândido Xavier, FEB. (N.E.)

4 ⋇ "Passamos a inalar as substâncias espessas que pairavam em derredor, como se o ar fosse constituído de fluidos viscosos": em *Libertação*, Cap. IV, Espírito André Luiz, psicografia de Francisco Cândido Xavier, FEB. (N.E.)

tão perigosa, sujeito a despencar no precipício. Calei-me, porém, visto que isso não causava estranheza aos demais.

Realmente, conforme Antúlio informara, não demorou muito e começamos a sentir dificuldade para respirar, que aumentava à medida que descíamos. Chegou um momento em que acreditei não poder continuar.

– Coragem! – incentivou-nos o orientador. – Logo estarão adaptados às novas condições e tudo será mais fácil. Respirem fundo.

Conforme descíamos, a névoa se fazia mais intensa, a ponto de impedir quase completamente nossa visão.

A região inóspita, o forte nevoeiro, a topografia do terreno lembravam-me certas regiões montanhosas da minha terra durante a estação invernal. Meu coração encheu-se de saudade.

Após longa descida, notei que chegáramos em terreno plano. A vegetação guardava semelhança com as estepes, e era escassa e raquítica. Antúlio alertou-nos:

– A partir deste ponto, permaneçam calados. Não queremos ser percebidos.

Prosseguimos caminhando por mais um tempo em rigoroso silêncio. Na escuridão que se fizera, ouvíamos gemidos, choro convulsivo, uivos, gritos lancinantes que nos cortavam o coração, mostrando que não estávamos sós, até que chegamos a um lugar onde recebemos ordem de parar.

Ali a natureza mudara um pouco e viam-se algumas árvores com galhos retorcidos. Os tarefeiros que tinham se incorporado à equipe começaram a tirar equipamentos. Notei, com espanto, que alguns desses apetrechos se assemelhavam a alabardas; em outros reconheci macas, redes, além de um material completamente desconhecido para mim.

Aguardamos calados por alguns minutos, até que surgiu no meio da escuridão um vulto que veio ao nosso encontro. Era uma senhora cujo manto impedia que lhe víssemos o rosto. Chegando junto a Antúlio, trocaram cumprimentos e ela sussurrou-lhe algumas palavras. O responsável pela expedição virou-se para nós e apresentou a recém-chegada:

– Esta é nossa amiga Amanda, que foi mãe de Calixto, o espírito objeto da nossa ação socorrista. Acompanhem-nos.

Tudo isso era dito com um mínimo de palavras. Em silêncio, seguimos na direção que a nobre Amanda indicara e, após pequeno percurso, chegamos a um lugar onde se via uma construção de aspecto sujo e mal-acabado, iluminado fracamente por uma tocha resinosa de odor sumamente desagradável. Com discreto sinal, ela confirmou:

– É aqui.

Entramos. Era uma mistura estranha de barracão e de gruta. Visíveis, quinze entidades se congregavam no recinto praticamente vazio de mobiliário. Viam-se apenas algumas cadeiras e uma mesa rústica, localizada ao fundo, do lado direito, em torno da qual quatro entidades se distraíam jogando cartas, bebendo e fumando[5]; outras cinco mantinham-se sentadas no chão lamacento e fétido, em semicírculo, planejando vingança contra alguém; outras duas, olhos injetados, pareciam enlouquecidas: andavam pelo barracão falando sozinhas, entregues a idéias fixas; as demais, acocoradas pelos cantos, olhos fechados, pareciam dormir ou entregues a seus pensamentos. Todas portavam armaduras, como se integrantes de um exército.

Atravessamos o salão sem ser percebidos. Calixto, o irmão que viemos socorrer, estava aprisionado em cela pequena e imunda, ao fundo, com entrada pelo lado esquerdo. As marcas de espancamento pelo corpo atestavam as torturas a que fora submetido pelos algozes, seres cruéis e vingativos.

---

5 ※ Os espíritos quando desencarnam presos a vícios continuam com suas características. Passam a plasmar os objetos de desejo, sejam quais forem. (N.E.)

Nesse exato momento, sentado no chão asqueroso e cheio de limo, exaurido, o preso tinha os olhos úmidos de lágrimas que não chegavam a cair. Não podia chorar. Se seus carcereiros, entretidos com o jogo ali perto, percebessem sua fragilidade, seria submetido a novas sessões de tortura. Para ele, era um alívio que eles estivessem ocupados, pois, caso contrário, estariam se divertindo em supliciá-lo. Evitava até pensar, com medo de que pudessem ler seus pensamentos. Todavia, ali presentes, podíamos identificar-lhe as emanações mentais mais íntimas.

O infeliz suplicava ajuda, confessando-se entediado de tudo. Reconhecia-se cansado daquela vida de degradação. Sabia que muito errara, que cometera muitas atrocidades, mas queria mudar, refazer seus passos. Sentia falta da família, à qual nunca dera grande valor; agora, porém, que a distância o levara a refletir melhor, queria reencontrar os entes queridos, pedir-lhes perdão.

E foi exatamente esse pedido de socorro que, detectado pelos delicados sensores da espiritualidade, levou os dedicados trabalhadores do bem a preparar uma excursão para resgatá-lo.

A nobre Amanda inclinava-se sobre ele, enternecida. A saudade que Calixto começava a sentir da família se devia à aproximação da mãezinha, que ele, intuitivamente, anotava.

Cheios de compaixão, aproximamo-nos dele. Amanda, fitando o benfeitor, suplicou:

– Querido amigo, contamos com sua ajuda. Socorra-nos!

Antúlio sorriu e, delicadamente, colocou a mão no ombro do desventurado prisioneiro, enquanto lhe falava de forma sintética e direta:

– Meu irmão Calixto. Suas preces foram atendidas. Agradeça a Jesus e aos esforços de sua mãezinha, pois é chegada a hora da sua libertação. Nada tema.

O infeliz não podia ver-nos nem ouvir textualmente as palavras do orientador, mas recebia no imo da alma as idéias que lhe eram sugeridas. Novo sentimento de paz e de esperança passou a vibrar-lhe no íntimo, como prenúncio de vida nova.

Protegido por Antúlio, que nos recomendou manter os pensamentos em prece, Calixto também se pôs a orar. E o nobre benfeitor o envolveu em seu manto com infinito carinho.

O encarcerado, aconchegado ao coração da generosa entidade, qual frágil criança, entregou-se, caindo em sono profundo. Com Antúlio carregando Calixto como leve fardo, saímos da cela, passando pela mesa de carteado, sem que os líderes da falange dessem pela nossa presença. Do lado de fora, Antúlio emitiu leve sinal sonoro, e logo dois padioleiros surgiram para levá-lo.

Felizes com o resultado da ação, iniciamos o caminho de volta. A mãezinha, em lágrimas, acompanhando o filho querido, agradecia a todos nós os esforços despendidos.

Chegando ao local onde deixáramos os demais companheiros, a um gesto de Antúlio, recomeçamos a caminhada, seguindo todos juntos, agora à direita. Pelos meus cálculos, já havíamos percorrido duas centenas de metros quando o responsável pela expedição deu ordem de parada e, dirigindo-se aos seguranças, ordenou que ultimassem os preparativos. Depois, voltando-se para nós – e notei que mais particularmente para mim, como único neófito da excursão –, considerou:

– Neste momento, vamos socorrer também outras infelizes entidades. Não seria justo tanto esforço para resgatar apenas uma. É de praxe, sempre que saímos em equipe para prestar auxílio a alguém, estender nossa ação, aproveitando o tempo e a boa vontade do grupo para ajudar outras criaturas que estagiam na região. Mantenhamos todos a elevação de pensamento de modo a darmos o melhor de nós mesmos.

Fez uma pausa, olhou em torno e perguntou a Rúdi, o responsável pela segurança:

– Todos a postos?

– Sim.

– Muito bem. Então, podemos começar. Acendam as luzes.

O que aconteceu em seguida foi algo inacreditável, que tentarei descrever da melhor maneira possível.

Quando as potentes luzes se acenderam no alto de alguns postes, iluminando tudo ao redor, a princípio nada percebi de diferente. A região pareceu-me uma grande planície. Antúlio fez-me um gesto e o acompanhei. Caminhando em frente, quando dei por mim, estávamos à beira de um precipício. Olhando para baixo, vi um rio, ou aquilo que julguei que fosse, porque não havia água, mas grande quantidade de lama. Próximo do paredão rochoso em cujo cimo estávamos, observei lá embaixo, a aproximadamente dez metros, uma das margens. Fiquei pasmo! Na claridade que se fizera pude notar que, depois do "rio", com cerca de trinta metros de largura, estendia-se uma estepe com pequenas isbás mal-acabadas e sujas, umas junto das outras, como um povoado. O mais impressionante, porém, é que na outra margem encontravam-se centenas de criaturas, talvez milhares, que se aproximavam, curiosas. Muitas chegavam com olhar cheio de esperança; outras, de aspecto cruel, repulsivo e patibular, gritavam impropérios, palavrões, mandando-nos embora. Percebi que nenhuma delas podia atravessar o rio de lama.

Depois de dar tempo para que se aproximassem, Antúlio começou a falar, e sua voz sonora elevava-se no ar, atingindo todos os lugares, mesmo os mais recônditos. No início, ainda se escutava a enxurrada de ofensas das vozes que nos amaldiçoavam. Todavia, aos poucos, as vozes se calaram, e se fez silêncio total.

– Meus irmãos em Cristo Jesus, que o Senhor nos abençoe a todos! Que a paz do Divino Mestre se derrame sobre todos os que aqui estão e que nos ouvem. Deus, nosso Pai Maior, que ama a todos indistintamente, sabe de tudo o que acontece, tudo o que fazemos, tudo o que pensamos. Não ignora as atrocidades que já cometemos, o mal que semeamos no curso do tempo em prejuízo de nossos semelhantes e, sobretudo, de nós mesmos.

Fez uma pausa, abarcando com o olhar compassivo a multidão de seres que o ouviam em silêncio; depois prosseguiu:

– Entretanto, a misericordiosa mão do Cristo se espalma sobre nós neste momento. É chegada a hora da libertação para quantos tenham real desejo de mudar. Basta de sofrimento e de dor. Todos têm o direito de ser felizes! E Deus, nosso Pai Amantíssimo, assim o quer. Portanto, aqueles que desejarem sair deste lugar de sofrimento devem vir ao nosso encontro e serão socorridos. Estamos preparados para recebê-los. Serão jogadas redes magnéticas como pontes, por onde poderão atravessar. Todavia, só conseguirão os que estiverem realmente imbuídos do desejo de mudar de vida, arrependidos dos males que causaram ao próximo e a si mesmos. Dependerá de cada um, também, o esforço para vencer seus algozes. Não tenham medo. Confiem!

A um sinal de Antúlio, Rúdi mandou lançar as redes luminosas sobre o abismo, as quais cruzaram o "rio", fixando-se na outra margem onde se encontrava a multidão de sofredores. Como estávamos bem acima, as redes ficaram em desnível. Magotes de espíritos se encaminharam para a borda tentando atravessar. Contudo, os vingativos seres que dominavam o lugar e os mantinham prisioneiros os agarravam, impedindo-os de se aproximar. Comovedora cena nos emocionou a todos. Torcíamos para que se segurassem às redes e vencessem o espaço que nos separava, porém, mesmo quando já estavam iniciando a travessia, eram impedidos pelos agressivos e violentos algozes, que estalavam os chicotes nos dorsos nus. E muitos caíam na lama, sendo obrigados a retroceder.

Ainda uma vez, Antúlio os conclamou:

– Venham! Nada temam! Mantenham a fé em Deus e Ele os sustentará! É preciso coragem e decisão. Venham! Nós os aguardamos!

Mulheres e homens esquálidos agarravam-se fortemente às redes com olhos lacrimosos e cheios de esperança de serem socorridos. Alguns conseguiram atravessar e subir engatinhando, contra a vontade dos líderes. Ao chegarem do nosso lado, exaustos, os atendentes correram para ampará-los.

Irados, os adversários do bem começaram a gritar. O chefe deles esbravejou:

– Malditos! Ninguém aqui precisa de ajuda! Vão embora! Desapareçam! Não acreditamos no seu Deus nem precisamos de socorro. Somos os donos deste lugar. Aqui só nós mandamos! Se insistirem, serão esmagados pelas nossas hostes. Desapareçam! Fora! Fora!

E, enquanto assim falava, os demais obrigavam os infelizes a se afastar das margens, entre tapas, bofetões e chicotadas. A luz que tínhamos visto brilhar nos olhos de muitos se apagou, substituída por tristeza, decepção e desesperança; cabisbaixos, retrocediam a chorar.

Depois, após dominarem o terreno e expulsarem para o fundo da estepe os desventurados, os líderes tentaram atravessar pelas redes para nos atacar, dizendo palavras chulas e impronunciáveis. Ao contato com as redes magnéticas, porém, levaram tremendo choque, caindo para trás. Os alabardeiros, armas em punho, aguardavam.

Ainda esperamos mais alguns minutos, dando uma última oportunidade para os que quisessem ser salvos. Como não aparecesse mais ninguém, Antúlio ordenou que recolhessem as redes e apagassem as luzes.

Era o fim. Eu, particularmente, estava compungido. Como? Tanto esforço para salvar apenas alguns irmãos!? E os meios que foram usados, alguns violentos, para conseguirmos nosso objetivo?

Embora na condição de espírito desencarnado, dúvidas atrozes me atingiam a sensibilidade de homem, que sempre repudiara a violência, lutando pela paz.

Certamente Antúlio me identificava as elucubrações, entretanto se absteve de comentá-las.

Retornamos para o apartamento, sede do Grupo de Trabalhos Experimentais. Estávamos exaustos e necessitados de repouso. A ação socorrista nos havia consumido muita energia. A necessidade dos irmãos confinados naquela região determinara grande desgaste para os participantes. Claro que falo por mim, desacostumado desse tipo de atividade.

Apesar do cansaço e das minhas dúvidas, fora uma experiência apaixonante, inesquecível!

12

Reflexões oportunas

"Bem-aventurados os pacificadores, porque serão chamados filhos de Deus."
JESUS (MATEUS, 5:9)

HORAS DEPOIS, REUNIMO-NOS para avaliar os resultados.

Todos concordaram com o grande proveito obtido pela equipe, com ênfase na oportunidade de resgatarmos quatro irmãos sofredores, além de Calixto, que já se encontrava em segurança, recuperando-se no hospital, sob os cuidados de dedicados médicos e enfermeiros.

Aproveitando a ocasião, mais uma vez a nobre dama agradeceu a colaboração de todos no auxílio ao filho do coração:

– Há longo tempo estávamos tentando ajudar Calixto, que se mostrava sempre impermeável às nossas sugestões. Afinal, surgiu o momento adequado: o cansaço que detectamos nele foi a tábua de salvação que nos competia utilizar para ir em seu socorro. Graças ao Altíssimo e à colaboração dos amigos – enfatizou sorridente –, meu filho agora se encontra em local seguro e, espero, realmente desejoso de mudar de vida.

– Conte conosco, cara Amanda, no prosseguimento das tarefas que, sem dúvida, serão necessárias. Estaremos vigilantes aguardando a melhor ocasião para resgatar os demais companheiros de Calixto – considerou Antúlio.

Com delicado gesto de cabeça, a senhora Amanda concordou:

– Sim, meu amigo. Não posso esquecer que aquelas entidades, especialmente os algozes, são ligadas ao pretérito de Calixto. Em certa época, meu filho ocupava o cargo de comandante supremo do exército do qual eles faziam parte e gozava da irrestrita confiança de todos os soldados. Calixto os traiu por interesses escusos, conduzindo-os a uma cilada que dizimou quase todos. Como sempre foram leais ao líder, e exatamente por isso, jamais lhe perdoaram a traição. Os sobreviventes desse trágico acontecimento não lhe deram trégua, cheios de ódio e de revolta, caçando-o como a um animal pelo resto daquela existência e, depois, no Além-túmulo.

Amanda fez uma pausa, respirou profundamente e prosseguiu, com os olhos úmidos:

– Estamos convictos de que nada acontece por acaso e de que todo reencontro com desafetos é doloroso, pois desperta a consciência. Assim, pretendo continuar ajudando aqueles irmãos. Quando Calixto estiver plenamente recuperado e a par das responsabilidades que lhe cabem nesse processo, com certeza irá também trabalhar em benefício deles, secundando-me os esforços.

Amanda trazia no olhar a emoção que essas lembranças lhe causavam, e, sem que precisasse dizer, compreendemos que ela também estava de alguma forma envolvida nesse drama, cujos reflexos sentia naquele momento.

A reunião estava caminhando para o final. Antúlio lançou o olhar lúcido pelos demais companheiros e indagou:

– Alguém tem algo mais a dizer?

Senti que aquela pergunta me era dirigida, e não poderia deixar passar a oportunidade. O questionamento torturava-me o espírito rebelde. Como calar-me diante de tudo o que vira e ouvira? Assim, procurando manter o maior respeito possível, questionei:

– Antúlio, novamente o que me preocupa é a questão da resistência ao mal. Repugna-me o uso de violência. Há dois dias, quando levantei o problema, foi-me dada explicação para a situação de Gotardo, infeliz irmão que estava acorrentado, o que muito me afligiu. Volto a questionar: diante das imensas possibilidades do bem – e disso não temos nenhuma dúvida! –, é justo utilizarmos, na contenção do mal, as mesmas armas de que há milênios os homens se servem? Não seria incentivar a agressividade e a violência no coração dos mais empedernidos?

Antúlio fitou-me compreensivo.

– Não posso negar-lhe razão. Também eu, Leon, senti idêntica repulsa outrora, atormentado por esses mesmos questionamentos que me afloravam ao espírito desejoso de não mais errar. Lembra-se de nossa conversa anterior? Falávamos sobre a necessidade de conter o mal para que não representasse risco aos demais, pois, se atingisse seres indefesos, necessitados e sofredores, causaria tumulto e confusão.

– Sim, recordo-me. Explicou-me você também que Gotardo prosseguia acorrentado pelas suas próprias condições; que, se desejasse, ficaria liberto.

– Exato.

– Pois bem... Não me parece ser o caso dos sofredores que tivemos a oportunidade de ver na região de Névoas Densas, que estavam sendo mantidos à força por cruéis líderes. Desejavam sair, ansiavam pela salvação, mostravam-se desesperados diante do sofrimento e, contra a sua vontade, eram mantidos prisioneiros por criaturas endurecidas no mal.

Fiz uma breve pausa, avaliando a reação dos demais diante de minhas considerações. Depois, respirando fundo, prossegui:

– Todavia, causou-me espanto maior ver entre os servidores do bem uma equipe de alabardeiros comandando a operação, prontos a usar suas armas contra os que tentassem atravessar o rio de lama! Sem dúvida eram algozes, líderes do mal, concordo. Entretanto, por mais que tente, não consigo encontrar explicação para esse tipo de atitude, considerando os ensinamentos do Cristo, a quem todos servimos.

Denotando compreensão diante de minhas dúvidas, Antúlio esclareceu gravemente:

– Meu caro Leon, no trato com entidades rebeldes e violentas, não podemos esquecer que nos compete agir com prudência e justiça, evitando-se aumentar neles as feridas que sangram. No entanto, a condição desses nossos irmãos é a mais primitiva possível; não entendem outro tipo de linguagem senão aquela a que estão acostumados. Vivem na violência, torturam, espancam e vencem pelo terror magotes de seres dementados ou presos às condições que eles próprios escolheram ao chafurdarem no mal.

– E é justo deixá-los em sofrimento tão atroz? Vi seres desejosos de vir ao nosso encontro e que só não o fizeram porque foram barbaramente impedidos.

Antúlio concordou com leve gesto de cabeça e prosseguiu:

– Aqueles seres que despertaram a sua compaixão e também de toda a nossa equipe não estão ali sem motivo. Nada acontece por acaso, Leon. Lá permanecem porque estão afinizados – seja pela vontade, seja pelas condições que geraram para si na carne –, com aquele tipo de comportamento. Não são seres inocentes, como pode parecer. Ao contrário. Todos estão comprometidos com a lei e também com os chefes que os mantêm presos. Não existe injustiça sob o olhar do Criador. Cada um está no local e com as pessoas que merece estar. Concordo que muitos desses infelizes tinham real desejo de sair daquele lugar de sofrimentos acerbos. Todavia, a vontade deles ainda não era forte o bastante para o conseguirem. Tudo é uma questão de tempo e de oportunidade. Entre uma expedição socorrista e outra, terão um período em que poderão refletir sobre o que lhes aconteceu, a frustração pela oportunidade perdida, e procurarão se fortalecer intimamente, preparando-se melhor e reunindo forças para vencer no futuro. Então, chegará o momento em que esses outros irmãos também serão socorridos, pois Deus é Pai Misericordioso e a ninguém abandona.

A uma pausa do orientador, aduzi:

– No entanto, parece que estão entregues a si mesmos...

– Engana-se, Leon. O Senhor da vida nunca desampara seus filhos. Mesmo lá, em condições tenebrosas, aspérrimas, existem dedicados e generosos tarefeiros do bem infiltrados no meio das hostes do mal, os quais se sacrificam por esses irmãos em sofrimento, não raro pelo desejo de ficarem junto de entes queridos. Passam despercebidos e, em rasgos de extrema renúncia, dedicam seu tempo e seus esforços para amenizar a dor dos que sofrem, servindo como pontes de contato entre as trevas densas e o Alto.

Antúlio fez uma pausa, dando-me tempo para pensar no assunto. Eu estava perplexo.

– O que me diz?! Jamais teria imaginado que há servidores do bem trabalhando naquele local de sofrimento e dor.

– Mesmo nas trevas mais densas, Deus sempre acende uma luz – acentuou Antúlio.

Calei-me por alguns instantes, depois prossegui:

– Confesso que suas explicações são lógicas e, mesmo, surpreendentes. Mas, e os alabardeiros? Usariam de violência para conter os chefes daquele lugar? Em caso positivo, é normal esse procedimento?

– Por mais que nos repugne esse tipo de ação, é o que temos no momento. Se estivéssemos em ambiente preservado da espiritualidade, como em nossa Colônia Estrela da Manhã, cercados por amigos e colaboradores, nada disso seria necessário. A contenção seria vibratória. No entanto, Leon, nós estávamos em região trevosa superpovoada, com poucos e dedicados tarefeiros, rodeados por seres que não entendem outra linguagem que não a da violência. São criaturas extremamente cruéis e vingativas, que há séculos conservam a mente sintonizada no mal, em região que muito se assemelha ao inferno descrito por Dante Alighieri[1]. Nesses casos, só nos resta agir de acordo com as circunstâncias. Se eles conseguissem nos alcançar, correríamos sério perigo. Naturalmente, nossas armas não têm outra função senão a de assustá-los, fazendo-os retroceder.

– Se fossem atingidos, sentiriam dor?

– Sem dúvida. Teriam a sensação de estar feridos. Entretanto, seria momentânea essa impressão, que perduraria por algumas horas. Mesmo que chegassem a ter sensação de morte, isso não pode acontecer, visto não terem mais o corpo perecível.

– E por que sentiriam dor? – indaguei, surpreso.

– Como seus corpos espirituais são extremamente densos, quase materializados, experimentam sensação similar a que teriam na carne; mesmo porque, ao verem as armas e serem atingidos, "psicologicamente" estariam preparados para sentir dor, pois estão condicionados e sabem que é isso o que acontece nesses casos, entende? Então, reagem como o fariam quando encarnados no planeta. Por isso, não se preocupe demasiadamente. As armas, em geral, servem apenas para assustá-los. Ao vê-las, eles se apavoram e fogem, sem que haja necessidade de acioná-las.

– Mas eles atiraram!

– Sim, mas não para acertar. O objetivo era realmente assustar, apenas.

---

1 ※ Autor da obra-prima da literatura universal *A divina comédia*. (N.E.)

– Entendo. E algum dia esse estado de coisas vai se modificar? Deixará de ser necessário o uso de armas?

– Sem dúvida, Leon. À medida que o ser espiritual se elevar, buscará outros caminhos. O mal é conseqüência direta da ignorância. Pelo conhecimento, ela será extirpada de nossos mundos, tanto do material quanto do espiritual. Não haverá mais violência, sofrimento, miséria, revolta e dor, visto que a evolução é lei da vida.

Calei-me, respirando fundo. "Oxalá essas mudanças aconteçam logo!", pensei comigo mesmo.

O nobre benfeitor sorriu discretamente. Por certo detectara meu pensamento. Em seguida, encerrou a reunião, e nos despedimos. Era hora de regressarmos ao lar, à nossa colônia espiritual.

A caminho de casa, mantive-me compenetrado e pensativo. O amigo Bóris fitava-me sem nada dizer. Certamente não ignorava o teor de meus pensamentos, mas se absteve de comentá-los.

Na verdade, passava eu em revista tudo o que representara para mim o que construíra na última existência, e que chamava de "minha doutrina da não-violência".

Repassava todos os apontamentos que fizera e confrontava-os agora com a nova realidade. Sempre fui radical em minhas opiniões, não conseguindo admitir meio-termo. Até porque o Cristo dissera: "*Seja a tua palavra sim, sim; não, não*"[2]. Entendo que, com essas palavras, Jesus quis dizer que deveríamos ser fiéis aos ideais que abraçamos, não transigindo diante dos interesses mundanos.

Agora, via-me obrigado a refletir sobre meu comportamento diante das explicações que recebera de Antúlio acerca da resistência ao mal.

---

2 ⁎ Mateus, 5:37. (N.M.)

Compreendia as razões do generoso benfeitor, contudo sempre fora fiel ao Evangelho do Cristo, que representava meu ideal de perfeição.

Durante muitos dias mantive-me calado e introspectivo. Vagava pelos jardins, caminhava pelos campos, entregue a mim mesmo.

O lar na espiritualidade plenificava meu íntimo, acalmando-me o coração das saudades que sentia de minha terra natal.

Erguida no espaço sobre nossa querida cidade santa de Kiev, a Colônia Estrela da Manhã, em sua ambiência espiritual, refletia o gosto e os costumes de nosso povo, embora sutilizados e etéreos. Nas portas rendilhadas, delicadas filigranas reproduziam o estilo oriental, tão usado na Rússia em construções mais primorosas. Nos jardins, belas e perfumadas aléias despertavam-nos o desejo de caminhar; árvores frondosas e desconhecidas se juntavam a olmos, salgueiros, pessegueiros, carvalhos, lilaseiros, tão nossos conhecidos, debaixo de cujas copas descansávamos, gozando de sombra e frescor. De vez em quando, latadas de rosas formavam caramanchões, à sombra dos quais nos acomodávamos, aproveitando as horas de folga, em delicados bancos forrados de musgo.

Era nesse ambiente que eu, particularmente, dava vazão a meus pensamentos.

E era o que fazia agora, entregue a mim mesmo.

13

Não-resistência ao mal

"Aprendestes o que foi dito:
olho por olho e dente por dente.
– Eu, porém, vos digo que não resistais ao mal que
vos queiram fazer; que se alguém vos bater na face direita,
lhe apresenteis também a outra; – e que se alguém quiser
pleitear contra vós, para vos tomar a túnica, também
lhe entregueis o manto; – e que se alguém vos obrigar
a caminhar mil passos com ele, caminheis mais dois mil.
– Dai àquele que vos pedir e não repilais aquele
que vos queira tomar emprestado."
JESUS (MATEUS, 5:38 A 42)

NAQUELE AMBIENTE DE PAZ, em meio à natureza, eu respirava a longos haustos, sentindo o aroma delicado das flores e a brisa ligeira que me afagava a pele. Gostava de estar só. Nessas ocasiões, aproveitava para pensar, refletindo sobre temas importantes, sobre os fatos da vida, sobre tudo o que vira e ouvira.

Esse era um hábito antigo. Quando encarnado, agia da mesma forma. Procurava refúgio na varanda de minha casa, em

Iasnaia Poliana, ou caminhava pelos campos dourados de sol, sentindo a terra molhada sob as botas, observando as tenras plantinhas que brotavam depois do degelo, quando o inverno cedia lugar à primavera, e a neve, derretendo, transformava-se em poças nos caminhos, ou filetes-d'água que corriam pelo solo, juntando-se a outros filetes-d'água e formando pequenos regatos.

Mesmo nos dias de inverno, eu saía para caminhar; agasalhava-me bem, colocava o barrete de peles na cabeça e saía pelos campos nevados, ouvindo o ranger da neve sob os pés.

Nas ocasiões mais rigorosas, quando tempestades de neve caíam mudando o cenário e me impedindo de deixar o aconchego dos aposentos aquecidos de minha casa, isolava-me na biblioteca, vendo a neve se acumular nas cornijas das janelas, assistindo ao crepitar do fogo na lareira e tomando chá de melissa, fumegante, que, com imenso prazer, eu mesmo preparava no samovar.

Era assim que, entregue a mim mesmo, eu trabalhava as idéias que, em catadupas, me acudiam à mente e que, depois, colocava no papel, mais tarde copiadas cuidadosamente por Sofia, minha dedicada e amorosa esposa.

※ ※ ※

Agora eu sentia que precisava repensar alguns pontos da minha doutrina da não-resistência ao mal. Não que julgasse erradas minhas conclusões; no entanto, me via na contingência de analisar e refletir melhor sobre certas questões.

"*Não resistais ao mal que vos queiram fazer*", segundo o Evangelho do Cristo, é não resistir ao mal com o mal, segundo meu modo de entender. O conselho constitui lição fundamental para todos nós, uma vez que a violência representa ponto nevrálgico nas relações humanas, causando grandes malefícios à civilização.

Em razão disso, sempre me posicionei contra qualquer idéia de violência, ou que viesse a gerar violência na sociedade.

As palavras de Jesus não impedem a defesa, mas são contra a vingança. Não devemos resistir ao mal com o mal, mas sim por meios pacíficos de defesa.

Dessa forma, jamais fui favorável ao Estado, porque o considerava, pela própria existência, causador e mantenedor da violência. Para existir e ter poder, o Estado necessariamente utiliza a força como meio de obrigar os cidadãos à obediência. E como o Estado faz isso? Como consegue a obediência civil? Estabelecendo governos fortes, uma legislação opressora e um judiciário encarregado de aplicar essas leis.

Todavia, mesmo com esse aparato, como o governo poderá impor sua vontade, tornando-a irresistível? Criando exércitos que lhe sejam fiéis e que, pela força das armas, contenham qualquer ato de rebelião?

Sim, certamente. Mas aí outra pergunta se faz necessária: Como o governo constituirá o exército? Obrigando o povo ao alistamento militar, do qual surgirá o contingente de soldados necessário à manutenção da ordem.

Em suma: o Estado arma o cidadão contra o próprio cidadão. Ensina o cidadão a matar o próprio irmão. Coloca irmão contra irmão. Pois não é o que vai acontecer se eclodir uma rebelião, um conflito de interesses entre o povo e o governo, enfim uma revolução? Não é o que pode acontecer se surgir um desentendimento entre o nosso governo e o de países estrangeiros, isto é, se for declarada uma guerra?

Em toda a história da humanidade, é exatamente o que tem acontecido. Povo contra povo, irmão contra irmão. Assim se constituíram os grandes impérios e assim se sustentaram os tiranos, que caíram uns após outros.

Quando nasci, em 1828, o czar Nicolau I havia assumido o poder, após a morte repentina de Alexandre I, iniciando seu reinado em 1825, que se estenderia até 1855. Apesar de ter dedicado atenção ao ensino e incentivado a cultura, governou a Rússia com mãos de ferro, voltando-se até contra os intelectuais que, a princípio, protegera e que depois perseguiu. Sua política externa foi de ataque, enviando seus exércitos contra a Hungria, quando esta se revoltou contra os Habsburgos. Criou um conflito com o Império Otomano, tentando o esfacelar e gerando problemas com a Turquia, que atacou as forças russas porque Nicolau I se considerava "protetor" dos súditos cristãos do sultão. A Inglaterra e a França, não aceitando tal protetorado, entraram em combate com a Rússia, o que gerou a Guerra da Criméia, em 1854, de terríveis conseqüências para o exército russo, cujos soldados lutaram bravamente, mas perderam a batalha em Sebastopol, da qual participei.

Eu era um jovem de 26 anos quando fui para a guerra. Marcou-me para o resto da vida as cenas de violência e de selvageria que presenciei; o sangue derramado, o sofrimento dos soldados feridos, a dor de ver morrer um amigo, o medo e a insegurança que nos acompanhavam a todo instante, fatos que já descrevi em outras oportunidades quando encarnado[1].

Nicolau I morreu em 1855, assumindo o trono seu filho Alexandre II, que recebeu o país com graves problemas internos, notadamente sociais, como herança da guerra da Criméia. Alexandre II promoveu diversas reformas administrativas e seu maior feito foi a libertação dos camponeses, os mujiques, que até essa época eram verdadeiros escravos. Incentivou a autonomia local, criando câmaras municipais que tratariam de problemas relevantes para a comunidade, como hospitais, estradas, educação e bem-estar da população. Criou tribunais independentes, ampliou os transportes ferroviários, precários até então, facilitando as condições para o comércio e a indústria. Concedeu liberdade de imprensa e incentivou a criação de jornais.

---

1 ⋇ Em "Sebastopol em dezembro de 1854", "Sebastopol em maio de 1855" e "Sebastopol em agosto de 1855": capítulos do livro *Narrativas de Sebastopol*. (N.M.)

Quando um estudante tentou assassinar o czar, este ficou assustado com os grupos revolucionários existentes na Rússia. Esse atentado modificou sua atitude: de branda e conciliadora no início, passou a violenta e agressiva. Depois de sua morte, em 1881, subiu ao poder Alexandre III (1881-1894), que continuou a trajetória de lutas e perseguições.

Em 1894, sucede-o o filho, Nicolau II, que não fora preparado para governar, preferindo a vida doméstica ao enfrentamento dos graves problemas sociais e políticos do império. Foi o último dos czares da Rússia, perecendo com a família quando estourou a revolução bolchevista, em 1917. Nessa época, eu já havia partido para a espiritualidade em 1910, não tendo participado, portanto, desses acontecimentos como cidadão russo encarnado, mas acompanhei, com o coração amargurado toda a trajetória dessa luta e o sofrimento do povo, sempre o mais atingido, conquanto o cunho popular da revolução fosse a passagem de todo o poder para as mãos do proletariado.

Com esse pequeno retrospecto histórico, o que pretendo mostrar é que sempre, em qualquer época, os governantes utilizaram-se da força de seus exércitos para impor sua vontade, fosse na Rússia, fosse em qualquer outro lugar do mundo.

No meu torrão natal, a autocracia imperou até 1917. Após a revolução, não obstante o controle ter ficado nas mãos dos operários – quer dizer, do povo –, o país continuou a ser regido pela força e pela violência. Nada mudou, a não ser a troca de mãos.

Em outros países da Europa e das Américas, o poder reconhecido como do povo e em seu nome exercido igualmente usa da força para governar, gerando verdadeiros ditadores, tiranos que, apesar de eleitos pelo povo segundo o modelo democrático, agem em completo desacordo com a opinião da sociedade, pois visam apenas a seus próprios interesses. Fazem acordos espúrios, produzindo corrupção em todos os níveis, da qual não escapa nenhum dos poderes legalmente constituídos, ou seja, o executivo, o legislativo ou o judiciário.

Antes da vinda do Cristo, vigorava a lei mosaica do "olho por olho, dente por dente". À época, podia-se entender que os homens agissem dessa maneira, em virtude da sua ignorância acerca das leis divinas que regem a vida em todas as suas expressões. Entretanto, após o advento do Cordeiro de Deus, como podem os seres humanos ignorar suas leis, seus ensinamentos? E não me refiro à grande parcela da humanidade que desconhece o Evangelho do Cristo. Reporto-me particularmente àqueles que conhecem as lições de Jesus e que se consideram seus seguidores!

Mesmo agora, depois de dois mil anos de Cristianismo, como estamos agindo nós, os cristãos?

Ensinam-nos nas igrejas, desde crianças, que somos todos irmãos, filhos de um mesmo Pai, que é Deus. Ensinam-nos a não matar, porque a vida é o dom mais precioso que nos foi concedido pelo Criador, e a respeitar o próximo. A própria legislação de cada povo estabelece que é crime matar outro ser humano.

Todavia, quando o ser humano cresce, após ter assimilado desde a infância esses conceitos, vem o governo e obriga-o ao serviço militar, ensina-o a usar armas, a obedecer a ordens sem questionar e a matar seu irmão, numa conduta odiosa, repugnante e completamente destituída de lógica.

Estou me referindo aqui ao Estado, como sociedade politicamente organizada. Mas, e a Igreja? Como entender o comportamento da Igreja através do tempo? A Igreja que, para sustentar-se no poder, sempre foi criadora e mantenedora de todo tipo de violência?

Durante os períodos da história, em inúmeras situações, a Igreja esteve envolvida em guerras e em ações nefandas contra a sociedade. Exércitos comandados pelos próprios papas partiam para a luta, matando, espoliando, torturando e saqueando cidades. As Cruzadas foram guerras cruéis, em que, sob o pretexto de libertar o Santo Sepulcro em poder dos árabes, os cristãos invadiram territórios e perpetraram as maiores atrocidades contra multidões de muçulmanos, dizimando cidades inteiras.

O tribunal da Inquisição, ou Santo Ofício, da mesma forma, ao julgar e condenar seres humanos, cuja única culpa era pensar de forma diferente daquela estabelecida pela Igreja, também mandou milhares de pessoas à morte nas fogueiras. E o processo era instaurado sem nenhuma idéia de justiça. Após a denúncia – e o denunciante não precisava se identificar, o que gerava vinganças de cunho pessoal –, a criatura geralmente era aprisionada, torturada, para que confessasse crimes que não cometera, o que acabava fazendo por não conseguir suportar as torturas a que era submetida. Se confessasse, tinha o direito de morte mais branda, antes de ir para a fogueira. Se não admitisse seus *crimes*, era levada diretamente para esse suplício, em ocasiões especiais chamadas de autos-de-fé, sempre num dia festivo cuja comemoração era feita com toda a pompa. Isso acontecia depois de terem espoliado os bens do prisioneiro, de forma cúpida e perversa. E tudo isso em nome do Cristo, para – hipócrita e piedosamente! – salvar-lhe a alma.

Como adequar as palavras de Jesus, de amor e perdão, com as atitudes dos religiosos, justamente daqueles que se diziam os "representantes de Deus na Terra", em flagrante desrespeito ao Evangelho? Como entender o comportamento dessas mesmas almas "piedosas" que, quando não iam elas próprias para o campo de batalha, "abençoavam" os exércitos que, sabidamente, iriam espalhar a violência e a desordem, a destruição e a morte no seio de outras comunidades? Como tolerar isso?

A razão nos diz que é possível resolvermos nossos conflitos de outras maneiras, pacíficas, dispensando a agressividade e a intolerância.

Por meio de diálogos fraternos, as pessoas podem resolver suas pendências. Da mesma forma, reuniões especialmente marcadas com esse objetivo, em que se use o entendimento como arma principal, ajudam os países a superar seus conflitos e a selar acordos de paz.

Em minha última encarnação, houve um tempo em que as populações dos países europeus estavam extraordinariamente inquietas, inseguras. Atravessávamos situações em que sérios conflitos ocorriam entre os países, e esperava-se uma guerra de conseqüências imprevisíveis. E o povo russo, miserável, sofrido e faminto, temia novos combates que viessem a agravar suas condições já tão precárias.

Uma parcela da população mundial – aquela que acreditava na possibilidade de se evitar a guerra com medidas internacionais e diplomáticas –, lutava pela união dos povos, realizando inclusive congressos para estudar o assunto.

O Congresso Universal da Paz, em Londres (1892), aprovou importantes resoluções, enfatizando o valor da fraternidade entre as pessoas como geradora da fraternidade entre os povos, com vistas a uma paz duradoura. Ele reconheceu também a decisiva influência do Cristianismo sobre o progresso moral e político da humanidade. Igualmente, apresentou sugestões aos professores de história, nas escolas, para que orientassem os alunos quanto aos malefícios das guerras através do tempo, protestando contra o uso de exercícios militares nas aulas de educação física. Sugeriu também a formação de brigadas de salvamento, em vez das tradicionais de caráter quase militar. Considerou a enorme influência moral e social da mulher, conclamando cada uma a trabalhar pela paz universal. E emitiu o voto final de que um congresso de representantes de todos os Estados da Europa fosse realizado o mais depressa possível para viabilizar os meios necessários a um desarmamento geral e gradual, como a melhor garantia da paz.

Essas são as resoluções mais significativas desse congresso realizado na capital inglesa. Outros congressos aconteceram, sempre com o nobre objetivo de tentar o desarmamento para evitar a guerra e manter o estado de paz.

Mas, permanece a pergunta: podemos acabar com as guerras?

Todos reconhecem os malefícios de uma luta armada, e os países se prontificam a assinar acordos para evitá-la. Todavia, o que se vê é que, logo em seguida, procuram aumentar seus exércitos e armamentos, com a justificativa de prevenir e garantir a paz. Sem dúvida! Essa atitude é óbvia e coerente com seus objetivos, uma vez que os governos permanecem no poder pela força de seus exércitos! Então, eles incentivam os pacifistas, promovem congressos, fazem palestras, elogiam os esforços dos que trabalham pela conciliação, publicam livros, dão entrevistas, concordam em assinar tratados, mas, no fundo, agem segundo sua conveniência. Isso pode ser comprovado facilmente pelos acontecimentos históricos que se desencadearam posteriormente.

Depois de tantos esforços, eclodiu a Primeira Grande Guerra em 1914, estendendo-se até 1918, com terríveis malefícios e conseqüências profundamente desastrosas para toda a humanidade. Não bastasse isso, em 1939 iniciou-se a Segunda Grande Guerra, que só terminou em 1945, deixando um saldo de muitos milhões de mortos, tanto nos campos de batalha quanto nos campos de extermínio nazistas. Sem contar a hecatombe jamais vista e que abalou o mundo: a explosão das bombas atômicas lançadas pelos Estados Unidos da América sobre as cidades japonesas de Hiroshima e Nagasaki.

Na atualidade, por meio de organismos internacionais, os países já procuram entendimento pacífico, acordos e soluções diplomáticas, com grande proveito. Para que tais medidas realmente funcionem, cada lado deve, no entanto, entender a necessidade de ceder um pouco em seus interesses em benefício de todos, esquecendo orgulho, ambição, egoísmo, vaidade, poder.

E se pudéssemos gerar uma sociedade mais conciliadora, mais justa, mais fraterna, cujo governo não estivesse preocupado constantemente com a defesa do seu território, qual seria a necessidade dos exércitos? Nenhuma, salvo se esses contingentes de homens fortes, preparados, corajosos, tivessem outras funções que pudessem justificar o gasto excessivo com sua manutenção, como, por exemplo, atividades de cunho social com o objetivo de integrar e ajudar a população, socorrê-la em casos de emergência e muitas outras atribuições nas quais pudessem ser mais úteis à sociedade que lhes paga o soldo.

Quanto ao Estado, representado pelo governo, que exerce o poder executivo, admito que poderia existir, mas com função administrativa, para coesão e execução das inúmeras áreas em que se subdivide a complexidade dos órgãos do Estado moderno.

O governo só justifica sua existência se realmente visar ao benefício comum do povo, criando uma sociedade mais justa, mais solidária, mais igualitária, em que as distorções sócio-econômico-culturais sejam minimizadas, caso não possam ser de todo extirpadas.

Na espiritualidade, encontrei a forma de governo ideal, com a qual sempre sonhei e que visualizava em minhas divagações, na última encarnação. Exercido por uma aristocracia intelecto-moral, antecipa em muito a realidade do planeta, visto estruturar-se na razão e nas características morais de seus integrantes, baseadas no Evangelho do Cristo.

Esse será o futuro da humanidade, quando a condição de progresso dos habitantes da Terra permitir e quando ela, nossa bendita morada, tiver passado de "planeta de provas e expiações" para "planeta de regeneração".

14

Violência

"Quem quiser tornar-se grande entre vós,
será esse o que vos sirva; e quem quiser ser
o primeiro entre vós, será vosso servo."
JESUS (MATEUS, 20:26 E 27)

COMO É DOLOROSO ACEITAR a nossa inferioridade como seres humanos! Como é difícil entender a incapacidade de mudanças em relação às imperfeições que ainda nos dominam o íntimo, quando já ansiamos viver num mundo melhor.

Seres criados para o progresso, dotados de todas as condições necessárias à evolução, lei divina que rege o universo, ainda nos mantemos em fases inferiores da razão e do entendimento no que se refere à moral.

É com infinita compaixão que, daqui da espiritualidade, nossos olhos se voltam para a comunidade de espíritos encarnados, enxergando hoje com maior amplitude as dificuldades de transformação, causadas pelas pressões sociais, econômicas, emocionais, profissionais e espirituais que cercam o homem moderno.

A busca por uma vida melhor, mais confortável, gera tensão, angústia e insatisfação, além da natural insegurança diante do magno problema da sociedade nos dias atuais: a violência.

E esse problema cresceu em todos os níveis por incompetência da sociedade organizada, que o deveria coibir:

• começa no descaso da família. Agraciados por Deus com a presença de espíritos que devem encaminhar na existência e transformá-los em pessoas de bem, evitando que se desenvolvam neles os vícios e as tendências nocivas que trazem do passado, os pais – responsáveis diretos – nem sempre proporcionam aos filhos a necessária educação ética, moral e religiosa;

• passa pelo sistema educativo de vários países, não aparelhado para tratar desse problema, por incapacidade de muitos dirigentes, por despreparo de grande número de professores, além de outras razões, e continua nos abusos de órgãos de comunicação, que veiculam idéias centradas na violência, no terror, no sexo, no desvirtuamento de nobres valores até há pouco tempo cultivados. Em virtude disso, gerou se uma cultura que exige cada vez mais a expansão de desejos materiais, a criação de anti-heróis, nas figuras de seres animalescos, a projeção de grandes criminosos que vencem ludibriando a lei e que fazem o delírio de crianças e jovens;

• prossegue nas indústrias de consumo, sempre em busca de maiores vendagens. Elas transformam esses cultos absurdos em filmes, músicas, roupas, materiais escolares, bonés, mochilas e outros objetos. Proliferam, dessa forma, a violência e a agressividade em multidões de seres distanciados dos valores morais – crianças e jovens em sua maioria –, que exigem o atendimento às suas necessidades, cada vez maiores, de preencher essa procura de emoções fortes. Existem hoje na sociedade pessoas que, como esporte, praticam jogos de guerra até para suprir suas carências e canalizar energias... sem contar os videogames e jogos de computador, em que tudo é permitido a esses anti-heróis;

• atinge seu ápice em autoridades dos poderes executivo, legislativo judiciário, responsáveis pelo bem-estar do povo e pela execução dos serviços públicos. Não raro, preocupados com interesses próprios, esses detentores do poder fazem acordos espúrios, tanto na elaboração quanto na aplicação e execução das leis, manipulados por grupos poderosos a serviço do crime organizado – que agenciam, mantêm e dos quais se beneficiam –, contaminando todas as áreas. Esses grupos são favorecidos pela corrupção que se avoluma nos diversos níveis, centrada na ausência de valores morais.

Certamente existem nesses meios pessoas honestas, dignas e cumpridoras de suas obrigações, que amam o bem e a verdade, mas que, ante o volume dos desonestos, vêem-se incapacitadas para mudar a situação.

Desse modo, como esperar que a sociedade se torne mais pacífica? As populações mais miseráveis – e talvez por essa fragilidade – partem também em busca de seus mitos, cultuando grandes criminosos que saíram do seu meio, da sua comunidade, pessoas que conheceram e que passaram a admirar porque são líderes, comandam multidões, dispõem de muito dinheiro e dão ordens à própria segurança pública.

Como esperar uma sociedade mais justa, mais pacífica, mais humana?

Quando terminou a Segunda Grande Guerra, em 1945, com seu cortejo de dor e devastação, toda a população do planeta respirou mais aliviada. A sociedade sofrera as conseqüências de duas grandes guerras em pequeno espaço de tempo. "Afinal, teremos paz!", pensamos todos.

Parecia realmente impossível que, depois de tanto sofrimento, o homem ainda se voltasse para a violência tentando resolver seus conflitos.

A Organização das Nações Unidas, herdeira da Sociedade das Nações[1], foi constituída pelos países que se comprometeram a cumprir as obrigações previstas na Carta das Nações em 26 de

---

1 ⋇ Criada pelo Tratado de Versalhes, em 1919. (N.M.)

junho de 1945, em São Francisco, logo após a Guerra. Com o objetivo de salvaguardar a paz e a segurança mundial, além de estabelecer entre os países cooperação econômica, social e cultural, veio consolidar as esperanças gerais. Outros organismos internacionais também surgiram para assistir a população, atuando em áreas diferentes e extremamente importantes, como a educação, a saúde, o trabalho, os direitos do cidadão.

Todavia, algum tempo depois, inacreditavelmente, os conflitos armados voltaram a acontecer em vários países do globo.

A Rússia cresceu com os governos bolchevistas e se transformou na "União das Repúblicas Socialistas Soviéticas", ganhando força e notoriedade e se tornando competidora à altura dos Estados Unidos da América, país que se intitulava guardião dos direitos do cidadão. Iniciou-se a Guerra Fria, o pólo de disputa entre os dois países mais poderosos do mundo, que ameaçavam os demais com a corrida armamentista e uma hecatombe nuclear. Se julgassem necessário, usariam a bomba atômica, cujos efeitos a humanidade já conhecia e temia, pelos episódios de Hiroshima e Nagasaki que colocaram um ponto final na Segunda Grande Guerra.

Não ocorreu essa tragédia – as duas potências igualmente a receavam! – e o notável acontecimento da queda do Muro de Berlim, derrubado pelas idéias e pelo carisma do russo Mikhail Gorbatchev, deu ao mundo nova esperança de paz e entendimento.

No entanto, outras guerras surgiram, mostrando que o ser humano ainda não tinha logrado aprender a lição da paz. As guerras do Vietnã, do Golfo, da Bósnia-Herzegovina, do Afeganistão e, mais recentemente, do Iraque, para citar apenas algumas, indicam que o homem ainda não consegue viver em paz com seus irmãos. Além dessas, temos ainda os conflitos entre israelenses e palestinos, as guerras no continente africano, onde tribos não se entendem e lutam entre si, numa disputa que já fez milhões de vítimas. Em alguns casos, não é permitida sequer a entrada de gêneros alimentícios no país para atender populações miseráveis e famintas, que morrem à mingua.

No fundo, o homem está em luta consigo mesmo, contra suas imperfeições, e transforma suas guerras internas em combates contra o próximo, seja dentro da família, na área profissional, seja em caráter mais coletivo, nas disputas entre nações.

Como, porém, vamos conseguir viver em paz se mantemos a cultura da violência em todas as camadas da população, notadamente as de menor faixa etária, atingindo de forma criminosa, com nosso descaso, crianças e adolescentes?

Como esperar que cresçam pensando de forma diferente, se foram *alimentados* pelo exemplo da conduta agressiva, grosseira, violenta e insensata dos adultos?

Normalmente, o ser humano aprende a violência desde a mais tenra idade, sofrendo na pele a agressividade dos pais, com seu destempero e desequilíbrio, espancada e torturada por aqueles que deveriam zelar pelo seu bem-estar. Quando não, vê a violência cotidianamente dentro de casa, com o pai que chega bêbado e espanca a mãe diante dos filhos. Esse tipo de comportamento vai sendo assimilado pelos pequenos, gerando traumas que, no futuro redundarão em distonias graves, com prejuízo a eles e aos que os cercam. Quando não se tornam igualmente violentos como os pais, ficam tímidos e inseguros, incapazes de tomar decisões e de enfrentar pessoas, por medo.

A sociedade somente se modificará para melhor quando os pais utilizarem seu potencial para criar homens e mulheres de bem, úteis à comunidade em que vivem, e isto só será possível quando educarem seus filhos dentro da moral cristã.

Nas grandes cidades, todos os dias, milhões de criaturas saem às ruas com seus conflitos, inseguranças, potencialidades e tendências; não raro são desestruturadas, violentas e agressivas. E são provenientes de onde? Das famílias! Se as pessoas se dessem conta disso, não se espantariam ao ver os crimes e as barbaridades que assolam a sociedade, nem jogariam a culpa nos outros, uma vez que todos fazem parte da sociedade em que vivem e, assim, a responsabilidade é de todos.

Os homens somente conseguirão viver de forma pacífica e ordeira quando vencerem os monstros do egoísmo, do orgulho e da ambição, que ainda lhes emolduram o caráter. Quando o ser humano aprender a repartir o que tem, e não atacar o semelhante para deste retirar o que tem, será bem mais feliz. E muito mais quando entender que todos têm direitos e obrigações e que o respeito ao próximo representa garantia do seu próprio direito.

Tudo isso denota a inferioridade que ainda existe no espírito, sua incapacidade de perdoar diante de uma ofensa, seu desejo de ter sempre mais, sua vontade de ser o maior. Todavia, seria suficiente que se buscasse orientação no Evangelho e se encontraria a resposta, pois Jesus afirmou que aquele que quiser ser o maior no Reino dos Céus, que seja o menor e o servidor de todos.

O tempo é a resposta e a solução para todos os problemas. No futuro, o ser espiritual, que progride lentamente, estará bem melhor, mais cônscio das suas responsabilidades, e a sociedade, que o reflete, evoluirá com ele, transformando a Terra num lugar de paz, amor e harmonia.

Tudo tem um tempo certo. Tempo de plantar e tempo de colher.

15

Surpresa

"Os Espíritos formam no espaço grupos ou famílias, unidos pela afeição, simpatia e semelhança de tendências. Esses Espíritos, felizes por estarem juntos, procuram-se."
(*O Evangelho Segundo o Espiritismo*,
Allan Kardec, capítulo IV, item 18)

ADAPTADO À NOVA VIDA na espiritualidade, não me dava conta do passar do tempo. Trabalhava, aprendia, servia a Deus na pessoa do próximo mais necessitado. Era todo um mundo novo que se abria às minhas percepções.

Doce sensação de paz felicitava-me o espírito. Todavia, uma saudade dorida dos meus queridos filhos se instalara em mim. Experimentava o mesmo sentimento em relação a Sofia, minha esposa, apesar da distância imensa que existia entre nós, dos antagonismos e dos desentendimentos, que tornaram insuportável nossa vida em comum e que acabaram redundando em nossa separação nos meus últimos meses da existência.

Lembrava-me especialmente de minha querida filha Macha, que partira alguns anos antes para o Além e da qual ainda não tivera notícias. Onde estariam meus familiares queridos? E os outros filhos que morreram em tenra idade? E meu pai, desencarnado quando eu ainda era uma criança de nove anos? E minha mãe, que retornara à pátria espiritual quando eu contava apenas dois anos, da qual conservara lembrança muito tênue, mas cuja ausência sempre me fora dolorosa?

Estava assim, entregue a mim mesmo, quando vi aproximar-se Ludmila, uma jovem e bela enfermeira a quem me afeiçoara desde minha chegada à colônia. Tinha ternura no olhar, gentileza no trato e sorriso cativante. Trabalhava no hospital onde fiquei albergado nos primeiros meses e, com paciência e dedicação admiráveis, muito ajudou na minha recuperação.

Sorridente, informou-me com voz agradável e mansa:

– Caro amigo! Este dia será especial e iluminado pela presença de alguém muito querido que deseja vê-lo. Dirija-se ao jardim.

Com o coração exultante, deixei meus afazeres e me encaminhei para as aléias floridas. Pela expressão reverente de Ludmila e pelas palavras que me endereçou, deduzi que a visita era importante, mas não tinha idéia de quem pudesse ser.

Na claridade do dia, a certa distância, pude perceber a figura de uma mulher jovem, bonita, esbelta e delicada, cujos cabelos estavam presos no alto da cabeça. Fitava-me com terno sorriso e, naquele instante, voltei a me sentir criança.

– Minha mãe!

Corri a seu encontro e, de braços abertos, ela me envolveu com carinho, sussurrando:

– Sim, meu filho querido! Meu amado Lev. Sou eu, sua mãe, que aguardava ardentemente a hora de abraçá-lo. Agradeço a infinita misericórdia de Deus, que nos propiciou este encontro.

– Senti tanto sua falta, minha mãe! – murmurei com voz sufocada pela emoção, retornando mentalmente à infância, em que crescera sem seu carinho e sua presença a meu lado.

Eu não parecia aquele ancião de barbas brancas que deixara o mundo terreno havia poucos anos. Era apenas um menino buscando o aconchego do colo materno, carente de cuidados e atenções.

Segurando-me as mãos, ela me conduziu a um banco, onde nos acomodamos. Depois, com imensa ternura, passando as mãos delicadas sobre minha cabeça, respondeu:

– Na vida, meu querido Lev, nem tudo pode ser como desejamos. Era preciso que passássemos por isso. Deus, em sua infinita sabedoria, assim determinara; e suas decisões são sempre boas e justas. Estava programado que eu não permaneceria muito tempo na carne. Separando-me da família ainda jovem, retornaria para a verdadeira vida; e você, por razões cármicas, cresceria duplamente órfão, sem o meu amparo e o do seu pai, razões estas que, no devido tempo, chegarão a seu conhecimento. Contudo, filho meu, jamais deixei de acompanhar-lhe os passos, ajudando-o e protegendo-o sempre que necessário.

– E meu pai, onde está?

– Seu pai já reencarnou... há alguns anos. Comprometeu-se gravemente no passado e necessitava reparar seus erros. Como surgisse a oportunidade de reencontrar-se com seus desafetos, que regressariam à Terra em nova encarnação, não hesitou. Durante longo tempo se preparou aqui no Além para essa eventualidade, ciente de que, cedo ou tarde, teria de enfrentá-los em novo veículo corpóreo. Assim, julgando-se em condições de vencer, de regenerar-se diante daqueles a quem prejudicou um dia, partiu. Estive sempre junto dele deste lado da vida; acompanhei-lhe a trajetória, conversamos muito, e, antes de voltar ao planeta, fez-me prometer que jamais o deixaria só, rogando-me também que o amparasse e o orientasse na nova jornada, para que não voltasse a errar, o que tenho feito, atenta a meus deveres. Periodicamente, visito-o no orbe terreno. É uma criança ainda, mas já dá para perceber as características da personalidade do homem que conheci e com quem me casei na última existência.

A presença de minha mãe era doce e confortadora. Ouvi-la falar era música para meus ouvidos. Embalado por sua voz, que soava terna e de tonalidade inconfundível, senti-me de volta aos felizes dias da minha infância. Suas emanações de paz e amor me envolviam produzindo bem-estar inexcedível. Minha mãe silenciou, dando-me tempo para refletir em suas palavras. Aproveitando a pausa mais longa que se fizera, em meio às lágrimas de felicidade que jorravam sem que pudesse evitá-las, não pude calar a pergunta que me dominava a mente:

– Mãe querida, e minha filha Macha como está?

– Macha está bem. Você a verá assim que for possível. Não precipite as coisas. Tudo vem a seu tempo.

– Mas, onde ela está? – insisti.

– Retornou ao planeta em nova encarnação – respondeu-me com serenidade.

– Mas, assim, tão rápido! – exclamei, num desabafo decepcionado.

– Era preciso, meu filho. Renasceu no seio mesmo da nossa família, onde tem uma nobre tarefa a cumprir. Nossa Macha é espírito de grande elevação, meu querido, e assumiu responsabilidades na recuperação de entes queridos profundamente necessitados. Logo que surgir uma oportunidade, iremos visitá-la. É uma linda criança de dois anos, grandes olhos azuis encimados por longas pestanas e cabelos louros como os trigais da nossa amada Rússia.

Racionalmente, eu teria de ficar contente com essa notícia, uma vez que demonstrava a grandeza e a generosidade de uma alma que não temera renunciar à própria liberdade e às condições felizes de que desfrutava na espiritualidade para dedicar-se a outras pessoas necessitadas de ajuda. Todavia, interiormente, imensa frustração me dominava. A esperança que tinha cultivado até aquele instante de rever minha idolatrada Macha foi por água abaixo. Pensava:

"Não mais verei minha filha adorada, jamais a terei novamente nos braços. Encontrarei, sim, o espírito daquela que fora rebento da minha carne, mas que já estaria em outra roupagem terrena, com outro aspecto, e que não mais se lembraria de seu pai."

Diante da decepção que essa notícia me trouxe, fui invadido por um estranho mal-estar e indizível tristeza, que me toldaram os pensamentos, fazendo-me esquecer até do lugar onde estava.

Voltei a mim ao sentir um leve toque no rosto. Minha mãe acariciava-me com infinita ternura. Levantei os olhos e notei um tanto envergonhado, que ela percebera minhas emanações mentais. Sorrindo suavemente, repreendeu-me com doçura:

– O que é isso? Não seja egoísta, meu querido Lev. Agora somos habitantes da espiritualidade, gozando da verdadeira vida, a do espírito. No tempo e no espaço, temos transitado por terras diferentes, ocupando corpos de nacionalidades diversas; por isso, nossos relacionamentos têm variado conforme a necessidade e as conveniências de cada momento. Temos sido pais, filhos, avós, irmãos, esposos, amigos e muito mais, dependendo da tarefa que nos cumpria realizar. O que realmente conta são os laços afetivos que geramos nessas várias existências. O amor que conseguimos fazer emergir do fundo de nossa alma, vencendo as imperfeições e aprendendo a conviver fraternalmente uns com os outros. A cada novo retorno à verdadeira vida, voltamos mais fortalecidos, experientes e amadurecidos; reencontramos os entes amados, confraternizamo-nos e trocamos experiências depois de árduas lutas. Não apenas com aqueles que nos acompanharam no plano físico, mas também com os entes queridos que permaneceram na retaguarda dando-nos suporte moral, orientação, proteção e socorro nas horas de dificuldades. E nesse grupo contam-se valorosos companheiros de jornada, velhos conhecidos de nossa alma, integrantes da nossa grande família espiritual.

Minha mãe fez nova pausa, dando-me tempo para digerir suas palavras; depois prosseguiu:

– Você já pensou, meu filho querido, quantos relacionamentos diferentes nós, você e eu, tivemos através do tempo?

Diante da minha negativa, ela continuou:

– Pois somos velhos conhecidos, já reencarnamos juntos inúmeras vezes, e nossos relacionamentos foram os mais diversos. Entre outros, por exemplo, já fomos pai e filha, marido e mulher.

– Deveras? – perguntei surpreso.

– Sim, meu querido Lev. E ao final dessas experiências, percebemos que, separando-se da pedra bruta o cascalho grosseiro e sem valor, o sentimento que refulge sempre, cristalino, como jóia rara, é o amor.

Ouvindo suas palavras, voltei a mim. Um pouco envergonhado, deixei de lado o pai amoroso e egoísta, passando a enxergar a situação como espírito liberto, que não ignora que, como os demais filhos de Deus, todos estamos a caminho da evolução. Inclinei-me, reverente e emocionado, e, em meio às lágrimas que voltaram a cair, beijei-lhe a mão.

– Tem razão, minha mãe, em repreender-me pelo apego excessivo de pai afetuoso e exclusivista. Por momentos, deixei que falasse mais alto em mim o homem velho, o homem do mundo, apegado a seus bens e a seus amores, sem me lembrar de que já não estamos no planeta, que agora somos espíritos livres. Não tenho mais o direito de pensar de forma tão egoísta. Obrigado, minha mãe. Mereci a lição. Perdoe-me.

– Entendo seus sentimentos, meu filho, e sei o que se passa no fundo do seu coração. Entretanto, não tema. Ao reencontrá-lo, sua filha Macha não se lembrará de você como pai, mas o amor será o mesmo; sentirá atração e carinho por você sem saber a razão. Além disso, está na fase infantil, e as lembranças de outra vida ainda não foram esquecidas totalmente, permanecendo latentes em seu íntimo. Provavelmente se lembrará de você.

Sentindo grande consolo com essas palavras, respirei mais conformado.

Permaneci calado por alguns instantes, aproveitando a proximidade materna. Depois, levantando a cabeça que repousava em seu colo, tentei dizer-lhe algo, mas antes que verbalizasse meu pensamento ela atendeu a meus íntimos desejos.

– Sua querida tia Tatiana Alexandrovna está muito bem, meu filho, e, assim que for possível você a verá.

– Também voltou à matéria densa? – indaguei meio desapontado, antecipando nova frustração.

Mamãe sorriu delicadamente diante da minha infantilidade:

– Não, meu filho. Tatiana está aqui na espiritualidade, onde executa importantes tarefas. Reside em esfera superior e não veio, por delicadeza, para que este nosso primeiro encontro, depois de tantos anos, fosse a sós. Mandou-lhe, porém, um abraço e votos de boas-vindas. Virá vê-lo assim que surgir oportunidade.

Sorrindo mais aliviado, enxuguei as lágrimas com as mãos, satisfeito.

– Esta notícia tranqüilizou-me, minha mãe. A senhora sabe o quanto eu quero bem à minha tia Tatiana. Foi ela que cuidou de mim quando fiquei órfão. Devo-lhe muito.

– Eu também, meu filho. A gratidão que sinto por ela é imensa. Os primeiros tempos depois do meu retorno foram extremamente difíceis. Sentia-me desesperada. Não me conformava de ser obrigada a partir deixando meus filhos, meu marido, minha casa. Quem cuidaria de meus filhos? Quem supriria minha falta junto deles? Meu sofrimento era intenso e indescritível. Além da minha própria revolta e inconformação, percebia o choro de vocês, os lamentos, os pedidos para que eu voltasse não os deixando sozinhos. Porém, a providência divina surgiu na figura dessa mulher que, como anjo consolador, dedicou-se até o resto de seus dias a cuidar de meus filhos.

Nada do que eu fizesse poderia pagar os benefícios que ela fez a você e a toda a nossa família.

– É verdade, minha mãe. Esperarei com ansiedade o momento de abraçá-la e agradecer-lhe todo o amor que me dedicou.

Continuamos a conversar sobre entes queridos do qual estávamos afastados, trocando informações e notícias. Ela falou-me da sua vida, das suas tarefas. Contou-me que seu desejo era permanecer comigo, mas que residia em outro plano, assim como minha tia, onde não me seria possível habitar no momento. Sempre que possível, no entanto, estaríamos juntos, como neste dia, em que tinha vindo expressamente para me ver.

Passamos um dia maravilhoso, memorável. Ao cair da noite ela partiu, assegurando-me voltar quando suas responsabilidades o permitissem.

16

Um velho conhecido

"Os verdadeiros laços de família não são os da consangüinidade, mas sim os da simpatia e da afinidade de pensamentos que unem os Espíritos antes, durante e depois da encarnação."
(*O Evangelho Segundo o Espiritismo*, Allan Kardec, cap. XIV, item 8)

DURANTE ALGUM TEMPO, não consegui pensar em outra coisa a não ser na visita de minha adorada mãe. Como fiquei órfão de mãe aos dois anos, guardava poucas e tênues lembranças dela; psicológica e emocionalmente, sofri muito com sua ausência, falta que só não foi maior pela presença constante e amorosa de minha tia Tatiana Alexandrovna, amenizando minha dor. Em meus encontros com Bóris, minha mãe era a tônica de nossa conversa, até que um dia minha atenção foi desviada para outro assunto.

Sem muita acuidade espiritual, demorei a perceber certas emanações mentais que vinham da Terra. Não era raro que eu recebesse esse tipo de mensagem, sobretudo quando alguém, lendo alguma de minhas obras, punha-se a pensar constantemente em mim. Confesso que esses pensamentos nem sempre eram edificantes; muitas vezes me deixavam até envergonhado, e variavam ao sabor da obra que estavam lendo. Em virtude disso, evitava prestar atenção nesses chamados.

Todavia, agora era diferente. As emanações mentais ficaram tão insistentes que, intrigado, confidenciei a meu amigo Bóris o que estava acontecendo.

– Estou ciente do fato, Leon. Esses chamados têm chegado há algum tempo. Esperávamos, contudo, que você mesmo tivesse condições de percebê-los. Vamos ao orbe terrestre verificar na origem o que está ocorrendo.

Conduzido por Bóris, deslocamos-nos rapidamente pelo espaço cósmico. As vibrações provinham do continente africano. Sobrevoamos um povoado da África do Sul que, àquela hora, estava às escuras. Era madrugada e, com surpresa, à nossa visão espiritual, destacava-se pequena casa envolta em luminosidade incomum. Bóris e eu nos aproximamos, parando diante da moradia singela onde pequena luz bruxuleava.

Entramos na casa e deparamos com um homem ainda novo, de tez morena, cabelos escuros, curtos e lisos, penteados cuidadosamente para o lado; de compleição delicada, era magro, mas rijo; seus olhos escuros, firmes e penetrantes, ao mesmo tempo eram ternos.

Esse homem estava sentado e imerso na leitura de um livro com a ajuda de uma luz mortiça, a mesma que tínhamos percebido ao chegar, e que provinha de uma candeia sobre pequena mesa.

Aproximei-me mais, inclinando-me sobre ele para ver o que lia de tão interessante, capaz de o manter acordado até tão tarde, quando toda a cidade se encontrava mergulhada em sono profundo. Com grande emoção, reconheci minha obra: *O reino de Deus está em vós.*

Nesse momento, nosso personagem levantou a cabeça, tirando os olhos do livro e fixando-os a distância num ponto qualquer. Pudemos detectar em seus belos pensamentos as mesmas emissões mentais que me chegavam na espiritualidade, com constância e firmeza.

Surpreso, caí sentado numa cadeira à sua frente. Olhos perdidos no vazio, aquele homem refletia sobre a necessidade de ajudar os habitantes daquele país, que viviam sob o tacão de um governo despótico. Agradecia-me mentalmente as idéias que externara no livro – idéias que se casavam com as suas –, todas concernentes à paz, visando à não-resistência ao mal com o mal, como meio de tornar o mundo melhor e de poderem as pessoas conviver numa sociedade mais humana e mais justa. Fazia articulações mentais, procurando maneiras de colocar em prática tudo o que lera.

Virei-me para Bóris, postado ao meu lado perplexo e emocionado, entendendo a razão da luminosidade que se exteriorizava, transcendendo da humilde casa e buscando o infinito. O amigo, que me fitava também com os olhos úmidos, considerou:

– Compreende agora por que era importante virmos até aqui?

Respondi à sua pergunta com outra:

– Sabia disso?

– Sim, mas, como afirmei, era necessário esperar que você tivesse condições de perceber o que estava acontecendo e demonstrasse interesse em atender. Na verdade, você sabe, não precisaríamos ter-nos deslocado no espaço para obtermos essas informações. Todavia, era importante que você conhecesse este homem.

Olhei novamente aquela criatura, com o livro aberto nas mãos. Parecia uma pessoa comum, como qualquer outra. Entretanto, desse homem emanava uma vibração diferente, uma luz que identificava o espírito já provado pelas dores, pelos sofrimentos, e elevado pelo desejo de ajudar o próximo mediante uma consciência desperta para os problemas sociais.

– Sabe quem é ele? – perguntou-me.

E, diante daquele homem que ali estava, não contive a emoção, afirmando com profundo respeito:

– Sei. É Mohandas Karamchand Gandhi.

Cheio de júbilo, sorri, enquanto a emoção me dominava e os olhos se cobriam de lágrimas.

– Sim, eu conheço este homem, Bóris. Não pessoalmente, mas através do seu trabalho. Escreveu-me mais de uma vez, quando eu ainda estava encarnado. A última carta que dele recebi foi quase no final da minha existência terrena. Contou-me seus problemas e os esforços que estava despendendo para melhorar a condição dos indianos residentes aqui, na África do Sul, na luta contra a discriminação e a segregação racial. Pouco tempo antes de deixar o corpo físico, ainda escrevi a Gandhi depois de ler um exemplar do seu jornal *Indian Opinion*[1].

Bóris concordou com um gesto de cabeça.

– E desde aquela época, ele continua trabalhando arduamente para conseguir realizar seu nobre objetivo.

– Seus esforços têm sido coroados de êxito? Como está a situação agora? – indaguei, interessado.

– Apesar da luta ferrenha, as vitórias têm sido pequenas, mas importantes. O todo-poderoso Império Britânico governa com punhos de ferro, e a minoria branca, que detém todo o poder, impõe duras restrições aos negros e indianos. Mas, venha comigo. Deixemos nosso amigo repousar. Quero lhe mostrar algo.

Antes de sair, aproximei-me de Gandhi e o envolvi num grande abraço, em que lhe transmitia amizade, carinho e um enorme respeito pelo seu trabalho.

Ele sentiu as minhas vibrações e encheu-se de emoção, enquanto recebia intuitivamente as palavras de conforto e incentivo que eu lhe dirigia:

---

1 ⋇ Veja a carta no final deste capítulo. (N.E.)

– Meu irmão, continue firme no propósito de ajudar criaturas mais necessitadas. O Cristo o envolve em emanações do mais puro amor, secundando-lhe os esforços no nobre labor do bem. A partir de agora, desejo ser um seu fiel colaborador nessa luta contra a violência e a favor dos direitos dos menos favorecidos, por meio da resistência pacífica. Nada posso sozinho; porém, neste instante, me empenho, colocando-me à disposição da sua luta e devotando minhas energias no esforço regenerador a benefício dos desprotegidos. Continue no trabalho que representou o esforço de toda uma vida pela doutrina da não-resistência ao mal com o mal, e certamente generosos cooperadores de Mais Além o socorrerão nas horas de necessidade. Conte conosco, sob a égide de Jesus, nosso dileto amigo.

Gandhi mantinha os olhos brilhantes elevados para o Alto, enquanto seu coração se mostrava pleno de otimismo e disposição para continuar trabalhando. Seus pensamentos acusavam novas e renovadoras idéias, envoltas em luz e esperança.

Notei que Bóris estava comovido.

– Ele entendeu o recado, podemos ficar tranqüilos. Vamos, Niki.

Deixamos a singela moradia. A escuridão ainda era completa. Só então me dei conta de onde estava. O local era um amontoado de casas, parecendo um vilarejo. Caminhamos lentamente, percorrendo a propriedade, onde a lama dominava após a chuva que caíra. Andando entre os barracões singelos, Bóris virou-se para mim, abrindo os braços num gesto largo:

– Esta é a Comunidade Tolstói.

Eu estava perplexo, e sumamente grato. Alguém se lembrara de colocar meu nome numa comunidade?!...

Troquei um olhar com Bóris, que me esclareceu:

– Esta colônia foi fundada por Gandhi, com as terras que ganhou de um amigo alemão, em prol do movimento. Nela, os membros produzem sua própria comida, não comem carne, fazem seus utensílios e até seus móveis. E, para homenageá-lo, Gandhi deu à comunidade rural o seu nome: Leon Tolstói.

Eu estava sem fala e comovido até às lágrimas. Ali se respirava um clima de entendimento e de paz. Todos estavam dormindo, entregues ao natural repouso noturno após um dia de trabalho árduo. Percebemos inúmeros espíritos do bem que transitavam, executando suas atividades de ajuda e socorro aos mais necessitados, tanto encarnados quanto desencarnados, sem se preocuparem com nossa presença. Faziam parte da equipe espiritual que amparava Gandhi em sua missão. Os encarnados, parcialmente libertos pelo sono físico, aproveitavam as horas de repouso; eram facilmente reconhecidos pela aparência e sobretudo por uma maior dificuldade em entender o que estava acontecendo, conquanto alguns deles demonstrassem traquejo e familiaridade com a vida no Além.

Era tempo de voltar. Durante o retorno à nossa Colônia Estrela da Manhã, mantive-me calado e pensativo. Bóris olhava-me vez por outra, porém evitava dirigir-me a palavra, respeitando meu silêncio. Ao nos aproximarmos do nosso lar na espiritualidade, quebrei o silêncio:

– Bóris, meu amigo, agradeço-lhe a oportunidade que me proporcionou hoje de conhecer pessoalmente Gandhi e seu trabalho. Gostaria de poder colaborar com ele. Aliás, disse-lhe isso textualmente.

– Nobre disposição. Fale com nossos mentores.

– Sim, é o que farei. Para isso, no entanto, terei de pedir uma licença das atividades que desenvolvo atualmente. Acha que permitirão meu afastamento?

Bóris sorriu compreensivo:

– Tinha certeza de que não seria outra sua atitude, Niki. Entendo que deve seguir sua intuição. Se é isso o que deseja, exponha claramente sua intenção a nossos superiores, e não vejo razão para não ser atendido. Sua folha de serviço revela créditos pelos esforços em favor do próximo. No que depender de mim, terá todo o apoio.

Agradeci e não tocamos mais no assunto.

⨳ ⨳ ⨳

Na manhã seguinte, procurei Waldo, a quem estava subordinado. Tratava-se de um espírito que quando encarnado era descendente de cossacos, com aparência dos habitantes dos Urais. De estatura mediana, pele morena, olhos amendoados, exteriorizava extrema candura no olhar e nas atitudes. O sorriso era terno e sua presença inspirava simpatia e confiança.

Expliquei-lhe a situação, relatando nossa visita ao orbe terreno e falando-lhe de meu propósito de auxiliar Gandhi em sua tarefa, com quem tinha grande afinidade e em cuja maneira de pensar encontrava muita semelhança com as idéias que eu professava.

Waldo pensou durante alguns instantes, depois considerou:

– Irmão Leon. Compreendo suas intenções e louvo suas finalidades. A princípio, nada tenho a opor, visto que toda aspiração de servir ao próximo é nobre. Todavia, cabe-nos consultar instância superior sobre a conveniência do tentame, nas atuais circunstâncias.

Nas atuais circunstâncias? Aquelas palavras ficaram vibrando no ar.

– Poderia o nobre amigo esclarecer-me melhor? – indaguei delicadamente.

– Refiro-me às manobras de guerra que estão assustando, não apenas a população do planeta como também os habitantes das esferas mais próximas da Terra. Se nossas suposições se confirmarem e estourar uma grande guerra, como tudo leva a crer, vamos precisar de toda a ajuda possível, e não poderei conceder-lhe a licença que pleiteia no momento. Entretanto, aguardemos a resposta de nossos maiores.

Como poderia ter esquecido? Sim! As informações de uma possível guerra haviam chegado ao Mais Além, causando desassossego a um grande número de pessoas. As notícias da Terra diziam que as nações se movimentavam, aumentando seu potencial bélico, recrutando soldados e que a manobra de exércitos era intensa. Os jornais não falavam de outra coisa.

Sim, era essa guerra que eu temia e que já apavorava as populações desde quando eu estava encarnado, lutando pela paz.

Respirei fundo, engolindo imensa tristeza e reconhecendo minha impotência diante dos fatos.

– Compreendo.

Ao ver meu ar desolado, Waldo prosseguiu, tentando tranqüilizar-me:

– Leon, mantenhamos nossa confiança irrestrita em Deus. A espiritualidade está agindo no sentido de ajudar. As orações de todos sobem às Altas Esferas da vida suplicando ao Senhor que, se possível, não permita esse confronto de terríveis conseqüências para toda a humanidade. Entretanto, ficaremos adstritos às conseqüências da Lei de Causa e Efeito. O ser humano tanto fez que conseguiu, com seus atos, estar à beira de um grande flagelo, provocado pela insânia dos ambiciosos. Qualquer que seja o resultado, porém, vamos prosseguir trabalhando e servindo, na execução das tarefas que nos foram confiadas, e orando a benefício de todos.

Eu estava sem ânimo para falar. Agradeci sua atenção e deixei a sala, retornando ao meu serviço.

Alguns dias depois, recebi um recado de que deveria comparecer ao gabinete de Waldo. Era a resposta ao meu requerimento.

Cheio de ansiedade, encaminhei-me para lá na companhia de Bóris. Quando entramos, o orientador recebeu-nos com o mesmo sorriso de sempre, afável e tranqüilo. Depois dos cumprimentos de praxe e da troca de algumas palavras cordiais, Waldo foi direto ao assunto:

– Amigo Leon. Aqui está a resposta à sua petição.

E entregando-me o documento, prosseguiu:

– Como pode verificar por si mesmo, a licença de afastamento por tempo indeterminado, conforme solicitada, não foi deferida por nossos superiores pelos motivos que eu já previa. No entanto, tendo em vista sua nobre intenção de ajudar, terá permissão de ausentar-se da nossa esfera sempre que quiser, *desde que sem prejuízo de suas tarefas normais* – disse ele acentuando bem as palavras –, para trabalhar em apoio a nossos irmãos na África do Sul. Entendeu?

Sim, eu tinha entendido e estava muito satisfeito.

– Obrigado, amigo Waldo, pelo seu empenho em ajudar-me. Serei grato a você eternamente.

Diante da minha alegria quase infantil, Waldo sorriu, completando:

– Contudo, não poderá ir sozinho nessa empreitada. Conhece nossas regras e sabe que ainda não está de posse de condições que lhe permitam ausentar-se sozinho da nossa colônia. Precisará de alguém que o acompanhe.

– Sim, é verdade.

– Porém, não se preocupe. Alguém já me procurou, colocando-se à disposição para ajudá-lo no que for preciso. É Bóris.

Sorri, lançando-lhe um olhar agradecido. Só podia ser ele. Grande amigo Bóris Pietrovitch! Sempre procurando facilitar-me o caminho, aplainar-me a jornada.

Após deliberarmos como seria implantado esse novo projeto, despedimo-nos de Waldo, retornando às nossas atividades, mas levando no coração a expectativa de novas tarefas que muito nos gratificariam.

A partir daquele dia, em períodos regulares e sempre sem prejuízo de nossas responsabilidades normais, afastávamo-nos da colônia rumo à África do Sul.

Aqui está o texto da minha carta para Gandhi, escrita em Kotcheti, datada de 7 de setembro de 1910:

Seu jornal, o Indian Opinion, *chegou, e fiquei encantado ao descobrir quanta coisa foi escrita, por lá, por aqueles que praticam a não-violência. Gostaria de partilhar com você meus pensamentos, depois de ler esse material.*

À medida que envelheço e agora que sinto tão claramente a aproximação da morte, desejo contar aos demais as coisas que me comovem especialmente. Desejo falar sobre o que me parece de extrema importância, sobretudo da chamada não-violência (mas que na verdade é o ensinamento do amor sem as falsas interpretações). A maioria das pessoas sente, nas profundezas de sua alma (percebemos isso mais nitidamente nas crianças), que o amor, ou seja, o esforço das almas humanas na direção da unidade, e a atividade que decorre desse esforço, é a lei mais elevada da vida humana – sentem essa verdade, quero dizer, até que o mundo as envolva com seus falsos ensinamentos. Todos os grandes profetas – indianos, chineses, judeus, gregos ou romanos – proclamaram essa lei. Mas acho que foi Cristo quem a expressou mais irrefutavelmente, quando declarou, de forma explícita, que o Antigo Testamento *e todas as profecias verdadeiras apóiam-se nessa lei suprema. Tendo previsto suas notáveis distorções, Cristo destacou os perigos que ameaçam quem vive de acordo com interesses mais mundanos; especificamente, mencionou o perigo de deixar alguém defender interesses mundanos utilizando a força (ou seja, devolvendo uma agressão com outra, reapropriando-se com a força de objetos roubados etc.). Cristo sabia, como sabe qualquer pessoa de bom senso, que o uso da violência é incompatível com a lei básica do amor e que quando a violência é tolerada revela-se o desrespeito à lei do amor e ela é repudiada. A civilização cristã, tão magnífica superficialmente, foi fundada sobre esse mal-entendido e essa contradição, às vezes consciente, mas, na maioria das vezes, inconsciente.*

Por razões intrínsecas, sempre que a resistência teve condições para existir lado a lado com o amor, este não pôde mais continuar como lei fundamental. A única lei que sobreviveu foi a da força – o poder do mais forte sobre o mais fraco. É assim que, há dezenove séculos, vivem os cristãos. Admito que, em todos os tempos, as pessoas, na maioria das vezes, guiaram-se pela violência, ao tentarem organizar sua vida. A única diferença entre a civilização cristã e as demais é que a cristandade expressou claramente essa contradição. Enquanto os cristãos aceitam essa lei, ao mesmo tempo não obedecem a ela em sua vida privada. Daí os cristãos viverem em contradição, a de basearem sua vida na violência, enquanto pregam o amor. Essa contradição continuou a aumentar enquanto o mundo cristão progredia, e chegou recentemente a novos pontos culminantes. A questão, agora, é a seguinte: ou reconhecemos que não devemos seguir quaisquer ensinamentos religiosos ou morais e nos guiamos pelo poder dos fortes, ou reconhecemos que nossos impostos são cobrados à força e que nossas instituições (nossos tribunais, nossa polícia e – acima de tudo – nossos exércitos) devem ser suprimidas.

Na primavera passada, durante um exame em torno da Bíblia, *em Moscou, o professor, um bispo, perguntou às moças que estavam sendo examinadas alguma coisa sobre os mandamentos, especialmente sobre o sexto. Quando a resposta correta foi dada, o bispo, de acordo com a rotina, fez outra pergunta: O assassinato é sempre proibido pela* Bíblia*? As pobres moças, corrompidas pelos seus mentores, tiveram de responder "nem sempre". O assassinato, como haviam sido ensinadas a dizer, é permitido em tempo de guerra e na execução de criminosos. Mas, quando uma dessas pobres moças (esta é uma história verdadeira que me foi contada recentemente por uma testemunha ocular), depois de dar sua resposta, foi submetida a outra pergunta de rotina – se assassinar é sempre pecado –, respondeu corando nervosamente: "Sim, é sempre pecado". Quando lhe pediram para explicar melhor, ela destacou que, mesmo no* Antigo Testamento, *matar é proibido, e acrescentou que Cristo, no* Novo Testamento, *igualmente proibira a perpetração do mal contra irmãos. Apesar de sua eloqüência famosa, o bispo foi obrigado a se calar e a moça saiu do exame vitoriosa.*

Sim, podemos falar em nossos jornais sobre os sucessos da aviação, sobre complexas relações diplomáticas, sobre clubes, invenções, alianças de todos os tipos, ou sobre as chamadas obras de arte, porém ainda ignoramos o que a moça em Moscou disse ao bispo. Mas não devíamos ignorar. Todos, no mundo cristão, sabem disso – sabem mais ou menos vagamente, mas sabem. Socialismo, comunismo, anarquismo, o Exército da Salvação, o aumento da criminalidade, o desemprego, o contínuo luxo das classes ricas e a indigência dos pobres, até mesmo o percentual de suicídios – tudo isso assinala essa contradição interna, que deve ser resolvida e, naturalmente, resolvida pelo reconhecimento da lei do amor. E então seu trabalho no Transvani, para nós o outro lado do mundo, é a mais fundamental e importante de todas as tarefas que estão sendo realizadas neste momento no mundo, e não apenas os cristãos, mas todas as pessoas, inevitavelmente, participarão dela. Acho que ficará satisfeito de saber que esse trabalho também se desenvolve rapidamente na Rússia, sob a forma de recusas a fazer serviço militar, movimento que cresce a cada ano. Por mais insignificante que seja o número de pessoas, em seu povo ou no nosso, praticantes da não-violência, todas podem dizer, ousadamente, que Deus está com elas. E Deus é mais poderoso do que os homens.

Aceitando o Cristianismo, mesmo sob a forma distorcida como é atualmente seguido, e aceitando, ao mesmo tempo, a necessidade de exércitos e de armas para matar, em guerras com escala tão gigantesca, os governos expressam uma contradição tão gritante que, mais cedo ou mais tarde, provavelmente cedo, serão desmascarados. Então, ou acabarão com o Cristianismo (que lhes tem sido útil na manutenção do poder) ou com a existência dos exércitos e com a violência que eles mantêm. Todos os governos – inclusive o seu, britânico, e o nosso, russo – sentem agudamente essa contradição: como resultado, atacam com toda a energia os que praticam a não-violência, por um sentimento de autopreservação. Os governos sabem quem é o inimigo e se mantêm atentos aos seus próprios interesses, conscientes de que sua existência mesma está em perigo.

Leon Tolstói

17

Tempos difíceis

"Qual é a causa que leva o homem à guerra?"
"Predominância da natureza selvagem sobre a espiritual e satisfação das paixões. No estado de barbárie, os povos conhecem apenas o direito do mais forte; é por isso que a guerra é para eles um estado normal. Contudo, à medida que o homem progride, ela se torna menos freqüente, porque evita as suas causas, e quando é inevitável sabe aliar à sua ação o sentimento de humanidade."
(*O Livro dos Espíritos*, Allan Kardec, questão 742)

A PRIMEIRA VEZ QUE nos ausentamos, já investidos das novas tarefas, foi muito gratificante. Como da outra vez, chegamos às primeiras horas da madrugada, ocasião mais propícia para fazermos nossos contatos.

Mohandas Karamchand Gandhi estava lendo, como de hábito. Notei sobre sua pequena mesa alguns volumes: um exemplar de *Bhagavad-Gita*, a obra *Até as últimas*, de Ruskin[1], a *Bíblia* e o livro que tinha nas mãos, *O reino de Deus está em vós*.

---

1 * John Ruskin (1819-1900), filósofo e ensaísta inglês do século dezenove, exerceu grande influência sobre Gandhi com suas idéias sobre o trabalho, tais

Bóris aproximou-se e, delicadamente, induziu-o ao sono. Após alguns minutos, o livro caiu-lhe desamparado aos pés; logo depois, ele despertou em nossa esfera. A princípio, estranhou ver-nos em seus aposentos. Em seguida, demonstrando enorme acuidade e liberdade espiritual, ficou feliz com nossa presença, especialmente ao me reconhecer. Abraçou-nos, agradecendo nossa visita. Tratava-nos como amigos de longa data e agia, na espiritualidade, com perfeito conhecimento e familiaridade, denotando suas nobres condições espirituais.

Ficou satisfeito ao saber que, desse dia em diante, estaríamos mais presentes em sua existência, ajudando-o na concretização de seus ideais. Trocamos idéias, ele nos colocou a par da situação e estabelecemos planos de ação compatíveis com as necessidades do momento.

Quando nos despedimos – pois ele precisava voltar ao corpo –, Gandhi estava emocionado e grato a Deus, que permitira essa oportunidade.

A partir desse dia, regularmente, procuramos estar a seu lado, juntamente com seus colaboradores mais diretos, amparando-o nas horas de dificuldades e fortalecendo-o na luta, como no período em que esteve na prisão, para onde fora mandado pelo arbítrio das autoridades inglesas.

Todavia, esse estado de coisas não se prolongou por muito tempo. Aquilo que tanto temíamos aconteceu. Diante da consternação geral, poucos meses depois, irrompeu a Primeira Grande Guerra. A atmosfera internacional estava carregada de tensões e conflitos, o que prenunciava uma tempestade de grandes proporções.

---

como: 1. Que o bem do indivíduo está contido no bem comum. 2. Que o trabalho do advogado tem o mesmo valor que o do barbeiro, na medida em que todos têm o mesmo direito de ganhar sua sobrevivência graças ao próprio trabalho. 3. Que a vida do trabalhador – a vida do agricultor e do artesão – é a vida digna de se viver. (N.M.)

O estopim para a deflagração da guerra em 1914 foi o assassinato do arquiduque Francisco Ferdinando de Habsburgo, herdeiro do trono da Áustria-Hungria, e de sua esposa, Sofia, quando em visita oficial a Sarajevo, capital da Bósnia-Herzegovina.

Em virtude desse trágico acontecimento, que redundou no aumento de nossas tarefas na espiritualidade, visto que a Rússia tinha entrado na guerra ao lado das potências aliadas, contra a Alemanha e o Império Austro-Húngaro, tivemos de nos afastar de Gandhi temporariamente.

Vale lembrar que nosso amigo tinha retornado um pouco antes para a Índia, deixando a África do Sul, jamais abandonando, porém, a luta a favor dos sofredores e necessitados.

Foi um período extremamente difícil aquele. Com seu cortejo de destruições, tragédias e mortes, a guerra espalhou sofrimentos e dores superlativas em todo o mundo. A desolação era imensa, a desesperança campeava nos semblantes tristes e emagrecidos das populações mais atingidas. Os olhos, que a fome tornava maiores, refletiam a dor das perdas. Nesse contexto de devastação, especialmente as crianças me comoviam; órfãs, tendo presenciado a morte dos familiares queridos, sem ter um lugar para se abrigar, vagavam pelos escombros à cata de migalhas para saciar a fome. Inseguras, como pequenos animais, escondiam-se ao menor ruído, temendo novos ataques.

Foram anos de carência, fome e miséria. Não apenas para os povos envolvidos mais diretamente nos conflitos, mas também para o resto do mundo, em virtude da dificuldade das comunicações e da falta de alimentos. Todos sofreram.

No Além, a azáfama era grande. Precisávamos socorrer tanto os encarnados em suas aflições, como aqueles que deixavam o corpo físico partindo para a erraticidade[2], inconscientes

2 ⋇ Período de permanência de um espírito na espiritualidade entre uma encarnação e outra. (N.M.)

do seu estado, e que prosseguiam vivos, feridos e revoltados. Não podíamos abandoná-los ali, na atmosfera do campo de batalha, uma vez que iriam continuar lutando de ambos os lados. Com isso engrossariam o caldo de ódio e dissensões e espalhariam vibrações nocivas a eles, e sobretudo aos encarnados, contaminando com miasmas psíquicos o clima espiritual. Imprescindível retirá-los do ambiente deletério dos combates, encaminhando-os para local de atendimento e recuperação.

Não tínhamos tempo para nada. Mesmo eu, desencarnado havia poucos anos e ainda em período de aprendizado e adestramento, fui convocado para o serviço, assim como todas as pessoas que poderiam ser úteis. Trabalhávamos exaustivamente, quase que sem descanso, uma vez que, apesar da quantidade imensa de servidores do bem, ainda éramos poucos diante da necessidade do momento.

Durante esse período, Bóris e eu quase não tivemos contato com Gandhi, a não ser a distância, pelo pensamento. Acompanhávamos sua luta sem poder estar a seu lado.

Mohandas chegou a Bombaim no início de 1915. Antes de recomeçar a trabalhar, resolveu viajar pela Índia para se readaptar ao ambiente de sua terra natal, tomar contato com sua realidade, verificar as condições de vida dos indianos e as mudanças que tinham ocorrido durante o período em que estivera ausente, pois passara as últimas duas décadas na África do Sul. Vestido apenas com uma tanga comprida de camponês e um gorro de tecido barato, como um humilde passageiro da terceira classe, ele viajou de trem por todo o país.

Nessa época, já era conhecido e admirado em todo o mundo, notadamente pelos seus irmãos indianos. Assim, por onde passava, tratavam-no com deferência; os políticos iam recebê-lo e multidões de camponeses se acotovelavam para vê-lo e ouvi-lo falar. Todavia, ele era pequeno, estava muito magro, fraco, e sua voz tornava-se quase inaudível sem microfones e alto-falantes.

Apesar dessa aparência franzina, crescia sempre em respeito e notoriedade.

Em seu retorno, como precisasse de um lugar para ficar, fundou uma comunidade autônoma, como antes fundara "Phoenix" e "Tolstói" na África do Sul: o *ashram* "Sabarmati", onde todos se obrigavam a seguir as mesmas regras de Gandhi, isto é, não usarem álcool, não comerem carne e se absterem de sexo.

Era o princípio da sua luta na Índia e serviu de base para suas idéias, na convivência pacífica e harmoniosa com seus seguidores.

Foi nesse período que o inspirado poeta indiano Rabindranath Tagore[3] o descreveu como "a grande alma vestida de camponês", e logo Gandhi passou a ser chamado de Mahatma, isto é, "Grande Alma", codinome que foi incorporado ao seu nome, passando a ser conhecido como Mahatma Gandhi.

⋇ ⋇ ⋇

Encontrava-me no exercício de minhas atividades no hospital da colônia quando recebemos pedidos de socorro. Procurando mais informações, ficamos sabendo que acontecimentos trágicos estavam para ocorrer. Em virtude de meu amor pela terra natal, desloquei-me no espaço com Bóris e um grupo de amigos, também interessados nos destinos da Rússia, tão sofrida, agora mais ainda com a guerra e com a Revolução bolchevista.

Quando chegamos ao local indicado, Ekaterinemburgo, onde o czar e sua família permaneciam aprisionados havia meses, ainda pudemos presenciar – sem condições de impedir – o extermínio da família imperial pelos revolucionários: o czar Nicolau II, a rainha Alexandra e os filhos.

---

3 ⋇ Rabindranath Tagore (1861-1941), grande poeta indiano, ganhador do Prêmio Nobel de Literatura em 1913. (N.M.)

Aquela cena causou-nos profunda perplexidade. Muitos outros amigos da espiritualidade ali estavam, familiares, parentes e espíritos ligados diretamente à família real e aos destinos da própria nação, envidando todos os esforços para ajudá-los e tentando fazer com que os soldados desistissem de suas intenções. Não obstante, seres maléficos e vingativos do umbral inferior se acoplavam aos revolucionários, incentivando-os à matança, ao ódio e à destruição.

O governo imperial poderia ter cometido muitos erros; dentre outros, acusava-se o czar, pelo fato de a Rússia ter entrado na guerra ao lado dos aliados, enviando soldados para a morte, e pelo agravamento da situação social. A violência, porém, não era o melhor caminho e certamente existiam meios menos drásticos de resolver o problema.

Os revolucionários, contudo, não estavam em condições de aceitar sugestões espirituais; seus pensamentos giravam em torno de destruição e de morte, vibrando em sintonia com as trevas num processo de contaminação fluídica de graves proporções, em que encarnados e desencarnados se realimentavam com energias tóxicas de ódio. Assim, os que não estivessem com eles eram contra eles. Os demais eram homens rudes, de modo geral camponeses e operários sem cultura, sem hábito de pensar, acostumados à obediência; ordens haviam sido dadas e eles precisavam cumpri-las sem demora.

Não ignoramos que a Lei do Progresso é inexorável; que a própria revolução do proletariado surgiu como conseqüência de séculos de opressão, de fome, de miséria e de abuso da autoridade pelos detentores do poder. Eu, inclusive, sempre me posicionara ao lado do povo, rejeitando qualquer espécie de tirania, fosse do poder temporal ou da Igreja. Agora, via-me na contingência de lamentar profundamente os atos cometidos por pessoas do povo, como mujiques e operários, que, ao assumirem o poder, agiam com tanta crueldade quanto as testas coroadas, e exercendo a mesma tirania. Que digo? Exercendo uma tirania maior!

Melancolicamente, eu via aquelas cenas trágicas, voltando ao passado e lembrando que eu já previra esses fatos. Revolucionários, de modo geral, conseguem perceber apenas um lado da questão. Não notam que eles mesmos é que precisam modificar sua vida. Normalmente, são contra o sistema vigente, lutam para derrubá-lo, ao mesmo tempo que se beneficiam das condições que esse mesmo sistema lhes permite usufruir. Como conseqüência, o poder assim constituído assume um grau de repressão infinitamente maior que o anterior. Basta se atentar para o que aconteceu com a Revolução Francesa, em que o governo revolucionário mostrou-se mais cruel, desumano e despótico do que a realeza.

E Nicolau II, o último czar da Rússia, aquele que ali estava ao lado da família, não era um homem mau. Sabia-se que ele não desejara a autoridade, não queria nem fora preparado para administrar um país continental como a nossa Rússia. Amava profundamente a família e, sempre que possível, estava junto com seus entes queridos. Na verdade, fora mal assessorado e se deixara envolver por pessoas desleais, incompetentes, e, especialmente, pelo monge Rasputin – que o povo detestava –, a quem ele e a rainha Alexandra se ligaram na tentativa de conseguir a cura do único filho homem, o príncipe Alexei, seu herdeiro e sucessor, que era hemofílico e por quem o soberano abdicara tentando salvar o trono, sob a imposição dos chefes revolucionários. Tudo em vão.

Pois justamente a Nicolau II coube a fatalidade de ser executado com os familiares, pagando por séculos de opressão de todo um povo.

Particularmente, nunca apoiei o czar, criticando-lhe de modo acerbo as ações. Todavia, com o coração e a razão, que sempre repudiaram todo tipo de violência, agora me encontrava estarrecido, amargurado e profundamente angustiado diante da trágica cena.

Enquanto elevávamos os pensamentos ao Alto em oração, os tiros partiam das armas, atingindo aquela bela família Romanof. Nicolau II ali estava, ensangüentado, ao lado da esposa e dos filhos queridos. Todos se portaram com extrema dignidade diante da morte, o que atestava a condição de espíritos em provas, ou que tinham aceitado de boa vontade as expiações necessárias.

Hoje sei que nada acontece por acaso, e se a família real pereceu dessa forma é porque existiam imperiosas razões para que esse trágico fato ocorresse, tanto em relação à última existência quanto em outras. Razões que o tempo fará com que chegue ao conhecimento de todos. O que posso dizer é que, em épocas mais recuadas que remontam à própria história da Rússia, todos esses personagens trataram com crueldade e desumanidade as pessoas do povo. Como detentores do poder, juntamente com seus cúmplices, exterminaram populações indefesas e saquearam cidades, espalhando sofrimento e dor, morte e destruição, e gerando com seu despotismo as reações impostas pela Lei de Causa e Efeito, em virtude da responsabilidade assumida pelo mau uso do livre-arbítrio. Agora, no século vinte, algo melhorados pela ação do tempo e pelas conquistas realizadas, enfrentam a necessária reparação pelos impositivos da lei.

Após deixarem o veículo corpóreo com a morte física, foram carinhosamente socorridos por amigos e parentes da espiritualidade e encaminhados para estação de atendimento e recuperação, no Mais Além.

A visão daquela cena por muito tempo repercutiu em nossa sensibilidade, sempre evocada com sentimento de compaixão e piedade por todos os envolvidos, vítimas ou algozes, de ontem ou de hoje.

Graças ao Alto, esses tempos difíceis passaram, e a paz, final e duramente conseguida, por algumas décadas iria trazer mais tranqüilidade à sociedade terrena.

18

Etapas evolutivas

"O homem tem sempre o livre-arbítrio?"
"Uma vez que tem a liberdade de pensar, tem a de agir. Sem o livre-arbítrio o homem seria como uma máquina."
(*O Livro dos Espíritos*, Allan Kardec, questão 843)

AS EXPERIÊNCIAS, SOBRETUDO as mais dolorosas, facultam-nos grande amadurecimento, se aproveitamos o ensejo para crescer espiritualmente. Calando fundo em nosso íntimo, provocam uma revolução interior, amainando os sentimentos, acalmando as divergências, modificando nossa maneira de pensar.

Por meio da dor, que nos propicia ampla reflexão, passamos a rever conceitos, analisando melhor nossa maneira de ser e de ver o próximo e colocando mais doçura em nossas atitudes. Deixamos de efetuar julgamentos, de apontar defeitos, de exigir mudanças no outro, porque, finalmente, entendemos que as mudanças devem começar dentro de nós.

Tais constatações surgiram em mim como resultado da vivência no mundo espiritual – notadamente com as experiências e o trabalho realizado durante os dolorosos anos da Primeira Grande Guerra.

A tarefa de socorrer os necessitados de ambos os lados do conflito, os sofrimentos que presenciamos, as dores superlativas estampadas em todos os semblantes, a desesperança no olhar dos feridos, a expressão de pavor dos soldados nas trincheiras, fizeram-me entender que não há este ou aquele lado, inocentes ou culpados, certos ou errados. O que existe é o ser humano, que é o mesmo em todos os lugares, seja qual for sua nacionalidade, cor, religião, sexo, idade e condição social. Todos têm uma vida: casa, família, trabalho; amam ou odeiam, divertem-se ou choram, dependendo das circunstâncias. Não são criaturas à parte na criação, monstros que só desejam destruir, totalmente destituídos de sentimentos. Não! São seres humanos como nós, desejosos de viver em paz e de serem felizes.

Analisando cada caso que se nos deparava, tomando conhecimento de suas histórias de vida, seus problemas, dificuldades e sonhos, emocionávamo-nos. Passamos a vê-los, realmente, como irmãos muito queridos.

Eu prestava serviço àquela época numa unidade hospitalar itinerante, localizada no próprio ambiente terreno, próximo às regiões de conflito. Sendo um hospital de campanha, destinava-se a um primeiro atendimento aos recém-desencarnados. Constantemente, precisávamos aumentar suas instalações para ter maior capacidade de atendimento, pois a necessidade exigia mais leitos e mais atendentes, especialmente médicos e enfermeiros.

Nós, os auxiliares sem maior especialização mas dotados de boa vontade e desejo de servir, percorríamos as enfermarias lotadas e, olhando os feridos, a expressão de sofrimento que traziam na face, tínhamos desejo de fazer o máximo por todos eles. Cheios de piedade, apegávamo-nos a esses irmãos. Fazíamos-lhes companhia, ajudávamos a alimentá-los, cuidávamos da sua higiene, aplicávamos-lhes passes. Procurávamos consolá-los, dar-lhes esperança, acalmar suas carências afetivas. Todos, sem exceção, sentiam-se solitários, por estarem longe das famílias, razão pela qual tentávamos minorar essa falta com conversas instrutivas, histórias, procurando ouvi-los com carinho e atenção. E eles tinham muita necessidade de falar, de contar como era a vida deles antes da guerra, o que faziam, onde moravam, e de lembrar dos entes queridos, dos quais estavam separados e cujas ausências não entendiam.

Como sempre tive grande tendência para dialogar, e imenso prazer em ouvir, era com satisfação que exercia essa tarefa. Ficava ao pé de um leito, acalmava o paciente nas horas de crise, quando o desespero se fazia maior ou quando as explosões da guerra, que prosseguia seu curso, faziam-no entrar em pânico. Tranqüilizava-o, orava com ele, suplicando a Jesus por sua recuperação. Só saía de perto do ferido quando, cansado de sofrer e de chorar, ele adormecia sob as bênçãos do passe. Em momentos propícios, falava-lhe da realidade espiritual, da verdadeira vida, da bênção da imortalidade, que fazem com que todos os filhos de Deus continuem suas experiências, trabalhando e servindo, amadurecendo e evoluindo sempre, a caminho da perfeição; construindo, enfim, sua felicidade futura.

Por essas razões, não podiam permanecer por muito tempo nas regiões de conflito. Tinham de ser retirados do ambiente nocivo e deletério da zona de combate. Assim, tão rápido quanto possível e dependendo das condições de cada um, eles eram removidos para hospitais da espiritualidade, em locais preservados, postos de socorro criados especialmente para atendimento a desencarnados, de modo a se recuperarem com mais facilidade.

E então compreendi que não existem pobres ou ricos, agressores ou agredidos, inocentes ou culpados, nobres ou plebeus, autoridades ou cidadãos. O que existe é a grande massa humana necessitada de compreensão e de ajuda, de esclarecimento e de amor.

O problema da violência, que sempre me preocupou, ganhou uma outra conotação em minha mente. Raciocinando com a Doutrina Espírita, entendi que não podemos exigir das pessoas mais do que nos possam dar. Cada qual está num nível evolutivo diferente, e a compreensão diante dos fatos da vida será sempre compatível com o estágio que já tiver alcançado.

Somos todos seres em evolução, com níveis diferentes de progresso realizado, dependendo do nosso esforço e vontade.

Chegada a idade da razão, com o despertar da consciência, conquistamos o livre-arbítrio, podendo escolher nosso caminho. Deixamos de ser regidos pelo determinismo das leis divinas, que dá o melhor sem a possibilidade de erro para os seres ainda incapazes de tomar suas próprias decisões. Quando atingimos um estágio em que demonstramos capacidade de autogoverno, tornamo-nos responsáveis pelos próprios atos. Candidatamo-nos ao sofrimento, se agimos mal e prejudicamos o próximo, ou geramos ventura e bem-estar para nós mesmos, se nos comportamos, conosco e com o semelhante, de acordo com as leis divinas. Certamente que essas conquistas são gradativas, diminuindo o determinismo à medida que aumenta o livre-arbítrio do ser. As almas, como acontece com as crianças na Terra, necessitam de supervisão e acompanhamento até que possam atingir a idade da razão, e é exatamente isso que Deus, o Pai Criador, faz conosco, seus filhos. Encaminha-nos, sustenta-nos, protege-nos, até que possamos tomar nossas próprias decisões.

E aí passamos a entender melhor as fases históricas que nos precederam. As civilizações que existiram no passado, que tiveram seu crescimento, atingiram um ápice, depois decresceram, desaparecendo da face da Terra – civilizações que se julgaram invencíveis e que sumiram, deixando apenas vestígios de sua passagem pelo planeta; outras, nem isso.

Vejo tudo agora como um grande planejamento divino. Cada qual, por meio do seu próprio esforço, galgando degraus, lutando e se aperfeiçoando. Não raro, a civilização terrena parece regredir, mas isso não ocorre – apenas ganha novo impulso numa verdadeira espiral evolutiva.

Compreendo, cheio de compaixão, a ânsia de progresso do ser espiritual, que busca sair do atoleiro ganhando as alturas, que refaz suas experiências tentando acertar, moldando caracteres e desenvolvendo potencialidades.

Nesses milhares de anos decorridos desde o surgimento dos primeiros antropóides, quanto já progrediu a humanidade, espiritual e materialmente!

Nos milhões de anos em que a sabedoria divina trabalhou na evolução do princípio inteligente sobre a face do planeta, esse monumental planejamento floresceu, desenvolveu-se, gerando seres que lutam, crescem e se adiantam, na busca da perfeição para a qual foram criados.

Então, obstáculos e dificuldades, vicissitudes e problemas, dores e sofrimentos, passam a ser apenas fases necessárias ao aperfeiçoamento dos seres – cadinho no qual se depuram, amadurecendo e desenvolvendo sentimentos e conhecimentos.

Sob essa ótica, os problemas da existência, que cada ser humano aproveita e transforma de acordo com suas condições, têm um valor relativo.

Nesse processo educativo de que Deus se utiliza para nos reconduzir ao caminho do dever retamente cumprido, sofrerá o espírito na própria pele o que fez o outro sofrer, como meio de entender a dor do semelhante e aprender a respeitar o sentimento alheio.

O Cristo sabiamente nos ensinou a fazer ao próximo o que gostaríamos que nos fosse feito. Nessa frase se resume como precisamos agir para ser criaturas melhores.

O entendimento da guerra como etapa educativa na vida das nações e dos grupos étnicos, da violência como expressão da ignorância de seres que ainda não aprenderam a amar e a conviver pacificamente, não significa que devamos compactuar com os erros alheios.

Devemos nos esforçar no limite de nossas forças para evitar o mal.

A doutrina da não-violência busca exatamente isso. Podemos defender-nos e à nossa sociedade utilizando-nos de meios não violentos, pacíficos, que, na prática, têm mais força do que a reação violenta.

Também entendo que não se deve deixar campo livre aos maus, sem opor um freio às suas investidas, pois isso colocaria em risco a sociedade e todos sofreriam, especialmente os bons, os pacíficos, os honestos, os respeitadores, os dignos.

A contenção, muitas vezes, apresenta-se como necessidade inadiável, para não se perder o fruto do trabalho de gerações inteiras, para que muitos não venham a perecer pelo arbítrio de mentes malévolas e criminosas.

Na espiritualidade, convivo com o outro lado da situação, ou seja, o da influenciação dos espíritos desencarnados sobre os encarnados, o que eu ignorava quando habitava o planeta. Percebo agora que é preciso contê-los, não apenas pelos irmãos na carne que sofrem essa influência, mas até em benefício deles mesmos, uma vez que muito erraram, e manda a caridade cristã auxiliá-los para evitar novos gravames às suas condições.

Aprendi aqui no Além que o mal é apenas a ausência do bem, representando a ignorância do espírito em relação às leis naturais que regem a vida, como etapa, natural e necessária, do crescimento. À medida que for aprendendo, o ser espiritual se tornará bom.

Pensando dessa forma, uma paz imensa e um bem-estar indescritível nos domina o íntimo, ao constatarmos que o mundo não está como um barco à deriva. Ao contrário, o Senhor é o timoneiro e dirige a embarcação para mares calmos, onde encontraremos a felicidade.

O trajeto é longo e difícil, repleto de obstáculos e perigos, todavia, com fé em Deus, certamente venceremos.

Nada nos será concedido sem esforço. O trabalho, no campo abençoado do nosso íntimo, com as sementes do Evangelho, será a ferramenta sublime que nos dará condições de vencer, conquistando progresso e possibilidade de um mundo mais feliz.

19

Predeterminação

"Haverá fatalidade nos acontecimentos da vida, conforme o sentido que se dá a essa palavra, ou seja, todos os acontecimentos são predeterminados? Nesse caso, como fica o livre-arbítrio?"

"A fatalidade existe apenas na escolha que o Espírito fez ao encarnar e suportar esta ou aquela prova. E da escolha resulta uma espécie de destino, que é a própria conseqüência da posição que ele próprio escolheu e em que se acha. Falo das provas de natureza física, porque, quanto às de natureza moral e às tentações, o Espírito, ao conservar seu livre-arbítrio quanto ao bem e ao mal, é sempre senhor para ceder ou resistir. Um bom Espírito, ao vê-lo fraquejar, pode vi em sua ajuda, mas não pode influir de modo a dominar sua vontade. Um Espírito mau, ao lhe mostrar de forma exagerada um perigo físico, pode abalá-lo e assustá-lo. Porém, a vontade do Espírito encarnado está constantemente livre para decidir."

(*O Livro dos Espíritos*, Allan Kardec, questão 851)

QUANDO HABITAVA O PLANETA, com a visão obliterada pela ignorância das coisas espirituais, eu acreditava que os fatos históricos estariam predeterminados e que nada se poderia fazer para mudar essa realidade. E que homem nenhum, por mais poderoso que fosse, mesmo um Napoleão Bonaparte, seria incapaz de reverter os acontecimentos previstos pela força natural das coisas, modificando a história.

Devemos aqui separar o que é puramente mecânico – que faz parte do determinismo das leis divinas em relação às forças da natureza, que se refere às leis físicas e biológicas – daquilo que trata do homem como ser pensante, do espírito imortal, cujo comportamento é regido pelas leis morais. O ser humano sofre o determinismo das leis divinas enquanto é incapaz de escolher seus próprios caminhos, de direcionar suas ações nesse ou naquele sentido. Depois, sua consciência dita o rumo e as ações, tornando-se responsável pelas conseqüências que acarrete, segundo a Lei de Causa e Efeito.

Analisando melhor o assunto, sob a ótica das leis sábias, justas, perfeitas e imutáveis do Criador, chego à conclusão de que os fatos históricos fazem parte de um processo evolutivo pelo qual devem passar as civilizações terrenas, como etapa útil e necessária ao crescimento cultural e moral de seus componentes, como individualidades distintas que são e também como responsáveis pelos desvios de um determinado agrupamento do qual fazem parte.

Sem dúvida, a presença de Deus é determinante nos acontecimentos históricos, porém não podemos nos esquecer de que os fatos se passam com implicações tanto no mundo material quanto no espiritual. Os espíritos são os mesmos que, por meio de suas tendências e motivações, participam da história ora de um, ora do outro lado da vida. Certamente, existe uma programação divina, um macroplano diretor habilmente direcionado para o crescimento dos povos, e nisso colaboram os homens executando a parte que lhes compete. No entanto, no mau uso do livre-arbítrio, de que são detentores, esses homens geram ações que muitas vezes desviam as coletividades do roteiro programado, atrasando as metas que devem atingir e arrastando com seu carisma e poder de persuasão as populações, que passam a ser co-autoras dos prejuízos e crimes praticados contra outrem. Sim, porque os Estados, as nações e os agrupamentos étnicos também estão sujeitos à responsabilidade coletiva quando se desvirtuam os valores, quando multidões enfurecidas causam prejuízos a terceiros; quando julgam, condenam e executam outros seres humanos segundo sua escala de valores.

Aqueles que deram azo a desvios de conduta, como matança, destruição, pilhagem e escravidão, que espoliaram seus irmãos, que lhes roubaram os territórios, que destruíram a população, as plantações, as cidades e os animais, que escravizaram os sobreviventes e tantas outras barbáries renascerão sob o selo da desdita, passando por sofrimentos acerbos, tendo a oportunidade de experimentar na pele o que fizeram outros sofrer.

Renascem os que espalharam o mal no seio do próprio povo que detestaram, refazendo sentimentos, aprendendo a amar aqueles que tanto odiaram e defendendo o grupamento étnico que destruíram.

O progresso é lento, mas inexorável. Nenhum primata transforma-se, de um momento para outro, em um civilizado europeu do século dezenove. Esse progresso só foi alcançado pelo trabalho do tempo; muitos milhares de anos foram necessários ao burilamento do ser espiritual, ao longo de uma infinidade de experiências na espiral ascendente que traduz o esforço evolutivo: retorno ao mundo corpóreo em nova encarnação, vivência na carne e conseqüente morte física, marcando o regresso à verdadeira vida; período de experiência no mundo espiritual, mais ou menos longo dependendo da necessidade do espírito, e posterior volta ao mundo material em novo corpo, e assim sucessivamente.

Dessa forma, o ser imortal vai assimilando o aprendizado, construindo conceitos, burilando caracteres e sedimentando conquistas. A descoberta do bem e do mal – de notável importância no seu crescimento como ser humano – permite-lhe distinguir um do outro, aclara-lhe a mente e lhe aprimora os sentimentos. A consciência, ainda rudimentar, depura-se, e o livre-arbítrio passa a ser apanágio da alma, condição de raciocínio e reflexão, que lhe permite estabelecer a escolha dos caminhos que deseja trilhar.

Como toda conquista tem um preço, a liberdade de escolha o atrela à observância da Lei de Causa e Efeito, tornando-o responsável por suas ações e vinculando-o às conseqüências positivas ou negativas geradas pelo seu comportamento.

Assim, a dor e o sofrimento passam a ser um processo educativo pelo qual o Criador – todo misericórdia e justiça – permite ao espírito experimentar aquilo que fez o outro sofrer, como recurso para fazê-lo compreender a necessidade de respeitar o semelhante como deseja ser respeitado. Somente agindo dessa maneira, apresentará condições de viver em grupo, de partilhar o mesmo pedaço de chão com outros seres humanos, de dividir o mesmo abrigo.

A descoberta das regras para uma convivência pacífica foi o ponto de partida para o progresso das tribos, dos clãs, das nações e das sociedades organizadas. As grandes civilizações do passado, muitas delas hoje extintas, só chegaram a extraordinários progressos pela obediência às normas e leis criadas para cada povo e para determinada época, de acordo com suas necessidades, usos e costumes. Algumas dessas grandes civilizações ainda fazem parte do mundo contemporâneo, como a Índia e a China, mas sua permanência no tempo e no espaço mostra a capacidade de adaptação e de amadurecimento delas. As que desapareceram, como o Império Romano, certamente não tinham condições de continuar, em virtude dos abusos praticados. Outras, como a Grécia e o Egito, permanecem na atualidade, mas sem expressão maior de poder ou de cultura; vivem apenas de um passado de glórias.

Todavia, existiram criaturas que habitaram nosso planeta e que impuseram modificações relevantes nos padrões vigentes na sociedade do seu tempo, tanto para melhor quanto para pior, por intermédio das características da sua personalidade carismática.

Átila, Alarico, Gêngis Khan e uma série de outros conquistadores desencadearam ondas vibratórias maléficas tão intensas com seu comportamento, que afetaram milhões de pessoas. Saqueavam e arrasavam cidades, destruíam e matavam todo ser vivente. Com suas ações, geraram ódio tão violento nas populações atingidas que, mesmo depois de muitos séculos, colhem ainda as conseqüências de seus atos nefandos. Alguns não destruíram apenas cidades; acabaram com o conhecimento, com o patrimônio cultural deixado por seus antecessores. A destruição do Império Romano do Ocidente, com a invasão dos bárbaros, por exemplo, fez a Europa retroceder, retornando à barbárie, uma vez que os invasores não possuíam a cultura nem as conquistas sociais dos vencidos.

Até hoje os responsáveis sofrem pelos males que causaram. Muitos se recuperaram, procurando no serviço do bem reparar os erros de antanho, iluminados pelas luzes do Evangelho e da Doutrina Espírita. Outros, porém, ainda cultuando ódio e destruição, prosseguem disseminando o mal, digladiando-se com seus inimigos – aqueles mesmos que prejudicaram um dia, e que, apegados à idéia de vingança, incapazes de perdoar, fazem parte também de falanges das trevas. Continuam assim a prejudicar seus opositores, acumulando erros sobre erros.

Adolf Hitler, possuidor de grande carisma, conquanto de moral bem abaixo de suas conquistas intelectuais, deixou seu nome tristemente gravado na história ao se tornar responsável pelo genocídio de seis milhões de judeus, e de, pelo menos, um milhão e meio de povos que também desprezava, por considerar igualmente impuros, como árabes e ciganos, no afã de realizar uma "limpeza" étnica.

O *führer* não agiu sozinho. Teve o apoio do Exército e de grande parte da orgulhosa população alemã, que se considerava superiora aos demais, em momento algum contestando as idéias de hegemonia da raça ariana e fazendo vista grossa para o desaparecimento dos judeus.

O mal causado por esse acontecimento macabro e inconcebível prossegue, tanto no invisível quanto na Terra. Magotes de espíritos responsáveis pelo nazismo expiam dolorosamente na carne os atos nefandos que cometeram, sob a perseguição espiritual de adversários judeus, que procuram vingar-se, com a justificativa de fazer justiça com as próprias mãos. Por longo tempo sofrerão as dores causadas ao próximo, não raro em corpos doentes e mentalmente avariados, portando síndromes e deficiências atrozes.

Não apenas os responsáveis diretos irão amargar as desditas pelos crimes praticados. Também a nação alemã e os demais envolvidos sofrerão o peso do infortúnio, pagando o ônus pela conivência com o poder.

Por outro lado, exemplos belíssimos e dignificantes transformaram para melhor o planeta terreno, iluminando os séculos futuros com suas idéias.

Sócrates, que viveu na Grécia muito antes de Jesus e que veio para preparar o terreno para o Messias, deixou o selo da sua elevação modificando a maneira de pensar da sua época e permanecendo como símbolo de honradez, dignidade e força moral. Conquanto tenha sido acusado, aprisionado e condenado à morte, depois dele – considerado o pai da ciência moral – o mundo nunca mais foi o mesmo.

Jesus Cristo, o exemplo maior de que temos notícia, realizou sua missão em condições absolutamente adversas. De família pobre – seu pai era um humilde carpinteiro –, sem freqüentar escolas ou cursar universidades, ninguém fez tanto em tão pouco tempo. Cercava-se de pessoas desprezadas pela sociedade, notadamente mulheres, crianças, velhos e doentes, distribuindo amor e disseminando valores morais. Nada deixou escrito; seus ensinamentos foram passados pela tradição oral e, posteriormente, grafados em manuscritos pelos evangelistas. Porém, a força do seu Evangelho avança sempre, percorre as nações, ilumina os séculos futuros e transforma o ser humano, modificando a sociedade terrena.

Com a mensagem evangélica, cujo foco central é o amor, o homem passa a olhar seu semelhante como um irmão, tornando-se mais fraterno, mais solidário, mais pacífico.

Voltando os olhos para o passado, contemplando as civilizações que nos precederam, um sentimento de compreensão e de piedade nos inunda o íntimo.

Conseguimos visualizar aqueles grandes personagens da história, que em sua insanidade espalharam sofrimento e dor, como criaturas ignorantes que nada podiam dar de melhor, porque aquele era seu estado evolutivo. Certamente, vamos encontrá-los mais adiante, em novas encarnações, esforçando-se para melhorar, modificando-se com o passar do tempo, aprendendo e progredindo.

Um imenso respeito pela sabedoria divina faz com que nos curvemos, maravilhados. Diante desse macroplanejamento, que envolve não apenas o progresso material e espiritual de todos os seres da Criação, mas também todo o sistema ecológico do planeta, só podemos admirar a inteligência suprema, que mantém e supervisiona todo o funcionamento desse empreendimento gigantesco.

Compreendemos, reverentes, que só o aperfeiçoamento do homem, nesse processo evolutivo, no esforço para tornar-se um ser melhor, fará com que a sociedade progrida e evolua.

Toda grande caminhada começa com os primeiros passos; as mais altas montanhas formam-se de minúsculos grãos de areia; os oceanos, por maiores que sejam, resultam da união de uma infinidade de pequenas gotas. Assim também a nossa sociedade terrena, constituída de bilhões de pessoas e cujo progresso reflete a evolução de seus componentes.

Não podemos nos esquecer das lições que a história nos descerra, porque elas se repetem. Se analisássemos melhor os acontecimentos ocorridos no passado, entenderíamos melhor o presente e mais fácil nos seria projetarmos o futuro.

A Doutrina Espírita e o Evangelho de Jesus nos mostram a necessidade de nos esforçarmos para executar a parte que nos cabe nesse macroplanejamento a benefício de todos.

Somos, pois, partículas com uma tarefa definida: de trabalharmos pelo nosso progresso moral e intelectual e de auxiliarmos, com o nosso aprimoramento, a sociedade em que vivemos.

Somente assim habitaremos um dia um mundo melhor, mais justo e mais fraterno.

20

No trabalho

"Onde está escrita a lei de Deus?"
"Na consciência."
(*O Livro dos Espíritos*, Allan Kardec, questão 621)

A VIDA NA ESPIRITUALIDADE seguia seu curso, e maravilhava-me sempre mais com as novidades que encontrava a cada passo. Entre palestras, cursos, excursões e demais atividades instrutivas, eu aplicava meus conhecimentos de forma prática na ajuda aos irmãos que chegavam da crosta.

Como afirmei antes, apreciava imensamente conversar com os recém-chegados, ouvir suas histórias e atendê-los em suas necessidades de orientação e esclarecimento, dentro das minhas incipientes possibilidades e parcas condições.

Causava-me espanto, porém, perceber como a morte orgânica em nada modifica o ser humano. Continua ele sendo o mesmo, gostando ou não das mesmas coisas e das mesmas pessoas, apegado a seus negócios e a tudo o que tenha ficado para trás. Pior do que isso: não raro, dotados de personalidades prepotentes e autoritárias, nossos abrigados mostravam-se exigentes, especialmente se tinham raízes na aristocracia ou em classe social mais elevada. Acostumados ao conforto e a verem atendidas as suas menores vontades, davam ordens a torto e a direito, pediam quitutes variados, acompanhados de vinhos de procedência e safra determinadas, e reclamavam atendimento exclusivo; indignavam-se por estarem sozinhos, exigindo a presença dos criados e, na falta destes, investiam-nos no cargo, ordenando que lhes trouxéssemos tais ou quais vestimentas, os pares de calçados e as jóias preferidas, para poderem modificar a aparência, que achavam repugnante, em virtude de estarem vestindo roupa hospitalar. Insistiam para voltar às suas propriedades, enfatizando a urgência de resolver certos negócios que tinham ficado pendentes, entediados por serem obrigados a permanecer no leito. Como não conseguiam convencer-nos a fazer-lhes as vontades, dando-lhes a "liberdade", irritavam-se e punham-se a esbravejar. Muitas vezes, em sua fúria, atiravam-nos o que conseguissem botar a mão – por esse motivo, as mesas de cabeceira eram mantidas limpas de quaisquer objetos –, ameaçando-nos com denúncias às autoridades, e, se preciso, ao próprio czar. Com tal comportamento, incentivavam outros a agir da mesma forma, causando desordem e confusão na enfermaria, a ponto de sermos obrigados a separá-los dos demais. As pessoas do povo, mais simples e menos exigentes, aceitavam o atendimento que lhes era dado, com profunda gratidão e até com certa surpresa, por se verem tratadas com a gentileza e o respeito a que não estavam habituadas. De modo geral, suplicavam apenas a presença de familiares, cuja ausência lhes causava estranheza, em vista do desconhecimento da sua condição de desencarnados. Na impossibilidade de receber visitas, pediam-nos notícias dos entes queridos, desejo esse que, dentro do possível e se fosse beneficiá-los, nos era dado satisfazer.

Era necessário nos munir de muita paciência e compreensão no atendimento aos mais variados tipos de pessoas e ouvir-lhes os relatos e as petições. Viviam num mundo íntimo conturbado, entregues às próprias criações mentais.

A primeira vez que entrei numa enfermaria, onde iria prestar serviço, fiquei surpreso. Acompanhado de meu amigo Bóris e de Ludmila, minha gentil enfermeira, visitamos cada leito, conversando com os pacientes.

Um homem de aparência fina e educada solicitava nossa intercessão perante a "autoridade competente" para conseguir retornar a seu palácio, pois tinha urgência de finalizar a transação de uma propriedade pela qual tinha muito interesse e cuja posse estava em via de concretizar-se. Como Ludmila delicadamente lhe assegurasse que seu estado de saúde ainda não permitia receber alta, ele tornou:

– Na impossibilidade de deixar o hospital, rogo-lhes mandar um portador ao czar, com pedido especial em meu nome, lembrando ao soberano a promessa que me fez de conceder-me os direitos sobre a citada propriedade.

Após essas palavras, que arrematou dando nome completo e título nobiliárquico, meu amigo Bóris, sorridente, procurou tranqüilizá-lo, enfatizando a importância de seu esforço em melhorar-se para poder tratar dos seus assuntos pessoalmente, concluindo:

– Além disso, meu irmão, os bens materiais são transitórios, e do mesmo jeito que hoje os possuímos, amanhã o Senhor poderá retirá-los. Somente os valores da alma são imperecíveis e se constituem em patrimônio próprio. Tudo o mais, teremos de deixar no mundo quando a morte nos obrigar à grande viagem. Pense nisso.

O senhor, abandonando a atitude cortês, virou-se com ar de desprezo e mofa e julgou Bóris incapaz de entender suas prioridades, pois dizia coisas absurdas e sem qualquer sentido.

– Pois sim! – murmurou entre os dentes.

Ao nos afastarmos, Bóris comentou:

– Na verdade, Leon, esse cavalheiro de aparência distinta e que tão bem o impressionou desejava ardentemente vingar-se de um inimigo; por isso o intrigara com o czar, provocando-lhe a desgraça, para poder ficar com suas terras, que havia muito ambicionava. Chamado por Deus à verdadeira vida, deixou a existência terrena sem poder concluir a negociata, e, agora, inconsciente da sua real condição, continua tentando realizar a transação.

Alguns leitos depois, outro paciente se lamentava de ter sido traído pelo melhor amigo, que lhe roubara grande soma em ouro; surpreendido pela enfermidade antes de conseguir denunciar o traidor, desejava que facilitássemos sua saída do hospital, pois tinha urgência de procurar o juiz, de quem era amigo e que o ajudaria na recuperação dos bens. Falava com riqueza de detalhes e convenceria qualquer um de que era uma vítima inocente.

Com expressão penalizada, enquanto Bóris trocava algumas palavras com ele, Ludmila esclareceu-me:

– Tem a aparência de homem sério e digno. Todavia, se você apurar suas percepções, perceberá que a triste condição espiritual dele denuncia a verdade. O fato é que esse irmão havia subtraído o ouro do amigo, dono de uma indústria mineradora. Trabalhando na mina por uma determinada importância acertada entre ambos, mas que nosso paciente julgava irrisória, ele desviou uma parte das pepitas de ouro conseguidas. Ao descobrir o roubo, o amigo encheu-se de indignação, sentindo-se enganado por alguém em quem confiava e a quem auxiliara dando emprego, e aproveitou um momento de descuido do subalterno para apoderar-se daquilo que era seu por direito. O empregado, ao perceber que perdera tudo, sofreu um infarto do miocárdio, em virtude das densas vibrações de ódio acumuladas. O veículo físico não resistiu e ele teve morte instantânea, exatamente quando pretendia tomar a mina daquele que o ajudara, utilizando-se de um documento de posse falsificado por um malandro a quem em má hora se tinha aliado. Dessa forma, nosso infeliz irmão permanece inconformado, desejando dar prosseguimento à ação, sem perceber que o Senhor o livrou de cometer mais esse crime, facilitando-lhe o retorno à verdadeira vida.

Na enfermaria feminina, a situação não era diferente. Uma senhora pedia a nossa ajuda para livrar-se do esposo egoísta e prepotente, que pretendia matá-la. Segundo ela, o marido a perseguia o tempo todo, não lhe dando repouso. A mulher chorava e alardeava inocência, suplicando-nos que a protegêssemos daquele homem violento e cruel.

– Se ele me encontrar – afirmava ela –, estarei perdida!

E, com um rosário na mão, elevava os olhos para o alto, entre lágrimas, com aparência de beata religiosidade, completando:

– Justamente eu, que sempre fui uma santa criatura, mulher digna e religiosa que não saía da igreja, sempre a rezar!

Meu amigo Bóris colocou a mão sobre a cabeça dela e, com carinho paternal, considerou:

– Minha irmã, aproveite a oportunidade que está tendo neste momento, para repensar suas atitudes. Lembre-se de que a religião não é só para as horas em que penetramos o templo sagrado para assistir à missa e receber a comunhão. A fé religiosa é refúgio para os momentos difíceis, quando podemos meditar sobre nossas atitudes, refletindo sobre os erros cometidos e suplicando o perdão daqueles a quem prejudicamos. Deus é Pai amantíssimo e nos dará sempre novas oportunidades, acredite.

Irritada, a senhora modificou-se bruscamente.

– O que está querendo dizer com isso? Acusa-me de algo? Ninguém tem nada de que me acusar. Sou uma mulher honesta e caridosa, que muito tem sofrido na vida. Ora, veja só! Quem é você para me falar desse jeito? Dispenso ajuda desse tipo. Podem retirar-se!

E continuou a resmungar, reclamando de nossa atitude, e voltou ao seu mundo interior, continuando a contar as pedras do rosário. Bóris, condoído da sua situação, explicou-me, enquanto nos afastávamos:

– A verdadeira história dessa dama é dolorosa. Desejando livrar-se do esposo para ficar com todos os seus bens e, ao mesmo tempo, com o amante, matou-o com golpes de machado certa noite em que ele voltava para casa embriagado. O medo que sente é a voz da consciência que a acusa do nefando crime; o espírito daquele que foi seu esposo, por certo período, realmente a perseguiu, acusando-a; porém, há longo tempo já lhe perdoou e até mesmo a visita algumas vezes para saber do seu estado – sem que a esposa o veja para não lhe complicar ainda mais o estado mental –, mas ela, em sua consciência de culpa, julga que o marido ainda a está perseguindo e não consegue ter paz.

Eu estava perplexo. Quanto sofrimento! Quantas histórias existiam ali naqueles leitos, envolvendo traição, dor, ambição, interesse, amor. Quantas outras criaturas não estariam sofrendo, ligadas a esses casos, na espiritualidade ou na Terra!

– É verdade, Leon. Enquanto a criatura não entender que o mal que pratica contra os semelhantes volta-se contra si mesma, no fundo jamais será feliz. Aqui, no Além-túmulo, mais do que nunca compreendemos a importância e a necessidade da vivência dos postulados cristãos, pela análise das conseqüências dos atos tresloucados do ser humano.

Concordando plenamente com ele, permaneci pensativo. Casos e casos chegavam ao nosso conhecimento todos os dias. Existiam situações em que nada adiantava dizer, uma vez que o desencarnado não estava em condições de escutar, envolvido pela fixação do passado. Quando havia a possibilidade, tentávamos orientá-lo da melhor forma possível, acalmando-o e orando com ele, falando-lhe sobre a infinita misericórdia de Deus que, independentemente daquilo que tenhamos feito, nos dará sempre novas oportunidades de reparação.

E diante da crise que se instalava, do desespero do irmão necessitado, da dor e do sofrimento que retornavam superlativos, elevávamos nossos pensamentos ao Alto, suplicando a Jesus o amparo para aqueles desventurados companheiros, aplicando-lhes energias por meio do passe.

Então, eles se acalmavam, as feições se distendiam, relaxavam as tensões, dominados por benéfico sono. E nós, gratos e aliviados, passávamos a outros leitos, onde iríamos deparar com novas aflições e problemas.

É por essa razão que, de modo geral, em nossa colônia Estrela da Manhã, o recém-chegado à espiritualidade, seja qual for a sua área de atuação, suas tendências e potencialidades, ao ser considerado pronto para o serviço ativo, começa a exercitar-se nas enfermarias do hospital, uma vez que essa experiência lhe trará grandes benefícios, pelo contato com irmãos necessitados nas mais diversas situações e com os mais diferentes problemas.

Essa é uma verdadeira lição de vida, que se reveste de extraordinária importância para todos, tornando-nos mais compreensivos, pacientes e generosos em relação ao próximo, fazendo-nos entender que, seja qual for o nosso problema, existem outros infinitamente piores; que, seja o que for que tenhamos feito, não somos os únicos; que todos somos devedores, e que o Pai nunca nos abandonará, dando-nos sempre novas oportunidades de renovação.

Quando acabava nosso plantão, estávamos exaustos, porém gratificados e satisfeitos por ter podido ajudar.

Com o coração repleto de compaixão, percebíamos que o maior engano da criatura é pensar que poderá enganar a si mesma, aos outros e, especialmente, a Deus. Jamais poderá libertar-se da própria consciência, da qual é indissociável, que é um juiz severo e incorruptível. Poderá tentar enganar a si mesma, poderá enganar a outras pessoas por algum tempo, mas nunca enganará o Criador.

Quando Allan Kardec perguntou aos espíritos do Senhor onde está escrita a lei de Deus, eles deram esta sábia resposta: "Na consciência", mostrando-nos, de forma judiciosa que dentro de cada um está o código moral que nos recorda incessantemente as leis divinas, pelo processo evolutivo que desenvolvemos no curso de infindáveis milênios.

Atender a essa voz interior que nos alerta, como luz a indicar-nos o caminho do dever retamente cumprido, é nosso desafio. Quando a respeitamos, agindo de forma reta e digna, experimentamos satisfação e bem-estar. Quando agimos de forma errônea, contra os íntimos ditames da consciência, enfrentamos angústias, amarguras, insatisfação, problemas e sofrimentos. E, mais ainda, enfrentamos o remorso, dor moral que nos infligirá inauditos e inenarráveis padecimentos, que só serão amenizados quando nos dispusermos a reparar o mal cometido contra nosso próximo.

Através do tempo, não tem sido outro o caminho do espírito imortal. Mergulhamos no erro, na degradação, nos vícios. Comprometemo-nos com o próximo e infringimos a lei de Deus. Em virtude desse comportamento desequilibrado e criminoso, temos colhido acerbas aflições, e continuaremos colhendo até que aceitemos a necessidade de mudar, refazendo nossos passos e nos candidatando a uma vida mais feliz e harmoniosa, em que o amor direcione nossos sentimentos e ações, e passemos a cultivar o perdão e a exemplificar legitimamente a fraternidade e a solidariedade.

21

Viciações

"Todas as virtudes e todos os vícios são próprios da natureza do Espírito. Do contrário, onde estaria o mérito e a responsabilidade? O homem que tem uma deformação física não pode tornar-se sadio porque o Espírito nada tem a ver com isso; mas pode modificar o que é do Espírito, quando tem uma vontade firme. A experiência não vos prova, espíritas, até onde pode ir o poder da vontade, pelas transformações verdadeiramente miraculosas que vedes acontecer? Convencei-vos, portanto, de que o homem apenas permanece vicioso porque assim o quer*; mas aquele que quer se corrigir sempre tem a oportunidade. De outra maneira, a lei do progresso não existiria para o homem."*

(*O Evangelho Segundo o Espiritismo*, Allan Kardec, cap. IX, item 10)

DENTRE AS COISAS QUE ME causaram perplexidade no Além-túmulo, uma delas diz respeito à questão da alimentação. Afinal, comida não fazia parte da minha concepção de continuidade da vida após a morte. Jamais imaginei alguém se alimentando, mesmo quando cogitava, em momentos de íntima reflexão, sobre o futuro que nos aguardaria a todos, sem apelação, depois do sepulcro.

Após a grande viagem, todavia, temos de reconhecer que o "corpo" e as necessidades básicas e fisiológicas de todo ser humano continuam existindo. Sentimos frio, calor, fome, sede. Certamente nos referimos aqui ao *corpo espiritual*, inseparável do espírito, a que Allan Kardec denominou de *perispírito*[1]. Temos a sensação de que este é o nosso organismo *material*, aquele mesmo do qual nos servimos por tantos anos na Terra. Estamos "vivos", uma vez que sentimos a temperatura da pele, o calor das mãos, o sangue correr nas veias e artérias, o coração bater no peito, a carne sob a epiderme, os músculos, os ossos, os órgãos; em suma, o pulsar da vida. Se o recém-chegado está ferido ou enfermo, experimenta dor, sofrimento que lhe parece "físico"; vê o sangue quente que escorre das feridas abertas, sente os ossos fraturados, a sensação de esmagamento dos tecidos e todos os traumas e seqüelas que porventura tenham ocasionado a morte do corpo de carne. Enfim, tudo continua como antes... ou *quase* como antes. O corpo espiritual, que é constituído de matéria, porém mais rarefeita do que a do corpo físico, transmite-nos as mesmas sensações, só que mais acentuadas. Assim, a tristeza ou a alegria que experimentamos são infinitamente maiores e mais intensas do que as que sentíamos quando encarnados no planeta. O sofrimento moral, então, é superlativo e inenarrável, ultrapassando qualquer idéia que possamos ter. O arrependimento sincero pelos erros cometidos, o remorso pelo mal causado a outrem, é algo intraduzível em palavras, pela intensidade com que se apresenta; domina-nos por inteiro a ponto de quase nos levar à loucura.

Dessa forma, mesmo no plano do espírito, temos urgência em atender às necessidades básicas do ser humano.

---

1 ⋇ Ver *O Livro dos Espíritos*, Allan Kardec, questões 93 a 95. (N.M.)

Se as condições do desencarnado o obrigaram a passar por esferas inferiores do umbral, a obtenção de comida, de água, torna-se um problema de difícil solução, uma vez que, normalmente, tem de se contentar com as ralas vegetações existentes na região inóspita em que estagia, e com a água da chuva, ou de poças lamacentas, para saciar a sede; sofre com o frio intenso, sem agasalhos, sem abrigo. Além disso, experimenta insegurança e medo inaudito de outros seres que ali habitam, em especial das hordas de bandoleiros que por onde passam infligem dores e torturas atrozes às infelizes criaturas que encontram no caminho, não raro aprisionando-as e mantendo-as como escravas. Quando, vencido pelo excesso da própria dor, o espírito sente o desejo de melhorar de vida, ou quando a exaustão e o sofrimento o fazem implorar o socorro de Deus em copiosas lágrimas, a ajuda surge na presença de benfeitores espirituais que só aguardavam esse momento para retirá-lo daquele local de dores acerbas.

O desventurado é conduzido então para postos de atendimento, localizados em zonas mais próximas à crosta e, depois, transportado para uma de nossas colônias espirituais, onde receberá o tratamento de que precisa acompanhado de condições tão acolhedoras que julgará estar no paraíso. Logo ao chegar, terá oportunidade de tomar um banho quente, encontrará um leito limpo, macio e tépido, poderá saciar a sede e a fome que o supliciam.

Para o recém-chegado, isso não é verdadeiramente um paraíso?

A diferença é que a alimentação oferecida em nossas instalações é adaptada ao mundo em que vivemos, apresentando-se mais rarefeita, leve, saborosa e concentrada.

Temos notícias de que, à medida que nos elevamos moral e espiritualmente, a alimentação passa a ser cada vez mais leve, chegando em certas esferas a ser absolutamente dispensada. Os espíritos, nessas condições, retiram do próprio ambiente o que precisam, inalando os componentes nutritivos adequados às suas necessidades.

Por outro lado, existem regiões da espiritualidade – nas esferas inferiores e próximas à crosta – em que os servidores do bem executam tarefas mais pesadas, necessitando de alimentação mais substancial e densa, em virtude do volume de energias gastas e que precisam ser repostas.

No entanto, o que me impressionou sobremaneira do lado de cá da vida foi a ligação de recém-chegados com os vícios. Esses irmãos, classificados como suicidas inconscientes, isto é, pessoas que deram cabo da própria existência pelo estilo de vida que levavam e excessos cometidos.

Falando em alimentação, a comida em demasia não deixa de ser um vício. Encontramos pacientes com excessiva obesidade, tão gordos que trazem as feições alteradas, impossibilitados de se locomover em virtude do peso; seus órgãos apresentam-se deformados, enfermos, pela intensa atividade a que estão obrigados a manter no atendimento às necessidades orgânicas. São colocados geralmente em enfermarias especiais e permanecem isolados dos demais pacientes. Muitos chegam com ossos quebrados, feridas abertas, cujos tecidos não puderam mais suportar o volume de banha rasgando a epiderme. Tudo isso pelo excesso de peso. Ainda assim, compulsivamente, só pensam em comida e só pedem comida, em virtude de hábitos arraigados, contraídos e mantidos ao longo dos anos na Terra. Sofrem intensamente pelo mal-estar provocado pelos órgãos doentes; no entanto, em suas telas mentais só existem imagens de doces, iguarias variadas, guisados, carnes, sopas gordurosas etc. Para libertá-los dessa viciação, eles devem ser submetidos às terapias de apoio, à orientação evangélica e à aplicação de passes. A própria alimentação oferecida normalmente aos nossos abrigados, da qual constam os nutrientes necessários à sua recuperação, aos poucos irá regenerar-lhes o corpo espiritual, ao mesmo tempo que as informações e os estudos a que terão acesso lhes propiciarão reflexão sobre o assunto e maior dose de equilíbrio.

Dentre os viciados, jogadores e alcoólatras inveterados são colocados em dependências especiais, para não conturbarem o ambiente dos outros internos.

Os jogadores contumazes procuram freneticamente acompanhantes dentro da enfermaria, para se entregarem à jogatina. Pedem-nos baralhos, alegando ser apenas uma brincadeira para "passar o tempo", já que nada têm para fazer, ao que respondemos afirmando que o tempo disponível pode ser utilizado de forma construtiva, com diálogos entre os colegas de quarto e, especialmente, com leituras da *Bíblia* e do *Novo Testamento* (que estão sempre nas mesas de cabeceira), que propiciam reflexão e análise em torno da própria condição. Invariavelmente, rejeitam nossa sugestão, enfadados, e lhes percebemos a necessidade íntima pelos olhos inquietos que se mexem sem parar, pelo tremor das mãos, pela transpiração abundante. Como, evidentemente, não são atendidos em suas pretensões, zangam-se, passando a gritar e a exigir a liberdade, alegando serem presos incomunicáveis, sem direito a receber visitas da família ou de amigos. Em momentos de crise, mostram-se verdadeiramente enlouquecidos.

Os alcoólatras também nos dão bastante trabalho.

De aparência frágil e enfermiça, excessivamente magros, têm expressão cadavérica e a epiderme amarelo-esverdeada, característica dos doentes do fígado, atacados pela cirrose, conquanto proporcionalmente à gravidade do problema apresentem também inflamação e intumescimento de outros órgãos vitais como coração, pâncreas, intestinos e nervos. Dentre esses, o mais afetado é o sistema nervoso, e em especial três partes: o córtex cerebral, o cerebelo e o sistema límbico.

No início, sorridentes e simpáticos, esses enfermos pediam um "aperitivo" antes da refeição; não atendidos, voltavam a solicitar humildemente, daí passando às súplicas. Diante da atitude firme dos atendentes, contudo, perdiam a compostura, pondo-se a esbravejar e a exigir seus direitos; depois, como não obtivessem sucesso, passavam a chorar, implorando um gole de bebida e apresentando os sintomas habituais nesses casos: mãos trêmulas, calafrios, olhos injetados, boca seca, respiração ofegante, suor abundante. Tivemos casos em que os viciados atacaram o carrinho da enfermagem, esperando encontrar álcool entre as substâncias utilizadas para curativos para poderem saciar a sede.

Entretanto, os casos mais graves que tivemos oportunidade de presenciar ocorreram com pessoas viciadas em entorpecentes. Até então, eu jamais havia pensado que esse problema fosse tão grave.

Durante e após a Primeira Grande Guerra (1914-1918), o ópio, substância já conhecida no Oriente há mais de 5000 anos, foi intensamente utilizado para amenizar a dor de soldados feridos em combate, os quais, pela gravidade de seus ferimentos, eram atendidos em hospitais de campanha. Quando ocorria a falência orgânica, aportavam no mundo espiritual completamente dementados, incapazes de suportar a carência da substância entorpecente.

Importante esclarecer que, para estarem recolhidos à nossa unidade hospitalar, certamente suas condições eram melhores do que antes, quando perambulavam pelo umbral inferior ou pela crosta planetária buscando criaturas que estivessem na mesma faixa vibratória, a fim de saciar suas necessidades. Com certeza candidataram-se à melhoria de atitudes, exaustos da vida de degradação e sofrimento que levavam; haviam suplicado pelo socorro divino, que receberam por meio do amparo generoso de familiares e amigos espirituais.

No entanto, entre a intenção e a concretização de seus desejos, há grande distância. Muitas vezes, as boas disposições que assumiram ao perceber que não podiam prosseguir nessa precária situação, que tinham de sair do fundo do poço, não se mantêm nos momentos de crise, de desespero, quando a dependência – que é orgânica, emocional e espiritual – se impõe, exigindo urgência na satisfação das necessidades.

A desintoxicação é uma fase extremamente dolorosa, em que os amigos espirituais procuram ajudar com passes, terapias e substâncias calmantes. Os dependentes, tratados com muito amor por médicos, enfermeiros e terapeutas, permanecem em áreas de isolamento para não perturbarem os demais albergados. A presença desses irmãos, pela toxidade de suas vibrações, profundamente deletérias, pode comprometer e atingir outros internos.

Em relação ao sexo, tivemos oportunidade de acompanhar em nosso hospital casos extremamente dolorosos de pessoas que abusaram das potencialidades genésicas. Chegam às nossas instalações sofrendo torturas inconcebíveis pelo uso descontrolado do sexo, pelas aberrações praticadas em nome do prazer, pelas degradações cometidas contra o próprio arcabouço de carne ou contra outras pessoas, parceiros que igualmente degradaram levando à abjeção dos costumes. Dependendo de cada caso, mostram-se impacientes, aflitos, incapazes de conter seus desejos; inúmeros apresentam deformidades nos órgãos genitais, como feridas, aumento excessivo; outros trazem os órgãos de procriação repletos de larvas, pequenos monstros escuros e vorazes que lhes causam inaudito sofrimento; muitos chegam sangrando, sem os órgãos sexuais, como se eles tivessem sido violentamente decepados, em virtude de atos praticados por essas mentes doentias contra o próximo, e que, pela impregnação do perispírito, uma vez que a consciência culpada não lhes concede paz, apresentam-se sofrendo o que fizeram outros sofrer.

Essas e outras distonias faziam parte do nosso universo naquelas enfermarias, onde pudemos comprovar quanto mal podemos praticar contra nós mesmos. Eram irmãos nossos que fizeram do sexo a preocupação máxima, atravessando a existência em busca do prazer puramente animal, utilizando o corpo apenas da cintura para baixo, jamais procurando pautar seus atos em valores éticos nobilitantes, ou buscando a mentalização superior que lhes daria uma condição melhor de vida, pela proximidade que passariam a ter com os amigos espirituais, certamente preocupados em ajudá-los. Profundamente infelizes, merecem nossa compaixão e nossa ajuda, como os demais. Apenas quando entenderem que o sexo deve ser considerado como força criadora de energias a serviço do bem, poderão fruir dele de forma benéfica, elevando-o à condição de expressão do amor.

Somente o tempo, paciente e generoso amigo, poderá aliviar esses irmãos das distorções e dos sofrimentos que experimentam, pela eliminação lenta e gradual dos resquícios que ficaram – seja em virtude da droga, do álcool, do tabaco, seja do jogo, do sexo desvairado ou de outras fixações mentais –, restaurando-lhes o equilíbrio por meio da reeducação dentro dos padrões evangélicos, ao qual deverá ser acrescentada uma boa dose de vontade de lutar e de vencer o vício. Somente a conscientização do enfermo fará com que se liberte definitivamente das viciações, iniciando uma vida nova no Além-túmulo.

Mais tarde, essas criaturas serão preparadas para retornarem em novas encarnações, existências essas que serão difíceis, visto que renascerão trazendo as marcas do passado, para reparar as lesões causadas no perispírito. Por muitos séculos, sofrerão pelo mau uso do livre-arbítrio. Se souberem enfrentar as dificuldades, os obstáculos, as dores e os sofrimentos com resignação e paciência, com coragem e boa vontade, estarão a caminho da regeneração; recuperados os corpos espirituais, terão ainda de trabalhar a benefício de todos aqueles que desviaram do caminho do dever, que lançaram na degradação dos costumes, que contaminaram com seus desatinos. Enfim, libertos das amarras que os mantinham presos aos aviltamentos do pretérito, irão se candidatar a maior dose de bem-estar, conscientes de que os prazeres do vício são ilusórios e passageiros, e que somente o respeito a si mesmo e aos outros lhes dará melhores condições de vida. Que somente o amor, no verdadeiro e sublime sentido da palavra, lhes trará equilíbrio e paz, permitindo-lhes construir uma vida melhor e possibilitando-lhes fruir maior dose de felicidade no futuro.

Devo dizer-lhes que, a princípio, somente tive contato com os doentes das enfermarias comuns. Minhas condições espirituais não permitiam outra coisa. Mais tarde, com o aprendizado e a experiência, foi-me dada a oportunidade de trabalhar com esses outros enfermos, de categorias especiais, que exigiam maior qualificação do atendente e que eram mantidos em áreas isoladas.

Experimentei especial afinidade com jogadores e sexólatras, uma vez que, também eu, quando encarnado e jovem, tive forte queda para esses vícios. Deixei inclusive, em texto grafado para a posteridade, que precisava lutar contra minhas três paixões diabólicas: o jogo, a sensualidade e a vaidade. A paixão pelo jogo levou-me quase à ruína; a sensualidade fez-me enfermar, sendo obrigado a submeter-me a sérios tratamentos para vencer as doenças venéreas.

Quanto à inclinação ao jogo, consegui vencer; já a sensualidade e a vaidade, confesso humildemente: lutei contra elas por toda a minha vida.

Aprendi bastante com essas experiências no Além-túmulo, ampliando-se em muito o meu campo de visão, pois me tornei mais compassivo e paciente, tolerante e compreensivo perante os sofredores, quaisquer que fossem. Era com profunda piedade que me acercava de cada um deles, orando com eles e buscando o amparo superior para ajudá-los a vencer suas crises.

Dessa forma, pude melhor entender as deficiências dos irmãos infelizes que ali estavam, após terem se entregado às suas paixões e se deixado vencer por elas, a ponto de regressarem ao mundo espiritual em condições extremamente deploráveis, catalogados como suicidas inconscientes.

Mas a misericordiosa mão do Cristo se espalma sobre todos os doentes, levantando os caídos e dando-lhes oportunidade de crescimento e de aprendizado, quando terão condições de vencer a si mesmos e de reparar o mal que fizeram, na concretização da amorosa solicitude do Mestre ao afirmar que nenhuma das ovelhas que o Pai lhe confiou se perderá.

22

O retorno de um grande amigo

"A idéia clara e precisa que se faz da vida futura dá uma fé inabalável no futuro, e essa fé tem enormes conseqüências sobre a moralização dos homens, uma vez que muda completamente o ponto de vista sob o qual encaram a vida terrena. *Para aquele que se coloca, pelo pensamento, na vida espiritual, que é infinita, a vida corporal não é mais do que uma passagem, uma curta permanência em um país ingrato."*

(*O Evangelho Segundo o Espiritismo*, Allan Kardec, cap. II, item 5)

QUANDO O AMBIENTE SERENOU após a Primeira Grande Guerra, Bóris e eu recomeçamos nossas atividades com o querido amigo Gandhi. Acompanhamos seus esforços a favor da não-violência, enquanto ele se posicionava contra o todo-poderoso Império Britânico. Estávamos a seu lado por ocasião da campanha dos indianos pela liberdade, muito justa, e que se constituía no direito de retirarem do mar o sal indispensável à manutenção da vida, sem serem obrigados a comprá-lo por um valor extorsivo do governo britânico, ao qual já pagavam pesados impostos.

Com muita emoção os acompanhamos, quando nossas atividades permitiam, em parte da caminhada até o mar, que durou vinte e cinco dias, sabendo que encontrariam repressão violenta. Quando os primeiros ataques dos ingleses começaram, diante da resistência dos valentes nativos, um hausto de entusiasmo e de admiração inundou todos os corações. A cada homem que caía ferido pelos chicotes, outro lhe tomava o lugar. Logo, a praia estava ensangüentada, e dos indianos, exaustos, muitos tinham os braços e pernas fraturados, outros feridos gravemente.

Sem pretender menosprezar a coragem que demonstraram, foram os valentes homens sustentados por enormes falanges espirituais. As equipes do Mais Além que ali se congregavam não eram compostas apenas de indianos, seus parentes, amigos, simpatizantes da causa e vultos notáveis da história da própria Índia, que apoiavam a atitude de Gandhi e de seus destemidos seguidores a benefício de toda a população. Participavam da marcha espíritos de todas as etnias e nações – inclusive ingleses –, que, informados da atitude heróica do Mahatma, ali estavam para apoiá-los e dar-lhes sustentação, amparando-os com suas vibrações.

As emanações do Alto envolvendo esse acontecimento foram tão eficazes que dezenas de milhares de pessoas encarnadas vieram de todos os lados até o mar, aliando-se à idéia e fortalecendo o pequeno grupo que tinha partido rumo à orla marítima, constituído a princípio de menos de uma centena de indianos.

Era um espetáculo magnífico de ver! A infinidade de espíritos presentes no local se dividiu, aproximando-se de cada um dos valentes indianos, e, abraçando-os, exortava-os a perseverarem na luta, falando-lhes aos coração e à mente, insuflando-lhes confiança e coragem. Então, o que se viu foi algo surpreendente e inusitado. Assim amparados, aqueles homens de olhos tristes, pálidos, esqueléticos, mal vestidos e famintos, transformaram-se à nossa vista, passando a demonstrar uma força, uma resistência que parecia impossível, armando-se de energia para vencer seus opositores, numa resistência pacífica. No semblante deles brilhava uma nova luz, refletindo a vontade e a determinação de cumprir o objetivo que almejavam.

O ambiente material era triste e sangrento, coroado de prepotência, arrogância e agressividade. Espiritualmente, no entanto, a atmosfera inundava-se de intensa claridade que fluía das esferas superiores, envolvendo todas as vítimas em emanações de paz.

Nosso coração exultava de amor e admiração por aqueles valentes homens. De modo particular, eu, que sempre fora avesso à prepotência e à tirania, que sempre defendera os mais humildes e indefesos, senti-me gratificado interiormente. Lamentava, evidentemente, a posição arbitrária do Império Britânico, rogando ao Cristo que amparasse aquele povo sofrido e faminto da Índia, mas também que abrisse os olhos dos irmãos ingleses, que, já imensamente ricos e possuindo um grande império, não necessitavam causar tanto sofrimento aos povos mais fracos. Digo isso porque era de conhecimento público mundial que não apenas os indianos sofriam com a ganância e a prepotência dos britânicos, mas também uma grande quantidade de domínios espalhados pelos cinco continentes.

O resultado dessa operação não poderia ser outro: Gandhi e milhares de companheiros foram presos, e muitos morreram na prisão em virtude de ferimentos não tratados.

Gandhi, porém, tinha alcançado um objetivo maior, uma vez que conseguira despertar a atenção mundial para a Índia. No exterior, o farto noticiário alcançou ampla repercussão, provocando a rejeição do mundo inteiro contra a atitude tirânica do governo britânico, com graves implicações nas relações internacionais, o que obrigou os ingleses a estudar o assunto e a rever seu posicionamento.

Gandhi continuou lutando sem cessar pela liberdade dos indianos, pela igualdade e pelo respeito entre as classes e as castas, problema dos mais sérios na Índia, porquanto se tratava de uma concepção religiosa, mais do que civil. Não desejava ver sua pátria livre dos imperialistas britânicos para vê-la escrava de um jugo nacional. A casta dos párias ou "intocáveis", chamada impura, não tinha direito algum na Índia, sendo considerada mesmo como raça subumana.

Para entender o posicionamento de Gandhi, é necessário buscar as raízes do comportamento do povo indiano. Diferentemente do preconceito social ou racial praticado no Ocidente, inclusive com a escravização dos negros oriundos da África, a divisão em castas existente na Índia tem a ver com a noção de reencarnação ou vidas sucessivas cultuada pelo povo, ou seja, se alguém nasce numa raça inferior, como a dos "intocáveis", está cumprindo um *carma*; como sua aura é considerada inferior, essa pessoa só pode renascer numa família de párias. Dessa forma, ser um pária significa pertencer a uma outra categoria de criaturas.

Assim, eles consideram que representa um dever de consciência a segregação dessa casta, um dever religioso, não podendo alguém das outras classes ou castas ter qualquer contato com os "imundos", para também não se contaminar.

Gandhi demonstra a grandeza da sua alma não admitindo essa segregação, preconceito que considera inaceitável para qualquer ser humano, uma vez que considera como seus irmãos todos os homens.

O posicionamento de Gandhi a favor dos párias representou um sacrilégio para os religiosos do país, pois estava rompendo com princípios milenares. Mohandas, porém, continuou com sua luta, e, mostrando a firmeza e a tenacidade de suas idéias, bem como a sinceridade e a coerência de suas intenções, mudou-se para o bairro dos impuros, onde permaneceu por alguns anos, inclusive adotando como filha uma menina de família pária.

Seus esforços a favor da independência do país prosseguiram sem tréguas, entremeados de jejuns, prisões e conflitos com os ingleses. Dedicou anos de sua vida especialmente para conseguir a harmonia dentro da própria Índia, visto que duas das maiores facções não se entendiam: os muçulmanos, que ocupavam a maior parte do território do Paquistão, e os hindus, separados por ódios violentos e inimizades arraigadas.

Em sua defesa pela independência da Índia, angustiava-se ao pensar que poderia até conseguir libertar seu país da tirania inglesa, mas não conseguiria a pacificação entre esses dois grupos.

A seu lado, Bóris e eu nos mantínhamos fiéis cooperadores de sua tarefa, juntamente com muitos outros que faziam parte da sua equipe espiritual, laborando a favor de todo um povo.

Afinado com suas idéias, dei o melhor de mim a serviço do bem e do próximo.

※ ※ ※

No entanto, nova guerra estourou, ocasionando conflitos e combates entre as nações do globo. Entre 1939 e 1945, o horror da Segunda Grande Guerra assombrou as populações com sua violência indescritível.

Novamente fomos chamados a colaborar com as populações dos países que estavam em guerra, auxiliando, tanto quanto possível, na manutenção do equilíbrio e da paz.

Cenas terríveis – que se julgava terem sido extirpadas da sociedade e impossível de ocorrer em pleno século vinte, depois dos flagelos da Primeira Grande Guerra – mostraram que a espécie humana ainda pouco havia progredido. O morticínio de judeus e de outras etnias ainda era desconhecido pelas nações do mundo e já nos horrorizávamos perante os dramas que aquelas criaturas vivenciavam.

Conquanto informados dos graves acontecimentos, os países assistiram, impassíveis, ao extermínio de uma etnia. Para culminar, os ataques às cidades japonesas de Hiroshima e Nagasaki mostraram ao mundo o potencial atômico dos Estados Unidos da América, numa devastação sem precedentes na história, cujos comprometimentos se estenderão pelos séculos futuros, pela Lei de Causa e Efeito, gerando dores e sofrimentos inimagináveis aos seus causadores.

Se assim podemos considerar, se algum benefício houve de todo esse prejuízo causado à população japonesa é que as explosões atômicas provocaram o fim da guerra, com a rendição do Japão. As dores e os sofrimentos superlativos de um povo – conseqüência do mais terrível flagelo já vivenciado por seres humanos – ficarão para sempre registrados na história, marcando o início da era atômica.

Como nada acontece por acaso, o mal provocado pelos homens representa etapas necessárias de progresso, uma vez que propicia reflexões em torno da dor e do sofrimento, da destruição e da morte. O prejuízo que causamos a outrem no passado ressurge hoje exigindo reparação, e o mal que gerarmos contra o próximo na atualidade será dívida que enfrentaremos no futuro. Dessa forma, o ser humano vai crescendo e se aprimorando sem cessar, em etapas dolorosas, porém inevitáveis, objetivo maior da ascensão moral e espiritual. Assim, vamos agregando valores e compreendendo que todo mal que produzimos é carga que recai sobre nossos próprios ombros.

⨳ ⨳ ⨳

Gandhi continuava sua missão de pacificar seus irmãos indianos. Esgotou-se no afã de convencer hindus e muçulmanos a viver em paz. Passava noites percorrendo aldeias, conversando e explicando exaustivamente a necessidade de se entenderem a benefício comum. Muitas vezes, Bóris e eu o acompanhamos nessas romagens noturnas, sustentando-o para que não caísse no chão, tal o seu enfraquecimento orgânico. O espírito era forte e imbatível, porém o veículo corpóreo estava debilitado e à beira da exaustão.

No Invisível, envidávamos todos os esforços para auxiliá-lo nessa missão. Durante o repouso noturno, a equipe espiritual fazia reuniões, congregando muçulmanos e hindus. Tentava chamá-los à razão, objetivando promover um acordo de paz para facilitar o ambiente na esfera carnal. Tudo em vão, porém. Ambas as facções mostravam-se igualmente inacessíveis às sugestões de um entendimento pacífico.

À meia-noite do dia 14 para 15 de agosto de 1947, em Nova Délhi, o último governador britânico, Mr. Mountbatten, proclamou a independência da Índia.

Nesse dia memorável, que representava o trabalho de toda uma vida, Mohandas Gandhi não estava presente. Encontrava-se bem distante de Nova Délhi, em viagem pela Índia, tentando pacificar os muçulmanos do Paquistão e construindo casas para os pobres. Em virtude das dificuldades de comunicação, somente bem depois as notícias da proclamação de independência do seu país chegaram até ele.

Esse acontecimento notável representa um marco na história da humanidade. Era a primeira vez que um país de centenas de milhões de habitantes era libertado de forma pacífica, sem guerra, sem combates armados e sem derramamento de sangue.

Conquanto no plano material Gandhi ignorasse a importante vitória alcançada contra o imperialismo, na esfera espiritual recebeu a notícia, em desprendimento pelo sono, e comemoramos o grande acontecimento, agradecendo a Deus o amparo recebido na concretização desse nobre objetivo. Em meio à alegria, contudo, lágrimas banharam seu rosto, por não ter conseguido resolver o problema da união entre hindus e muçulmanos.

A separação entre a Índia e o Paquistão tinha sido inevitável. O território habitado por cerca de cinqüenta milhões de muçulmanos desmembrou-se da Índia tornando-se Paquistão, país livre e independente.

Lamentavelmente, porém, a proclamação da independência dos dois países não resolveu a questão, visto que pouco depois do fato histórico os conflitos recomeçaram. Gandhi tornou a percorrer os dois países tentando a pacificação, contudo os ânimos estavam excessivamente exacerbados e os combates eram sangrentos.

Em janeiro de 1948, quase com oitenta anos de idade, Gandhi resolveu lançar mão de mais um jejum pela paz e harmonia entre os dois povos. O Mahatma, emagrecido e esquelético, quase sem condições de vida orgânica, ainda tinha energias suficientes para dialogar todos os dias ao entardecer, durante as atividades religiosas, em busca de um acordo de paz.

No Mais Além, sabíamos que o grande missionário estava chegando ao limite de suas forças e que sua energia vital estava para extinguir-se. A pedido dele, inclusive, seu prazo aqui na Terra tinha sido prorrogado. Amigos abnegados e espíritos de elevada hierarquia ali permaneciam conosco, sustentando-o vibratoriamente para que pudesse concluir sua missão.

Incansável, ele continuava trabalhando a benefício de todos, conquanto sem ser entendido por muitos dos seus próprios irmãos hindus, que o consideravam traidor da pátria, protetor dos inimigos, por ter cedido território da Índia aos muçulmanos e constituído o Paquistão, país independente. Um grupo de conspiradores surgiu, considerando Gandhi o inimigo número um da pátria.

No dia 30 de janeiro de 1948, cerca de cinco horas da tarde, dirigia-se Gandhi para o local de orações, amparado por dois de seus seguidores, uma vez que estava tão fraco e debilitado que não conseguia andar sozinho.

A seu lado, acompanhávamos com preocupação o trajeto, pois sabíamos o que estava para acontecer. Tentamos evitar, mentalmente sugerir ponderação ao hindu Godse, fanático religioso e inconformado com a atuação de Gandhi.

Sensível e intuitivo, o grande missionário sabia que seu tempo tinha chegado ao fim, e estava tranqüilo.

O chefe de polícia, que receava um novo atentado (dias antes uma bomba tinha explodido bem próximo do local onde Mohandas estava), seguia próximo a ele, levando uma pasta fechada. Gandhi perguntou-lhe o que levava naquela pasta. Como o amigo não respondesse, ele considerou com um sorriso triste:

– Já sei. Uma arma de fogo para me defender... Enquanto uns ainda devem matar para defender os outros, eu não cumpri ainda a minha missão. Morram milhares como eu, mas triunfe a verdade.

Ao passar por Nathuram Vinayak Godse, Gandhi saudou-o à moda hindu, juntando a palma das mãos à altura do peito e inclinando a cabeça em sinal de respeito e amizade. Godse retribuiu o cumprimento e, sacando o revólver que segurava no bolso, desfechou diversos tiros em Gandhi, que tombou, diante da perplexidade dos assistentes, murmurando: Rama, Rama... (que significa Deus para os hindus). Um amigo abaixou-se, inclinando-se para ele e ainda entendeu sua súplica, dita com voz quase inaudível, para que não prendessem Godse, autor do atentado. Em seguida, desencarnou.

Acompanhamos sua libertação da vestimenta carnal com júbilo. Era um trabalhador que retornava à verdadeira vida, tendo cumprido com louvor sua tarefa. O ambiente espiritual era de grande alegria. Imensidão de entidades ali estava para recebê-lo após a grande passagem, dando-lhe as boas-vindas.

Espírito lúcido e de grande elevação, abrindo os olhos imediatamente nos viu a seu lado. Abraçou-nos, cumprimentando alguns dos amigos que ali estavam mais próximos e recebendo as homenagens de todos. Um coro celestial de vozes infantis entoava hinos cristãos, aqueles que ele mais amava quando encarnado.

Era um dos grandes colaboradores do Cristo que retornava à pátria espiritual, um dos companheiros da primeira hora, que aceitara a tarefa de pacificar seus irmãos e trabalhar pela terra que amava, em virtude de ter renascido nela algumas vezes.

Essa a razão pela qual Mohandas Karamchand Gandhi tinha tanta ligação com Jesus de Nazaré, devotando-lhe amor incondicional, apesar de ser hindu. Admirava o Evangelho do Cristo e não entendia por que os cristãos agiam de forma contrária aos sagrados ensinamentos do seu Mestre.

Como Jesus – guardadas as proporções de elevação existente entre eles –, Gandhi também preferiu morrer, imolando-se ante a multidão para servir de exemplo, de modo que a comoção da sua morte pudesse causar o impacto necessário e servisse de traço de união entre os adversários tão queridos ao seu coração.

Gandhi partiu da Terra após ter sido atingido pela arma de um irmão hindu que ele tanto amava – não por um muçulmano –, e esse fato iria servir de reflexão para todos os envolvidos.

Continuamos grandes amigos e nos encontramos muitas vezes, embora nossas atividades sejam exercidas em locais diferentes.

A preocupação com a não-resistência ao mal continua norteando nosso espírito, e a concretização da paz no mundo, ideologia que sempre defendemos, irmana-nos e aproxima cada vez mais na execução do nobre labor do bem.

23

Respeito à vida

"Deus deu a todos os homens os meios de conhecer Sua lei?"
"Todos podem conhecê-la, mas nem todos a compreendem; os que a compreendem melhor são os homens de bem e os que procuram pesquisá-la; entretanto, todos a compreenderão um dia, porque é preciso que o progresso se realize."
(*O Livro dos Espíritos*, Allan Kardec, questão 619)

O TRABALHO INCESSANTE, e não raro exaustivo, constitui-se numa verdadeira bênção para todos nós, habitantes da espiritualidade, necessitados de aprendizado, elevação moral e maturidade. Com o passar dos anos, a experiência e os conhecimentos adquiridos levam-nos naturalmente a assumir novas responsabilidades.

No meu caso, em virtude da visão social e humanitária que desenvolvi em minha última jornada terrena – conseqüência das inúmeras experiências através do tempo e do progresso realizado como ser imortal –, desloquei-me no espaço cósmico para atender às necessidades de grupos em dificuldades.

Integrando uma equipe de generosos benfeitores espirituais, vimos criaturas sofridas e famintas que fariam os mujiques da minha saudosa e sempre lembrada Rússia serem considerados seres abastados; vimos nações espezinhadas pela tirania de uns poucos; deparamos com tribos constituídas de criaturas puras e simples, gentis e fraternas, contaminadas pelo fel do ressentimento contra seus opressores, líderes desumanos, violentos e ambiciosos; encontramos milhões de criaturas que, pelo arbítrio e interesses mesquinhos de grupos étnicos, foram expulsas de seus lares, morrendo à mingua de água, de comida, de agasalho, de um teto onde se abrigar, durante estações invernais com a temperatura vários graus abaixo de zero.

Utilizávamos, então, os recursos que nos eram permitidos pela solidariedade cristã para amenizar seus problemas. Mas não somente aos pequeninos levávamos amparo. Tentávamos também estender essa ajuda, de maneira mais eficiente e profícua, aos gabinetes dos poderosos, dos tiranos, dos opressores. Através de emissões mentais, sugeríamos ponderação, reflexão e racionalidade em torno de suas decisões, na tentativa de evitar que mais se comprometessem perante a justiça divina, causando prejuízos ainda maiores a populações indefesas e sofridas.

A preocupação com o planeta, como um todo, fez-nos ir ao encontro daqueles que se esforçavam aqui na Terra para preservar o meio ambiente.

Olhando do espaço cósmico, ao nos aproximarmos da crosta planetária, numa visão mais abrangente, nossa equipe se comove diante da devastação das florestas pelas queimadas inconseqüentes ou pela extração abusiva e desordenada da madeira com objetivos comerciais; pela contaminação das águas dos rios por substâncias tóxicas ou por detritos, impedindo a proliferação da vida em seu leito; pela poluição de nascentes, antes puras e cristalinas, causada pela mão do homem, que não sabe preservar os mananciais que lhe sustentam a vida; pela própria atmosfera que, nas grandes metrópoles, apresenta-se coberta por nuvens espessas e tóxicas, em nome de um desenvolvimento tecnológico que privilegia o mercado econômico em detrimento dos seres humanos, seus habitantes, que acabam por contrair doenças respiratórias, cardiovasculares, digestivas, hepáticas, renais, de pele, e muito mais, comprometendo todo o organismo, além de enfermidades alérgicas de etiologia complicada e exótica, que causam perplexidade até aos profissionais da medicina.

A piedade nos leva a evitar os massacres de nossos irmãos menores em evolução, os animais indefesos que se entregam confiantes aos homens, que os dizimam por prazer ou cobiça. Muitas vezes, quando não os exterminam, mantêm-nos em cativeiro para ser vendidos por alto preço no mercado negro, indo enfeitar parques de luxuosas mansões. Conforme a espécie, são comercializados para aproveitamento da pele, que alcança valores exorbitantes no comércio ilusório das vaidades; após o que, são destruídos. De outras, os torturam por esporte, matando-os em seguida com requintes de crueldade ao se sentirem cansados do jogo bárbaro e deprimente.

Movidos pela compaixão, lançamos-nos no amparo a esses seres que Deus criou para o progresso. Todos os entes vivos representam fases da evolução do princípio inteligente no planeta e, como tais, precisam ser respeitados.

Nesse trabalho, entrei em contato com entidades de grande elevação, responsáveis pela manutenção das florestas, dos rios, dos mares e dos oceanos. Elas comandam imensas falanges espirituais que lhes são subordinadas na execução dessas nobres tarefas. Essas criaturas, devotadas à natureza e ao próximo, encontram-se em todas as faixas evolutivas.

O que mais me surpreendeu foi encontrar seres que habitam as florestas, intermediários entre os animais e os homens, chamados elementais, que eu desconhecia[1].

---

1 ⋇ Kardec faz referência a esses seres conhecidos popularmente como gnomos, duendes, trasgos etc., enquadrando-os na ordem dos espíritos imperfeitos ("levianos"). Ver *O Livro dos Espíritos*, Allan Kardec, Livro II: cap. I, item 103 e cap. IX, questões 536 a 540. (N.M.)

Adriano, um dos nossos orientadores, entidade boníssima, de coração terno e olhos dúlcidos, diante da surpresa e curiosidade que não pude sopitar, esclareceu-me:

– Não se surpreenda, amigo Leon, diante desses seres que pertencem a uma categoria inferior na escala evolutiva. Deus, que é perfeição infinita, possibilitou ao princípio inteligente ampla evolução, que se estende a todos os reinos gradativamente até chegar ao reino hominal, representando estes apenas uma etapa na ascensão do ser imortal rumo à perfeição. Inferiores na escala evolutiva, eles são chamados vulgarmente de duendes, diabretes, gnomos ou trasgos.

Adriano fez uma pausa e indagou sorridente:

– Enquanto você habitou o planeta, nunca ouviu falar deles?

– Sim, certamente. Na Rússia, fala-se desses seres e contam-se histórias, muitas vezes engraçadas, sobre eles. Contudo, julgava que fizessem parte das crendices e superstições do povo ignorante! – exclamei.

– Pois como pode ver, os duendes existem.

Fitando aqueles seres de estatura baixa, entretidos ali perto logo à minha frente, perguntei:

– E como se comportam?

– São engraçados, enganadores, brincalhões, mais ou menos como você ouviu contar na Terra. Divertem-se causando pequenos aborrecimentos ou alegrias aos encarnados, conforme o grau de simpatia que a pessoa lhes desperte. Moralmente, não são bons nem maus, agem de acordo com sua vontade no momento, sem se preocupar se vão prejudicar alguém ou não. Deus criou a natureza, onde tudo tem uma razão e uma finalidade, e esses nossos irmãos não fogem à regra. Como não podem ficar soltos, entregues à própria sorte, pois iriam causar estragos e aborrecimentos aos irmãos encarnados, enganando-os e se divertindo em atormentá-los, os espíritos superiores os utilizam na execução de pequenas tarefas, geralmente nos cuidados com a natureza como um todo. Estes que aqui vê, cuidam desta floresta; são em grande número e se dividem nos afazeres com a flora, a fauna e as águas, onde prestam excelentes serviços. Como qualquer criança, inexperiente e inconseqüente, não prescindem de ser tuteladas.

– Eles decidem o que fazer?

– Normalmente não. De modo geral, apenas obedecem a ordens simples e diretas. Contudo, na atividade que desenvolvem, aprendem a solucionar pequenos problemas, ensaiando o uso do livre-arbítrio.

Muitas outras perguntas gostaria de fazer, porém estávamos ali em serviço e não poderíamos continuar conversando. Adriano alertou-me sobre a necessidade de prosseguirmos na caminhada pela mata densa.

Fôramos advertidos por vigilantes que havia um grupo de homens querendo dizimar as árvores daquele trecho da floresta com o objetivo de comercializar a madeira. Os elementais estavam inquietos e preocupados. Toda a fauna iria sofrer com o desmatamento da região.

Chegando próximo ao local onde foram vistos, pudemos perceber que se preparavam para começar a derrubada. Portando serras elétricas, escolhiam as primeiras árvores a serem abatidas. Os gnomos conversavam entre si, irritados e descontentes. O que fazer?

Preocupado, voltei-me para Adriano com uma pergunta:

– Não vamos fazer nada?

O bondoso e experiente amigo fez-me um sinal para que me tranqüilizasse e disse apenas:

– Observe.

Os gnomos estavam em círculo, abaixados, conversando. Nesse momento, um deles sugeriu alguma coisa e logo os outros começaram a rir. Em seguida, correram para um lugar e voltaram conduzindo enxames de abelhas, que pareciam obedecer-lhes a vontade. Aproximando-se dos invasores, as abelhas os atacaram furiosamente, obrigando-os a se retirar.

Os duendes comemoraram, pulando de satisfação. Não pudemos deixar de rir, respirando aliviados.

O problema estava afastado no momento, porém certamente os invasores retornariam para prosseguir em sua atividade predatória.

Adriano tranqüilizou-me, afirmando que os nossos pequenos amigos procurariam uma maneira de evitar a derrubada das árvores.

– E se não conseguirem?

– Caso não consigam impedir a devastação, o que muitas vezes acontece, a espiritualidade maior tem outros meios de convencimento para impedir tais abusos, como a sugestão mental, a conscientização utilizando o desprendimento através do sono, entre outros. Se, ainda assim, se mantiverem surdos aos rogos do Alto, devemos nos resignar, visto que a vontade do ser humano deverá ser respeitada, como uma exteriorização do livre-arbítrio. Ficarão eles sujeitos à responsabilidade oriunda dos atos praticados contra a natureza, e sofrerão as conseqüências estabelecidas pela Lei de Ação e Reação.

No caminho de retorno, passei a refletir sobre tudo o que tinha visto e ouvido, cada vez mais reverenciando a Deus, Pai Maior, pela perfeição da sua obra.

Nosso querido amigo Gandhi, sempre que possível, integra a nossa equipe, também incapaz de ver essas atrocidades sem que seu coração compassivo se enterneça, ele que tanto lutou contra a violência.

Recordo-me que, enquanto homem do mundo na última encarnação, trazia arraigado em mim esse desejo de proteger os mais fracos, homens ou animais. Julgava imperdoável a matança de bichos para a alimentação, ficando deveras incomodado com a apresentação à mesa dessas iguarias, quando porcos eram assados inteiros e servidos com uma maçã na boca; carneiros e vitelas assados ou ensopados; galinhas cozidas no próprio sangue; patês de ganso, guisados disso e daquilo.

Tudo isso me causava consternação e asco. Todavia, como membro de uma sociedade, não conseguia fugir à regra.

Lembro-me de um fato engraçado ocorrido em certa ocasião. Minha esposa Sofia, que eu chamava de Sônia, tinha viajado com as crianças para Moscou. Era início do ano e nossos filhos menores precisavam estudar. Levava os criados, necessários para os serviços domésticos com a casa na Capital e para ajudá-la com as crianças, deixando a direção da casa em Iasnaia Poliana a cargo de Tatiana e Macha. Orgulhosas, sentindo-se verdadeiras donas da casa, elas se dedicavam à limpeza e à cozinha. Dentre meus filhos, Tatiana sempre foi a mais afeiçoada a mim e a que mais me compreendia, seguindo-me os passos. Enquanto Sofia estava fora, com grande satisfação – como se estivéssemos fazendo uma traquinagem –, aproveitamos para modificar o cardápio, decidindo que não utilizaríamos carne de forma alguma, pelo menos durante aquele período.

Certo dia, recebemos o aviso de que uma cunhada viria visitar-nos. Era alguém que todos apreciávamos, especialmente as crianças. Minhas filhas estavam preocupadas, pois a querida tia se alimentava basicamente de carne – como era hábito nas famílias da melhor sociedade russa –, e a havíamos abolido de nosso cardápio! Apenas os mais pobres faziam uso de verduras e legumes, alimentando-se de couves e repolhos, nabos e batatas.

Encontrei minhas filhas Tatiana e Macha conversando, sem saber o que fazer, consternadas, uma vez que, conforme afirmaram, repugnava-lhes comer "cadáver". Acalmei-as e orientei-as para que fizessem como de costume, apenas verduras e legumes da nossa horta, e deixasse o resto por minha conta.

Conquanto preocupadas, pois não queriam desgostar a tia a quem amavam, elas seguiram minhas instruções. Algumas horas depois, a tia chegou risonha e eufórica. Era uma mulher muito bonita, cheia de vida e sempre trazia alegria à nossa casa, por isso a recebíamos com imenso prazer. À hora do jantar, ao entrarmos na sala, mantive a fisionomia impassível, enquanto elas abriram a boca, espantadas. Sobre a mesa, que minhas filhas tinham arrumado de forma impecável, ao lado do prato da visita, junto ao talher, havia uma grande faca de cozinha. No pé da cadeira reservada à tia, amarrada com uma cordinha, havia uma galinha viva que, desesperada, se debatia e arrastava a cadeira! Uma cena realmente muito engraçada.

Diante da perplexidade das três, contendo o riso, expliquei, dirigindo-me à nossa hóspede:

– Como sabemos que você gosta de comer seres vivos, nós lhe reservamos esta galinha. Como nenhum de nós tem coragem para matá-la, trouxemos para a mesa essa faca para que você mesma se incumba do ato.

Minhas filhas com dificuldade continham o riso, surpresas com a solução que eu apresentara para o problema. Minha cunhada, no início, ficou um pouco constrangida; depois, acabou por soltar uma gargalhada, reconhecendo que fora mais uma de minhas brincadeiras.

Olhando a pobre galinha, cansada de se debater, ela pediu a Tatiana e a Macha que desamarrassem a pobrezinha. Depois que elas soltaram o bichinho, serviram os pratos que tinham preparado, que, se não me engano, era composto de verduras, legumes, macarrão e frutas.

Aliviados, eu e minhas filhas trocamos um olhar de cumplicidade, enquanto a querida tia comia com satisfação o nosso jantar.

Essa foi a maneira que encontrei de não ser obrigado a comer carne por vontade de outrem naquele dia. Abolir permanentemente o uso de carne em nossa alimentação seria mais difícil. Todavia, compreende-se que, se isso não é fácil nos dias atuais, quando já existe uma conscientização maior sobre o assunto, imagine no século dezenove! Éramos encarados como criaturas do outro mundo por todos aqueles que ficavam sabendo do nosso posicionamento em relação aos animais.

Entretanto, o que mais nos angustia e enche de compaixão é a ação nociva do homem contra o próprio homem, a violência que explode em todos os lugares, a degradação dos costumes que invade os lares e deteriora a sociedade como um todo.

Nosso coração se confrange quando visitamos as favelas das grandes cidades e vemos o sofrimento de milhares de criaturas dignas e trabalhadoras, honestas e dedicadas à família, que se tornam reféns de quadrilhas, da máfia dos traficantes de drogas, que espalham armas poderosas em mãos inábeis e desequilibradas, infundindo terror, destruição e morte por todos os lugares; quando vemos famílias inteiras obrigadas a obedecer a ordens para se recolher, e ficam sem poder sair de casa, ou obrigadas a ceder diante da truculência dos criminosos.

Nosso coração igualmente se despedaça quando vemos nas ruas crianças (que deveriam estar na escola ou em casa entregues a atividades mais úteis) assaltando outras criaturas, na maioria das vezes portando uma arma de fogo, orgulhosas do seu feito, considerando-se vencedoras; quando vemos as penitenciárias repletas de seres humanos vivendo em condições indignas, por terem cometido algum delito, enquanto os verdadeiros culpados estão fora do alcance da lei, gozando uma existência de poder, luxo, ostentação e prazer.

Entretanto, aprendemos que tudo isso faz parte de um processo de crescimento do ser imortal, que, por meio das experiências reencarnatórias sempre renovadas, vai aprendendo com os próprios erros e modificando a maneira de agir, impulsionado pela Lei de Causa e Efeito, que cobra a responsabilidade de cada um e o obriga a passar pelas mesmas situações que gerou para outrem no passado, abrindo campo para a reflexão construtiva e benéfica.

No auxílio às populações terrenas, cujos problemas se avolumam cada vez mais com essa destruição abusiva e inconseqüente da natureza, espíritos de grande elevação coordenam o trabalho de conscientização dos homens.

Durante o período noturno, quando o sono propicia o desprendimento do espírito, equipes generosas e devotadas ao bem percorrem as cidades reunindo pessoas formadoras da opinião pública, suscetíveis de receber orientações do Alto, e as levam para atividades instrutivas na espiritualidade, tais como palestras, visitas a florestas, rios e cidades ameaçadas pela insensatez do homem, ocasiões em que têm oportunidade de receber conhecimentos, informações e orientações que serão aplicados no dia-a-dia.

Esse trabalho, do qual tenho a honra de participar, tem surtido grande efeito, despertando muitas consciências para a necessidade de preservação da vida.

Podemos observar isso pela quantidade de pessoas, grupos, associações, escolas, organizações civis e não-governamentais preocupados com o equilíbrio do ecossistema. Atualmente, existem grupos, como os referidos, criados especialmente com essa finalidade, o que é um avanço notável e que nos retempera as esperanças.

Aos poucos, lentamente, o homem se converterá em luminosa falena, galgando os cimos em busca da elevação espiritual e moral com o Cristo.

Gradualmente, a Terra se transformará em abençoado reduto de paz onde se poderá viver sem dores, sofrimentos, matanças, doenças, misérias; onde somente o amor há de vigorar, impulsionado pela fraternidade e solidariedade existentes no coração dos seus habitantes.

24

Gotardo

"Se há males dos quais o homem é a principal causa nesta vida, há outros que, pelo menos na aparência, lhe são completamente estranhos e parecem atingi-lo como que por fatalidade."

(*O Evangelho Segundo o Espiritismo*, Allan Kardec, cap. V, item 6)

NAS VIAGENS QUE EMPREENDEMOS no cumprimento das atividades que nos estavam afetas, no auxílio às coletividades do planeta, tive oportunidade de conhecer muita gente interessante, ouvir histórias fascinantes, relatos de vida belíssimos.

Gostaria de mencionar, todavia, uma entidade que conheci no Além, logo após minha última encarnação, a qual me aguçou sobremodo o interesse. Na ocasião, não obstante a curiosidade – uma das minhas características como escritor, sempre buscando idéias novas para pôr no papel –, foi-me impossível obter maiores informações sobre esse espírito. Eu havia sido convidado para participar de uma reunião cujas atividades preparatórias exigiam dos responsáveis da nossa esfera atenção redobrada, pela importância das experiências que se iriam realizar, baseadas na ocorrência de fenômenos mediúnicos de efeitos físicos com o objetivo de provar a existência do espírito e suas relações com o mundo material. Toda a equipe espiritual estava ocupada, e calei minhas indagações, por inoportunas, considerando a urgência das tarefas que estavam sendo executadas. Depois, não surgiu nova oportunidade de voltar ao assunto que tanto me interessava, e fiquei sem conhecer a história daquele homem como gostaria. Porém jamais o esqueci, conquanto não tivesse voltado a vê-lo.

Certa ocasião, nossa equipe se deslocava até uma cidade espiritual situada sobre uma das mais belas regiões da França. No trajeto, estava prevista uma parada em um posto de socorro localizado em região próxima da crosta terrestre, entre névoas densas e grande sofrimento.

Já que estaríamos passando pela região, agendamos previamente um encontro com alguns dirigentes de instituições, políticos, escritores, jornalistas e pessoas formadoras de opinião, todas elas personalidades de grande penetração na sociedade. A finalidade era repassar informações aos encarnados, visando a conscientizá-los da necessidade da proteção ambiental do planeta, sobremaneira agredido pela poluição em todos os níveis.

Fomos recebidos com extrema gentileza pelos servidores do posto de socorro, em especial pelo seu dirigente, Guillaume de Fèvre, personalidade simpática e que muito nos cativou por suas nobres qualidades morais e pelo extraordinário serviço prestado à instituição que ora tínhamos a honra de visitar.

Era quase noite, e a pouca claridade que ainda existia desapareceu, sendo substituída por luzes artificiais, pois a região se mantinha sempre em meio a névoas densas; não havia nítida distinção entre dia e noite, visto que o sol ali não conseguia penetrar. Chegamos e fomos acomodados em instalações simples, porém acolhedoras. Tínhamos algumas horas, que foram utilizadas em visita à instituição, já que a reunião estava marcada para as primeiras horas da manhã. Imprescindível aproveitar o período de sono dos encarnados que se dispusessem a comparecer.

Logo nossos convidados começaram a chegar. Alguns, mais instruídos e conscientes, vinham sozinhos, mostrando familiaridade e segurança com esse tipo de atividade; outros chegavam acompanhados por servidores da nossa esfera, porém cientes do que estava acontecendo; outra parte mostrava alheamento total, estranhava o ambiente, examinava tudo, fazia muitos questionamentos, sem entender onde se encontrava nem as razões de estar ali; outros, enfim, não conseguiram comparecer, presos a seus interesses materiais.

Junto de Guillaume, observávamos a chegada dos visitantes, que eram encaminhados para o salão onde seria realizada a palestra. Em determinado momento, entre os servidores da instituição que amparavam os recém-chegados, notei um rosto que me atraiu a atenção. Eu conhecia aquele homem. Onde já o teria visto? Por mais que tentasse me lembrar, não consegui. Mas onde já teria visto aquele rosto, aquela expressão? Conquanto impressionado, não poderia perder tempo naquele momento. A reunião estava para começar, exigindo nossa atenção. Após as atividades, procuraria me informar.

O responsável pela reunião fez uma prece singela e tocante, solicitando as bênçãos divinas para aquele momento. A atividade prosseguiu com êxito e conseguimos transmitir nossas idéias aos encarnados, que seriam nossos porta-vozes, repassando ao mundo as informações recebidas. Para isso, utilizamos recursos especiais, telões em que, à medida que falávamos, as imagens iam sendo projetadas, para melhor fixação dos conteúdos, mostrando-lhes também as conseqüências que aqueles fatos teriam no futuro da sociedade terrena. Assim, foram os visitantes informados sobre o rompimento da camada de ozônio que recobre a Terra e dos inevitáveis males que adviriam desse fato, em virtude da inconsciência do homem. Naquela época, o assunto ainda era desconhecido na crosta planetária. Outros assuntos foram enfocados, como a devastação das florestas, a contaminação de rios e mares, a poluição das cidades, tudo isso com graves efeitos para os seres vivos e para o próprio orbe.

A reunião transcorreu de forma satisfatória. Todos receberam as informações, conquanto a assimilação fosse diferenciada entre os participantes, conforme o grau de consciência maior ou menor de que desfrutassem no aprendizado de tudo o que tinham visto e ouvido. Estávamos conscientes de que, no retorno ao corpo físico, muito se perderia. Contudo, aqueles conhecimentos ficariam latentes para aflorar numa época oportuna. As sementes tinham sido lançadas e a germinação ficaria para o futuro.

Terminada a reunião, aos poucos, os visitantes foram deixando o recinto, voltando para suas cidades e ao corpo de matéria densa. Depois, acomodamo-nos para uma conversa fraterna e amiga, trocando idéias sobre o êxito da atividade empreendida.

Era momento raro de descontração, e aproveitei para obter informações sobre o atendente que me impressionara. Guillaume ouviu-me com atenção, depois chamou o chefe do setor.

– Irineu, nosso amigo deseja conversar com um dos nossos atendentes, que estavam de serviço na recepção aos visitantes.

Com gentileza, o chefe cumprimentou-me e respondeu:

– Não há problema. Qual é o nome do servidor?

Expliquei-lhe a dificuldade. Não me recordava do nome, embora soubesse que era alguém conhecido. Ele pensou um pouco e sugeriu:

– Entendo. Não nos será difícil encontrá-lo. Se ele está de serviço, nós o acharemos. Venha comigo. Vou levá-lo às enfermarias e aos setores em que estão trabalhando.

Caminhamos pelos corredores conversando descontraidamente. Irineu explicava-me os serviços realizados, falando sobre a dificuldade de trabalhar na instituição, situada em região de vibrações pesadas e nocivas, que atendia entidades de natureza inferior, materializadas ao extremo, vinculadas aos vícios, aos prazeres do mundo, quando não, espíritos ligados a falanges das sombras, ainda agressivos, violentos e vingativos. Depois ele completou, sorridente:

– Todavia, apesar das dificuldades, do ambiente pesado, recebemos muito amparo das Altas Esferas, exatamente pelos obstáculos que enfrentamos, o que torna o trabalho gratificante aqui e muito compensador.

– Compensador, em que sentido? – indaguei curioso.

– Recebemos melhor remuneração[1], pois nossos superiores reconhecem o grau de dificuldade que enfrentamos no exercício de nossas atividades. Também sempre ganhamos prêmios, que são estágios em regiões melhores, para nos servir de estímulo e aprendizado.

Nesse momento, cruzando uma das salas, eu o vi. Coloquei a mão no ombro do chefe dos atendentes e disse:

– Irineu, a pessoa que estou procurando passou pelo corredor e entrou naquela sala. Sei que suas responsabilidades são imensas e que o tempo é curto. Por isso, agradeço-lhe a ajuda, e o libero, meu amigo, para que retorne às suas tarefas.

– Se precisar de mais alguma coisa, é só pedir. Até mais tarde.

Apressei o passo, entrando na enfermaria masculina. Caminhei por entre os leitos, examinando os atendentes em serviço ativo. Logo eu o vi. Estava debruçado sobre um dos leitos,

1 ※ Refere-se o autor à remuneração espiritual, conforme anotações existentes em uma espécie de ficha pessoal com os dados relativos ao servidor e que representam os créditos conseguidos com seu esforço na execução de serviços. André Luiz, na obra *Nosso Lar*, por intermédio da psicografia de Francisco Cândido Xavier, cita o bônus-hora, espécie de título de remuneração utilizado na cidade espiritual que dá nome ao livro, e cujo valor se modifica de acordo com a natureza das tarefas realizadas. Ler da página 115 à 125 da obra. (N.M.)

trocando a roupa do enfermo, toda suja. Não me aproximei, evitando incomodá-lo em momento de ocupação.

Quando terminou de trocar o doente, pegou a roupa suja, colocou-a num recipiente, depois se encaminhou para fora da enfermaria. Eu o segui. No corredor, interceptei seus passos. Cumprimentei-o, sorridente, e depois perguntei, para iniciar um diálogo:

– Será que nos conhecemos? Peço-lhe desculpas por abordá-lo dessa forma; todavia, sinto que o conheço, mas não me recordo de onde.

Ele sorriu de maneira melancólica.

– Durante minha vida, já estive em muitos lugares e conheci muita gente, mas não me lembro da sua pessoa. No entanto, sempre é tempo para começarmos uma amizade. Afinal, temos a eternidade diante de nós.

Depois, inclinando-se com elegância, estendeu-me a mão e apresentou-se, gentilmente:

– Gotardo, para o servir.

Naquele instante, algo se abriu em minha mente e eu me lembrei. Sim, era ele mesmo! Não tinha mais aquele aspecto medonho, sujo, a barba longa e os cabelos desgrenhados, as roupas em frangalhos e o odor nauseabundo que exalava do seu corpo. Os olhos, vermelhos como brasas, com um magnetismo todo especial e que me fitavam com ódio. Estava acorrentado, e esse fato me incomodou sobremaneira.

Eu o olhei. Parado à minha frente, seu aspecto agora era bem diverso. Era o mesmo homem de grande porte, o mesmo semblante, mas a expressão era diferente; os olhos escuros já não externavam irritação e ódio, mas serenidade e ternura; o rosto liso, a barba bem-feita, os cabelos aparados curtos, bem-cuidados, não lembrando nem de longe a cabeleira desgrenhada de antes.

– Sim, Gotardo! Ah, tinha certeza de que o conhecia! Mas me perdoe a indelicadeza. Ainda não me apresentei. Chamo-me

Leon. – disse estendendo-lhe a mão, enquanto completava: – Lembro-me de tê-lo visto certa ocasião em momento particularmente difícil.

– Deveras? – perguntou-me, interessado. – Conte-me como foi esse encontro do qual verdadeiramente não me recordo.

Dando conta, porém, do local onde estávamos, afirmei:

– Contarei. Porém não quero prejudicar suas tarefas, Gotardo.

– Não lhe cause isso preocupação, Leon. Estou terminando meu turno e podemos ir a um local mais tranqüilo.

Buscamos o jardim, onde uma aragem fresca soprava espalhando o perfume suave das flores. A claridade prateada era a de uma noite de lua cheia, porém sem lua. Sentados num banco sob uma latada de buganvílias, pusemo-nos a conversar. Contei-lhe que o encontrara numa reunião em que ele estava acorrentado e que esse fato me marcou profundamente, a ponto de nunca mais conseguir esquecê-lo.

– Sempre desejei encontrá-lo, Gotardo, saber o porquê de suas desventuras, mas o tempo passou sem que tivesse notícias. Minhas responsabilidades me direcionaram para outros lugares, fazendo com que aquele encontro ficasse esmaecido em minhas lembranças. Até que, hoje, eu o vi e tive a nítida impressão de que já o conhecia, embora não me recordasse de onde nem quando.

Com os olhos úmidos, ele considerou:

– Lembro-me desse fato que você citou. Aquele momento, em que me vi acorrentado e impotente para acabar com todos que ali estavam, como era meu desejo, foi realmente muito difícil para mim. Todavia, aquela ocasião reveste-se de extraordinária importância em meu destino, visto que representou a grande mudança em minha vida. Se estou aqui, hoje, integrado no bem, trabalhando e dedicando meu tempo aos sofredores que são abrigados nesta instituição, devo àquele dia. Não poderia mais prosseguir fazendo loucuras, comprometendo-me mais ainda comigo mesmo, com o próximo e com a justiça divina.

– Se lhe apraz, conte-me sua história, Gotardo. Não quero que pense que se trata de curiosidade vã. Não, de modo algum. Adoro ouvir histórias para, sempre que possível, transmiti-las aos encarnados, de modo que lhes sirvam de exemplo ou de alerta nas dificuldades que enfrentam, o que farei, se tiver sua permissão.

Gotardo fixou em mim os olhos nublados de lágrimas que não chegavam a cair.

– Vou contar-lhe e, se julgar que minhas experiências merecem ser divulgadas, que o sejam, para que outros não venham a passar pelo que passei, sofrendo o que sofri.

Gotardo desviou o olhar para longe, mantendo-o mergulhado no céu nevoento, talvez em busca das lembranças do passado. Depois, começou a narrar:

– Desde que me lembro, sempre fui feliz, cercado pelo amor de meus pais e dos meus irmãos. Eu era puro, inocente e amante da paz e da ordem. Cresci, e vim a conhecer uma jovem por quem me apaixonei perdidamente. Como o amor fosse recíproco, dentro de pouco tempo nos casamos perante toda a aldeia. Éramos muito ricos, donos de grande extensão de terras e possuíamos muitos haveres. Morávamos no castelo com meus pais.

Ele fez uma pausa, respirou fundo e prosseguiu, melancólico:

– Não demorou muito, toda aquela felicidade foi destruída. Meus pais ficaram doentes e morreram repentinamente, sem que se soubesse a razão. Meu irmão mais velho, Rugero, exímio cavaleiro, perdeu o controle do cavalo e caiu numa ribanceira, sendo retirado sem vida. As sombras invadiram nosso castelo, e a tristeza encheu nossa vida. Eu já não tinha ânimo para mais nada, ficando em meus aposentos a sofrer e a chorar a perda dos meus entes queridos. Descuidei-me da esposa, jovem e formosa. Certo dia, sentindo a falta de meus pais, que eu muito amava, me dirigi aos antigos aposentos que eles ocupavam e descobri que Lorena me traía com Lotar, meu irmão mais novo. Eu os encontrei no leito paterno, aos beijos e abraços. O mundo pareceu desabar sobre minha cabeça. Sem pensar, entrei no quarto gritando:

–Malditos! Traidores! Vocês merecem a forca. Lotar, meu irmão, e você, Lorena, minha esposa, os seres que mais amo neste mundo, me traíram vergonhosamente. Serão denunciados e receberão a morte.

Tremendo de medo, eles se encolhiam no leito, dizendo que eu havia me enganado, que iriam me explicar tudo, suplicando perdão. Nesse momento, senti uma pancada da cabeça e não vi mais nada. Quando acordei, estava num local escuro e sem ventilação. Bati, supliquei ajuda, arranhei minhas mãos no desespero de sair daquele lugar horrível, mas tudo em vão. Muito tempo depois, ouvi o ranger de uma portinhola e uma leve claridade inundou o local. Era um empregado da família – por certo aquele mesmo que me dera uma pancada na cabeça – que chegava trazendo um pedaço de pão e uma caneca com água. Supliquei a ele, lembrando que sempre tivéramos bom relacionamento, que me deixasse sair; iria embora e ninguém mais me veria. Ele riu na minha cara, afirmando que eu não sairia dali com vida. Fechou a portinhola. Eu tinha reconhecido o lugar com a claridade que se fizera. Estava num cômodo que meu pai reservara para adega, mas que com o tempo fora abandonado. Na verdade, era um alçapão que não tinha saída. Poderia gritar o quanto quisesse e ninguém me ouviria, porque essa parte do castelo era praticamente isolada. Não demorou muito e percebi que o pouco ar que entrava era insuficiente para manter-me a vida. Além disso, o machucado que tinha na cabeça doía-me horrivelmente, deixando-me febril e sem forças. Ali permaneci por um tempo que não sei precisar, até que um dia, quando o empregado abriu o alçapão, consegui sair. Ignorava que meu corpo já havia morrido e que estava agora na verdadeira vida. Caminhei até o castelo, encontrando os traidores, Lotar e Lorena, gozando de uma vida regalada e tranqüila. Naquela ocasião, também fiquei sabendo, ouvindo as conversas entre eles, que meus pais tinham sido envenenados, e meu irmão Rugero tivera os arreios cortados para que sofresse o acidente. Acabei encontrando meus pais e meu irmão, e fizemos um pacto de vingança contra os nossos três algozes, pois o empregado, que julgáramos fiel e devotado, na verdade fora quem cometera os crimes a mando de Lotar e de Lorena.

Gotardo fez nova pausa, enxugando as lágrimas. Depois, prosseguiu:

– Permanecemos nas sombras por longo tempo; ligamo-nos a falanges poderosas do mal e utilizamos todos os recursos para destruir nossos inimigos. Não vale a pena falar desse período em que tanto nos comprometemos. Com o passar do tempo, meus pais foram socorridos, cansados de tanto sofrer, depois foi a vez de Rugero. Eu, porém, teimava em prosseguir na luta. Até que, certa ocasião, sentindo cansaço da vida que estava levando, comecei a chorar e fui levado para aquela reunião em que você me viu. Fiquei sabendo depois que fui atendido por intercessão de minha mãe, já integrada na vida espiritual e trabalhando no bem, que nunca se esqueceu de mim, seu filho.

Emocionado, parou de falar por instantes, depois concluiu:

– Hoje, como pode ver, estou aqui prestando serviço e tentando ajudar aqueles que um dia prejudiquei. Na verdade, revendo meu prontuário, tomei ciência de que Lotar, Lorena e Bardo, o empregado, tinham ódio de nós porque, em experiência reencarnatória anterior, havíamos prejudicado a família deles. Desse modo, estávamos somente recebendo as conseqüências dos nossos erros, na aplicação da Lei de Causa e Efeito. Se tivéssemos perdoado o mal que nos fizeram naquela oportunidade, nada disso teria acontecido, seríamos mais felizes hoje e evitaríamos longos séculos de dor e sofrimento.

Gotardo calou-se. Sentia-me comovido diante da história de meu novo amigo. Com interesse, perguntei:

– Onde estão agora seus desafetos? Estão encarnados?

– Não. Estão ainda semeando o mal, vinculados a falanges poderosas e destrutivas. Não imagina porque solicitei vir prestar serviço nesta instituição? Porque aqueles que preciso socorrer estão lá fora, em meio às trevas densas – fez um gesto indicando os altos muros do posto de socorro –, e quero estar perto deles. Não desperdiço nenhuma oportunidade de ajudar, socorrer, assistir. A toda expedição que vise ao atendimento dos infelizes que pululam nessa região, sou candidato. Não vejo a hora de poder recolhê-los aqui dentro de nossos portões, de envolvê-los com carinho e suplicar-lhes perdão pelos males que lhes fiz.

– E julga que esse dia ainda vai demorar muito?

– Quem sabe? Aprendi que devemos viver um dia após o outro. Jesus nos ensinou que a cada dia basta o seu mal. Assim, trabalho e me esforço, orando sempre e suplicando a Deus que nos ajude para que consigamos nossos objetivos.

– E quando eles forem socorridos, qual será o próximo passo?

– Sei que levará muito tempo até que aceitem se reajustar às divinas leis. Por isso, preparo-me para, quando isso acontecer, retornar à Terra e recebê-los em minha família como filhos do coração. Tenho conversado com meus pais e meu irmão Rugero, e combinamos que, por amor a nossos entes queridos desencaminhados e se Deus nos permitir, voltaremos todos juntos para enfrentarmos a reparação necessária.

A história de Gotardo comovera-me até as lágrimas. Bendito seja o Senhor, que nos permite reparar com amor os erros cometidos. Que, diante do arrependimento, não cerra as portas ao criminoso, e lhe dá quantas oportunidades forem precisas para regenerar-se perante si mesmo e perante o próximo, caminhando para o progresso.

Nunca mais perdi contato com Gotardo. Sempre que possível, nos encontramos, e tenho acompanhado o desenrolar dos fatos que envolvem sua história. Em outra ocasião, anos depois, com imensa alegria ele me levou para conhecer Lorena, sua antiga esposa, que estava recolhida em uma das enfermarias da instituição. Ainda inconsciente, tresloucada, ela se mantinha no próprio mundo interior, sem contato com a realidade. Gotardo, porém, não continha sua felicidade por tê-la ali, sob seus cuidados. Demonstrava tanta ternura, tanto devotamento no trato com aquela mulher, que parecia um trapo, cujo aspecto era horrível, mas na qual ele via a bela jovem que conhecera e que amara um dia.

O amor é assim. Quando realmente existe esse sentimento sublime, nada mais importa, tudo atinge uma conotação especial e única. O ser mais tenebroso pode tornar-se o mais belo aos olhos de quem ama, porque é sentimento da alma.

25

Amor aos inimigos

"Amai os vossos inimigos, fazei o bem aos que vos odeiam e orai pelos que vos perseguem e caluniam..."
JESUS (MATEUS, 5:44)

DENTRE OS ENSINAMENTOS evangélicos, um dos que mais me impressionaram se refere à passagem em que o Cristo fala sobre a necessidade do amor ao próximo.

"Ouvistes que foi dito: Amarás o teu próximo, e odiarás o teu inimigo. Eu, porém, vos digo: Amai os vossos inimigos, fazei o bem aos que vos odeiam e orai pelos que vos perseguem e caluniam, para que vos torneis filhos de vosso Pai celeste, porque ele faz nascer o seu sol sobre bons e maus, e vir chuva sobre justos e injustos. Porque se não amardes senão aos que vos amam, que recompensa tereis? Não fazem os publicanos também o mesmo? E se saudardes somente os vossos irmãos, que fazeis de mais? Não fazem os gentios também o mesmo? Portanto, sede vós perfeitos como perfeito é o vosso Pai celeste"[1].

1 ⋇ Mateus, 5:43 a 48. (N.M.)

Um pouco antes, Jesus afirmara: "Porque vos digo que, se a vossa justiça não exceder em muito a dos escribas e fariseus, jamais entrareis no reino dos céus"[2].

O Cristo deixa claro que não basta amarmos aos nossos familiares, irmãos, amigos, companheiros e todos os que tenham afinidade conosco. Fala sobre a importância de estendermos esse amor aos inimigos, para sermos reconhecidos como seus seguidores, uma vez que a conduta do cristão deve ser diferente da conduta dos demais. Amar aos que nos amam faz parte dos deveres de todo ser humano, e o cristão nada faz de extraordinário com isso. Não fazem os publicanos também o mesmo?

Qualquer pessoa, mesmo o pior criminoso, sente afeto pela sua família e protege seus amigos, dedicando-lhes fraternal amizade. Seríamos nós moralmente inferiores a eles? Assim, nossas atitudes devem sempre refletir os ideais que esposamos. Se nos dizemos cristãos, não podemos agir de maneira contrária aos ensinamentos de nosso Mestre.

Sábio por excelência, o Cristo tinha visão muito além das nossas possibilidades, conhecendo em profundidade as matrizes de todos os problemas e dos males que afligem o ser humano. Quando nos fala do amor aos inimigos, é porque reconhece tal conduta como imprescindível à nossa felicidade futura, por ser geradora de harmonia e paz, de fraternidade e solidariedade em nossa vida, dissolvendo emanações de ressentimento e ódio e aproximando-nos daqueles com os quais precisamos nos reajustar.

Como seres em contínua ascensão, através do tempo muito temos errado, causando prejuízos a outrem, comprometendo-nos perante o próximo, perante nós mesmos e perante Deus.

Esses relacionamentos conflituosos nos causam grandes sofrimentos, uma vez que aqueles que se consideram nossos

---

2 ⨳ Mateus, 5:20. (N.M.)

adversários, rivais ou inimigos, não nos perdoam e porfiam por vingança. Nessa espiral evolutiva, sempre aquele que está em situação de vantagem vinga-se do outro que o fez sofrer; depois as posições se invertem, mas o ódio continua o mesmo, gerando uma bola de neve que tende sempre a aumentar.

A única maneira de solucionar o problema, liberando dos sofrimentos e proporcionando paz aos contendores, é o exercício do perdão. Se um dos envolvidos consegue perdoar, sai dessa roda-viva deprimente e degradante, e alcança nível vibratório mais elevado, libertando-se da imantação que os jungia um ao outro.

Graves problemas obsessivos ocorrem, não apenas no mundo material, prosseguindo suas implicações também no mundo espiritual, pela incapacidade das partes de perdoar. Não raro, nesses desentendimentos que se arrastam por séculos consecutivos, os adversários se procuram e se agridem, e cada nova ofensa ou agressão só faz aumentar o ódio e a revolta que sentem um pelo outro.

Sem a chave das vidas sucessivas, como entender as palavras do Cristo? No Evangelho, Jesus aborda o tema da reencarnação no diálogo que teve com Nicodemos, que se reveste de grande clareza:

"Havia entre os fariseus um homem chamado Nicodemos, um dos principais dos judeus. Este, de noite, foi ter com Jesus e lhe disse: Rabi, sabemos que és Mestre vindo da parte de Deus; porque ninguém pode fazer esses sinais que tu fazes, se Deus não estiver com ele. A isso respondeu Jesus: Em verdade, em verdade te digo que se alguém não nascer de novo não pode ver o reino de Deus. Perguntou-lhe Nicodemos: Como pode um homem nascer, sendo velho? Pode, porventura, voltar ao ventre materno e nascer segunda vez? Respondeu Jesus: Em verdade, em verdade te digo: Quem não renascer da água e do Espírito não pode entrar no reino de Deus. O que é nascido da carne é carne; o que é nascido do Espírito é espírito. Não te admires de eu te dizer: Importa-vos nascer de novo. O vento sopra onde quer, ouves a sua voz, mas não sabes donde vem, nem para onde vai; assim é todo o que é nascido do Espírito. Então lhe perguntou Nicodemos: Como pode suceder isso? Acudiu Jesus: Tu és mestre em Israel e não compreendes essas coisas? Em verdade, em verdade te digo que nós dizemos o que sabemos e testificamos o que temos visto, contudo não aceitais o nosso testemunho. Se tratando de coisas terrenas não me credes, como crereis, se vos falar das celestiais?"[3]

Os homens, porém, não entenderam sua mensagem, ou aqueles que entenderam ocultaram essa informação, adaptando-a aos seus conceitos e interesses mesquinhos através do tempo.

A falta de informação que Nicodemos demonstra, sendo considerado um doutor em Israel, um sábio, faz com que Jesus estranhe sua pergunta, uma vez que era fato conhecido entre os judeus o retorno da alma a um novo corpo, a que chamavam de ressurreição, *mas que representa o mesmo conceito de* reencarnação. *É sabido que apenas os saduceus, os materialistas da época, não acreditavam na imortalidade da alma e no seu retorno ao corpo físico. Na verdade, Nicodemos deve ter querido experimentar Jesus, certificando-se da veracidade das informações correntes.*

A Igreja, que até o século sexto admitia a reencarnação[4], *passou a não aceitá-la, interpretando o texto* "quem não renascer da água e do espírito" *como necessidade da regeneração pela água do batismo – mais de acordo com seus interesses –, coisa a que em momento algum Jesus se refere. Anteriormente já comentamos o assunto do batismo, lembrando que o Mestre*

---

3 ⋇ João, 3:1 a 12. (N.M.)

4 ⋇ O dogma da reencarnação foi retirado dos textos do *Novo Testamento* no século sexto, por ocasião do II Concílio de Constantinopla, quando o Imperador Justiniano, por razões políticas assim o exigiu. (N.M.)

deixou-se batizar *por João Batista, para cumprir as profecias, porém nunca se soube que tenha, ele mesmo, batizado alguém.*

Com os conhecimentos que a Doutrina Espírita trouxe ao mundo, esse assunto ficou sobremaneira esclarecido, propiciando, inclusive, que novos estudiosos busquem comprovar a veracidade da reencarnação, repassando-a às massas, sempre sequiosas de informações.

Desse modo, com a luz que o conceito de reencarnação joga sobre o problema, torna-se mais fácil entender a necessidade de amar aos nossos inimigos para podermos ter a paz e a felicidade que almejamos um dia.

Na atualidade, em diferente etapa evolutiva, com a consciência desperta para a necessidade da regeneração, ansiamos reparar nossos erros, nos reajustar perante a Lei Divina, ajudando nossas vítimas de ontem, algozes de hoje.

Importante, contudo, entendermos o significado da palavra amor nesse caso. Seria impossível ao ser humano, ainda imperfeito, dedicar a seu inimigo o mesmo amor que dedica aos familiares e aos amigos. Se dissesse que tem o mesmo amor, estaria sendo hipócrita.

O que Cristo pretendia, certamente, é que começássemos por evitar as contendas, passando a nos entender, o que já seria indicativo de progresso. Se conseguirmos não desejar o mal ao inimigo, compreender suas dificuldades, não ficar contente com suas desventuras, estender-lhe a mão em caso de necessidade, e tantas outras coisas, estaremos demonstrando amor ao desafeto.

Deus, que é suprema sabedoria e misericórdia, permite que, na vida espiritual, aqueles que foram prejudicados ou que prejudicaram, em épocas passadas, se reencontrem tentando um reajuste. Após grandes dificuldades, muito esforço e renúncia, conseguem entender a necessidade de se perdoar e resolvem selar um acordo de paz. Isso, porém, não basta. A reparação exige que retornem ao cenário do mundo para recomeçar sob novas bases, tentando acertar. É assim que inimigos renascem juntos numa mesma família para refazerem os laços de afeto danificados e promoverem o crescimento moral e espiritual. Como dificuldades de relacionamento poderão ocorrer, aprenderão pela convivência diária a se suportarem um ao outro e a exercitarem a tolerância, a compreensão, a paciência.

Aos poucos, pelos laços familiares, os desafetos vão vencendo a animosidade entre eles, refazendo vínculos e estabelecendo sólidos elos de afeto e amizade.

Ao retornarem à espiritualidade, após toda uma existência em comum, como mãe e filho, pai e filha, marido e mulher, irmãos e irmãs, novas imagens estarão sobrepostas às antigas; as da última encarnação serão muito mais vivas e fortes, enquanto as do passado irão diminuindo de intensidade, dessa maneira, criando novos vínculos de afeto duradouro. A inimizade transforma-se em amizade, a desconfiança em confiança, o ódio em amor.

Durante minha última romagem terrena, muito sofri com a influência de desafetos desencarnados, que tentaram de todas as maneiras solapar minhas energias e meu parco equilíbrio. Desejavam prejudicar-me, destruir-me a existência física, como foram prejudicados por mim outrora, e houve momentos em que realmente estive entregue em suas mãos. Foi quando entrei em depressão (hoje sei qual era o meu problema) passando a sentir grande mal-estar, angústia e insatisfação com tudo. Tristeza profunda dominou-me, afastando-me de tudo e de todos. Como já tive oportunidade de contar, meu interesse pelo próximo e o desejo de ajudar foram alavancas de auto-ajuda; os pensamentos norteados no caminho do bem ao próximo atraíam do Alto a presença de amigos devotados e generosos, que muito me ampararam.

Porém esses desafetos, cuja presença eu ignorava, mas que tentavam me destruir, passaram a se utilizar de familiares queridos, de amigos que eu julgava leais e da opinião pública de modo geral. Sofri intensamente, em especial pelo desequilíbrio que se instalou em minha esposa, Sofia, e pela sua rejeição a meu trabalho. Vivemos anos de intenso desentendimento, em que eu não podia dizer nada, sob pena de desencadear uma crise de conseqüências lastimáveis.

Não suportando mais, terminei por abandonar nosso lar, já no término da vida física, indo morrer longe de meus filhos queridos e de Iasnaia Poliana, o lugar que tanto amava.

Posteriormente, fui informado das condições que criaram o inferno em que se tinha transformado nossa vida. Fiquei sabendo que, conquanto Sofia tivesse muitos defeitos, tal qual eu mesmo, ela tinha sido instrumento de poderosos inimigos espirituais que desejavam acabar comigo, incapazes de aceitar minhas boas condições de vida, o sucesso e a notoriedade que tinha alcançado pela literatura. Não entendiam esses pobres irmãos – e diante da falta de conhecimento deles quanto às leis que regem a vida, seria realmente difícil entender – como eu, que os tinha prejudicado, que lhes tinha destruído a honra, a família, apropriado-me de seus haveres, como poderia estar em situação infinitamente melhor do que a deles? Como eu, que fora o algoz, o criminoso, poderia estar em situação de vantagem em relação a eles, que foram minhas vítimas? Que justiça seria essa? Se existisse um Deus, como entender sua maneira de agir, protegendo a uns em detrimento de outros?

Tudo isso lhes passava pela mente, enquanto desejo atroz de vingança os dominava, pretendendo que eu passasse a sofrer o mesmo que eles tinham sofrido outrora, e enfrentasse idênticos problemas e dificuldades.

E para isso não mediam esforços. Durante dezenas de anos – somente nessa última existência –, conviveram conosco, procurando todos os meios de nos prejudicar. A finalidade era levar-me ao suicídio, cujo ato me colocaria inerme em suas mãos no Além.

Eles só não conseguiram seu objetivo, como expliquei anteriormente, porque meu desejo de ajudar o próximo colocou-me em faixa vibratória mais elevada, evitando-me comprometimento maior com a justiça divina. Todavia, eles se utilizavam largamente da sensibilidade mediúnica de minha esposa, Sofia, fazendo-me sofrer horrivelmente pelo confronto diário e constante.

Diante dessas informações, que recebi de generoso amigo espiritual, desejei conhecê-los, ou melhor, reencontrar meus desafetos, uma vez que já éramos conhecidos. Não foi fácil nem simples. Precisei preparar-me bastante para tomar consciência dos fatos que envolviam meu passado. Felizmente, na hora certa, no local adequado, Deus propiciou-me a oportunidade de encontra-los e de encará-los. Foi uma experiência incrível e assustadora, porém necessária. Sem um entendimento com meus inimigos, não haveria progresso possível.

26

Sofia

*"Se perdoardes aos homens as faltas
que cometerem contra vós, também vosso Pai
celestial vos perdoará os pecados."*
JESUS (MATEUS, 6:14)

UM DOS MAIORES PROBLEMAS que enfrentei na vida, senão o maior, diz respeito diretamente ao relacionamento com minha esposa, Sofia.

Importante recordar como tinha sido minha existência antes do meu encontro com Sofia. Ao ingressar na Universidade de Kazan, era um jovem de dezesseis anos, e um novo mundo se descortinava à minha frente. A companhia de colegas e amigos fez-me procurar outros interesses, gerou-me preocupação com a aparência, despertando-me a vaidade e o gosto pela elegância. Todavia, meu aspecto não era dos melhores: fisicamente, era baixo, extremamente forte, desengonçado, não se podendo dizer que tivesse qualquer atrativo; o nariz enorme sobressaía no rosto grotesco, embora o vigor dos olhos, encimados por sobrancelhas cerradas – diziam! –, me conferisse certo magnetismo.

Apesar de tudo, fiz sucesso com as mulheres, que me julgavam dotado de personalidade cativante. Quando interessado, o que não era comum acontecer, conversava de forma fluente e agradável, tornando-me o centro das atenções.

Todavia, a vida social era um peso para mim. Custava-me esforço inaudito essa encenação para conduzir-me como um jovem da minha idade, frívolo e despreocupado. Trazia a mente dominada por indagações e dúvidas, por anseios de conhecimento e uma angústia imensa, sem explicação, que me torturavam a alma.

Não posso dizer que fosse um santo ou que tivesse vocação para a castidade. Ao contrário. Apesar da sensualidade à flor da pele, não conseguia proceder como meus colegas, que buscavam aventuras entre moças solteiras de temperamento mais livre e abusado, ou mulheres casadas que não se pejavam de trair os maridos ricos, bonachões e cegos, quando estes lhes negavam a devida atenção.

Incrustados em meu íntimo, trazia valores morais que não me permitiam tal comportamento. Então, deixava a existência dourada dos salões e buscava satisfazer minhas necessidades nas rodas do baixo mundo, passando as noites na vida alegre dos bordéis. Não quero dizer que esse fosse o comportamento ideal, porém, como ali ficava implícito que tudo era natural, uma vez que aquelas mulheres eram profissionais do sexo, sentia-me menos culpado perante minha própria consciência.

Entretanto, chegou o dia em que, cansado da vida boêmia que levava, entregue ao jogo, às bebidas e às mulheres, desejei voltar para a vida do campo. A saudade de Iasnaia Poliana era imensa, e retornei para nossa propriedade, marcado por doenças, conseqüências dos meus desatinos e da depravação dos costumes.

Abandonei a universidade, considerando que nada me acrescentara de bom. A urgência de encontrar um objetivo na existência me falava mais alto no íntimo, torturando-me a mente. Sentia-me infeliz sem saber por quê. Nas fibras mais profundas agitava-se um desejo de fazer algo de útil e de bom. Sentia que necessitava realizar uma tarefa, que nascera com essa finalidade. Mas, o quê? Como uma tênue bruma que encobre o sol nascente, experimentava a sensação de que pouco me separava da descoberta da razão da minha vida; que a bruma iria se dissolver e que o sol radiante expulsaria as sombras, desnudando-me o objetivo da existência, que eu intimamente sabia conhecer, mas de que não me lembrava.

Somente ao regressar à espiritualidade pude entender esse sentimento que me torturava os dias, fazendo da minha existência uma busca constante, visto que realmente tinha renascido com uma programação, e, inconscientemente, recordava-me dos compromissos assumidos.

Então, decidi retornar para o campo, não mais como um proprietário incapaz e ineficiente, mas resolvido a melhorar Iasnaia Poliana. Iria dedicar-me a ela, trabalhando a terra, e transformá-la numa propriedade realmente produtiva.

Desejava vencer dentro de mim o vício pelo jogo e pelas mulheres, no que encontrei imensa dificuldade. Sem conseguir definitivamente realizar esse objetivo, por alguns anos alternei-me entre Iasnaia Poliana, o meu lado mais puro, e o desejo incontrolado pela existência dissoluta, que me arrastava para a vida alegre e depravada. Nessas ocasiões em que um frêmito de desejo incontrolado agitava-me, incapaz de manter meus propósitos de vida saudável, corria para Moscou, onde me entregava a orgias inimagináveis, e de onde voltava esgotado, mais infeliz e deprimido do que antes, considerando-me um fracassado.

Renovava os propósitos de uma existência sadia, e voltava a quebrá-los vezes sem conta. Porém, não desanimava ante as quedas e os infortúnios, levantando-me e prosseguindo na minha luta interior, conforme deixei relatado em meu diário.

Alguns anos depois, resolvi alistar-me no exército. Meu querido irmão Nicolai ingressara no exército e se mudara para o

Cáucaso, como cadete. Achei interessante unir-me a ele. Todavia, a vida na caserna e o comportamento dos soldados dificultaram-me o desejo de uma vida mais reta e mais digna. Ao contrário, facilitou-me a queda nas paixões que tanto tentara combater. Novamente me entreguei ao jogo e às mulheres. A experiência no exército foi uma verdadeira loucura, que deixei posteriormente registrada em textos.

Por essa época, até buscando um derivativo para ocupar meu tempo em algo útil, comecei a escrever de maneira séria. Tinha o hábito de grafar meus pensamentos num diário (que mais tarde foi publicado), sem qualquer pretensão. Aceitando, porém, a sugestão de minha querida tia Tatiana, resolvi colocar no papel minhas idéias. Contava vinte e quatro anos quando foi publicado meu primeiro conto, *Infância.*

Na verdade, estava cansado da vida do exército e não desejava seguir a carreira militar. Resolvi, então, ocupar meu tempo de forma mais proveitosa, dedicando-me à escrita e à leitura, aumentando meus conhecimentos intelectuais. Por essa época, aprendi várias línguas, inclusive o grego, idioma para o qual tinha grande facilidade e que dominei rapidamente, o que causava perplexidade nas pessoas de minhas relações, visto não existirem razões que justificassem esse fato, a tal ponto que chegaram a dizer que minhas traduções eram mais corretas do que as de um conhecido professor desse idioma. Hoje eu *sei* que nada acontece por acaso e que isso se devia a conhecimento adquirido em existências anteriores, quando tivera a oportunidade de exercitar essa língua.

Deixei o exército, tendo publicado minhas *Narrativas de Sebastopol.* Não suportava mais a vida de cadete e retornei a Iasnaia Poliana. No entanto, a quietude da vida no campo não me satisfez. Resolvi viajar pela Europa.

Ao retornar, iniciei meu primeiro projeto pedagógico abrindo uma escola para os filhos dos mujiques. Não deu muito certo e resolvi fazer nova viagem pela Europa, onde estudei o sistema de ensino de vários países.

Sempre acreditei que se deveria respeitar as características de cada aluno, e que a educação deveria ser livre e voluntária. Procurei uma maneira de desenvolver a capacidade individual, ao mesmo tempo que estimulava o desenvolvimento da personalidade de cada criança. Dessa forma, durante as aulas havia uma atividade espontânea e criativa dos alunos, gerando aproveitamento muito maior.

Naturalmente, os pedagogos da Rússia foram contra, mas prossegui em minhas atividades insistindo nesse método de ensino, uma vez que acreditava nele.

Estava entregue a esses projetos quando minha vida deu uma guinada. A morte de meu querido irmão Nicolai, na França, atingiu-me de maneira intensa. Sofri muito, angustiei-me, questionando as razões da vida.

Sentia-me muito só e a tristeza continuava a torturar-me. Entendi que o melhor seria ligar-me a uma mulher que me completasse. Desejava casar-me, e até já tinha procurado uma esposa, julgando que essa decisão atenuasse o problema. Não havia ainda encontrado alguém, não por falta de damas casadouras, mas por não conseguir decidir-me por nenhuma delas. Faltava aquele elã, uma energia que fluísse despertando-me o interesse e tocando-me as fibras mais profundas do coração.

Até que aconteceu. Vários anos antes, eu havia conhecido a família Bers em uma de minhas visitas a Moscou. O chefe da família era médico da corte e sua esposa uma anfitriã simpática e acolhedora. Reencontrando os Bers numa das idas a Moscou, fiquei encantado por Sofia, a filha do meio, que eu conhecera ainda criança. Ela se desenvolvera e se transformara numa moça linda e atraente. Sofia estava com dezoito anos e no auge de sua graça e beleza.

Senti-me imediatamente apaixonado por ela. Contudo, eu já era um homem com quase trinta e cinco anos.

Passei por um período de intenso sofrimento, entre a dúvida e o desejo de expor-lhe meus sentimentos. E se ela não me aceitasse? É certo que tinha notado certos olhares de Sofia dirigidos em minha direção, mas poderia estar enganado. E se ela não me amasse?

Atormentei-me, desesperei-me, sofrendo como nunca. Passei dias e dias sem conseguir dormir, com a mente em fogo e o coração em brasas. Finalmente, tomei minha decisão. Pedi-lhe a mão em casamento, e fui aceito! Sofia confessou que me amava, o que mudou radicalmente minha vida dessa data em diante.

Vivemos anos de intensa felicidade, entre a paixão, os desentendimentos e as reconciliações. Tivemos treze filhos, dos quais quatro desencarnaram precocemente, deixando um grande vazio em nosso coração. Sofremos imensamente por eles, mas hoje eu sei que era necessário, pois representava o melhor para seus espíritos necessitados de aprendizado.

Sofia revelou-se uma mulher companheira e batalhadora. Ajudava-me na transcrição dos textos, tornando-se uma secretária muito eficiente. Como já tive oportunidade de relatar, quando meus pensamentos começaram a mudar, transformei-me num crítico do sistema governamental e, em especial, da Igreja. Sofia passou a não concordar comigo, apegada à religião. Recusava-se a transcrever meus textos, razão pela qual discutíamos com freqüência, alterando a harmonia e a paz e tornando o ambiente de nossa casa difícil e irrespirável.

Hoje reconheço que a presença de desafetos desencarnados muito contribuiu para esse estado de coisas e também que os adversários invisíveis agiam aproveitando-se de nossas brechas morais, defeitos ou fraquezas que conservamos no íntimo e que geram a sintonia, baseada na afinidade entre a nossa maneira de ser e a daqueles que desejam nos destruir.

Tratava-se de espíritos que prejudicamos no passado e que, naquela oportunidade, encontrando o ambiente propício para gerar perturbação e desequilíbrio, aproveitaram-se.

Nossa vida transformou-se num verdadeiro inferno. Sofia aos poucos caminhava para o desequilíbrio, impondo-me sofrimentos indescritíveis. Acusava-me de muitas coisas, infâmias que não convém aqui lembrar e que são do domínio público. Eu não podia dar um passo, que ela logo era informada pelas entidades vingativas, que, de resto, a convenciam de tudo aquilo que eles desejavam, como médium maleável que era em suas mãos. Afastou meus amigos mais fiéis, inclusive o meu dedicado secretário Chertkov, proibido de entrar em nossa casa. Dentre as preocupações que mais torturavam Sofia, no entanto, estava a sugestão de meu amigo Chertkov para que eu fizesse, em testamento, a cessão dos direitos autorais de minhas obras, tornando-as de domínio público, porquanto ele temia pelas atitudes de Sofia, que caminhava para a insanidade completa. Certamente, isso a atormentava, pois impediria que, após minha morte, meus herdeiros viessem auferir lucros com os livros. Outra questão que a aterrorizava era a informação de que se planejava publicar meus diários, o que exporia nossa vida em público. Isso ela definitivamente não suportaria, uma vez que era do seu conhecimento que eu anotava neles tudo o que acontecia.

A situação tornou-se de tal maneira insuportável, acrescida da morte de nossa querida filha Macha, que eu não tinha mais ânimo para lutar. Foram anos em que me desesperava, sentindo-me um prisioneiro dentro de minha própria casa, vigiado em todos os instantes, até que, já octogenário, resolvi deixar Iasnaia Poliana. Ninguém pode avaliar a dor que me dominava, a sensação de impotência para mudar uma situação que não tinha mais volta.

Todos já sabem o que aconteceu em seguida. Escrevi uma carta para Sofia, peguei umas poucas coisas que me poderiam ser necessárias e sai sem destino, sem ter onde me abrigar, sem esperança. Estava muito frio naquela manhã e sentia-me doente. Minha filha Alexandra, preocupada comigo, me alcançou. Tomamos um trem. Em Astapovo, porém, senti que a febre me dominava. O chefe da estação me recolheu e me emprestou o seu quartinho. Estava com pneumonia. Em pouco tempo, uma multidão acorreu para Astapovo: jornalistas, parentes, amigos e curiosos. Mas, era o fim.

Retornando à verdadeira vida, precisava de tratamento e de ajuda para prosseguir na lide evolutiva. Por um período, permaneci afastado da família terrena, buscando recuperar-me. Queria esquecer tristezas e mágoas. Adaptei-me à vida espiritual, auferindo muitas bênçãos por meio do aprendizado e das experiências de que participei.

Alguns anos depois, fui informado de que Sofia retornara para a espiritualidade e que, após passar um período em regiões inferiores, tinha sido socorrida e estava albergada em um de nossos hospitais.

Bóris explicou-me que, em virtude da obsessão grave sofrida por ela em sua última encarnação, sua responsabilidade pelos atos praticados era proporcional à consciência de que gozava no momento. Assim, afastados temporariamente os algozes, ela passou a recuperar-se de forma alvissareira.

Munindo-me de coragem, fui visitá-la. Ao ver-me, chorou. Confessava-se arrependida e pedia-me perdão por tudo quanto fizera contra mim.

Cheio de compaixão, eu a abracei e choramos juntos. O amor que sempre sentira por ela voltou em catadupas, dulcificando-me o coração.

– Não se culpe, Sofia. Você também foi uma vítima das circunstâncias. Com o tempo, ficará sabendo o porquê de tudo o que aconteceu. Preocupe-se apenas em recuperar-se o mais rápido possível. Para isso, deverá conservar a tranqüilidade, manter o pensamento elevado e exercitar a paciência. Terá muitas surpresas aqui. Tudo é lindo e agradável, você fará amigos e poderá aprender bastante.

– Tornarei a vê-lo?

– Sem dúvida. Estaremos sempre próximos um do outro, já que moramos na mesma cidade espiritual.

Despedi-me, deixando-a mais contente e tranqüila. Também eu me sentia bem melhor. O encontro com Sofia, que eu tanto temera, encheu-me de alívio e paz. Era como se eu tivesse tirado um peso dos ombros. Mais leve, passei a sentir um bem-estar imenso.

Sofia recuperou-se, e, como fosse ativa, logo desejou trabalhar, colaborando em atividades em que pudesse ser útil.

De vez em quando, nos encontramos em palestras ou atividades outras. Não existe, porém, aquela relação de homem e mulher, marido e esposa. Tornamo-nos apenas bons amigos, conquanto nosso relacionamento seja de profundo amor, ternura e companheirismo.

27

Retorno ao passado

"Se, portanto, quando fordes depor vossa oferenda no altar, vos lembrardes de que o vosso irmão tem qualquer coisa contra vós, deixai a vossa dádiva junto ao altar e ide, antes, reconciliar-vos com o vosso irmão; depois, então, voltai a oferecê-la."
JESUS (MATEUS, 5:23 E 24)

O RETORNO AO PASSADO, com as conseqüentes lembranças dos erros praticados, é algo extremamente doloroso ao espírito.

Quando tal acontece – sempre com a permissão divina e objetivando ajudar o faltoso em seu crescimento espiritual, ensejando uma análise comportamental com vistas ao autoconhecimento –, o espírito já se encontra em outro estágio evolutivo. Incapaz de praticar o mal conscientemente, horroriza-se à vista de seus desatinos transatos. Deseja reparar o mal praticado, ansiando vincular-se ao bem, entendendo que somente a compreensão e a vivência dos postulados evangélicos o tornarão melhor e com mais condições de ficar em harmonia e de gozar de bem-estar íntimo, o que lhe trará maior dose de felicidade futura.

Foi exatamente isso o que aconteceu comigo.

Não ignorava que fizera inimigos no pretérito. Com as informações recebidas e os estudos feitos na espiritualidade, inteirei-me da existência de entidades que se consideravam meus adversários e inimigos, espíritos que, conservados em sentimentos de revolta e de ódio, buscavam vingança, para tanto se servindo de todos os meios para destruir-me nessa última encarnação, inclusive as brechas morais que eu ainda trazia no íntimo.

Todavia, o conhecimento do passado, de forma meramente informativa, não envolve sentimentos. Lembro-me de que, no momento em que me passaram essas notícias, pensei: "Que coisa terrível eu fiz! Como pude agir dessa maneira, prejudicando outras pessoas?"

Conquanto meu código ético interno, desenvolvido através do tempo, e os valores morais já conquistados considerassem dessa maneira, as informações de antanho não atingiram meus sentimentos ativando-me as emoções, porque, para mim, não se tratava de fatos concretos. Representavam apenas o relato de drama que teria ocorrido há muito tempo, em outro local, não comigo, mas com outras pessoas, no que há grande diferença. Quer dizer, "eu" não voltei ao passado – que para mim continuava sendo uma incógnita –, não voltei no tempo e no espaço, nem ao momento emocional em que o fato se deu, revivendo o acontecimento.

Explico-me. Como espíritos imortais fadados ao progresso, tudo o que vivenciamos na trajetória evolutiva fica arquivado em camadas na memória integral, até as coisas mínimas. A cada novo renascimento na carne, Deus nos concede o esquecimento do passado, que é bênção de valor inestimável, de modo a começarmos uma existência sob novas bases, executando o planejamento elaborado cuidadosamente na espiritualidade com o auxílio amoroso e esclarecido de nossos mentores. Dessa forma, os acontecimentos ocorridos em determinada época e local dizem respeito à personalidade que assumimos naquele momento histórico, como: nome, sexo, família, endereço, profissão, e outras especificações.

Retornando ao mundo espiritual após a existência física – dependendo das condições do espírito –, geralmente mantemos o esquecimento do passado no que se refere às outras encarnações, lembranças que vão gradualmente sendo liberadas, na medida das nossas necessidades de reajustamento perante o próximo e perante nós mesmos. É por isso que, quando alguém nos relata o que fizemos no passado, os fatos surgem na forma de simples informação, que não nos afeta a área emocional, como se realmente estivéssemos diante de drama ocorrido com outras pessoas.

Certa ocasião, fui procurado pelo amigo Bóris, que me notificou sem maiores explicações:

– Leon, meu caro, temos uma tarefa para ser executada amanhã. Trata-se de alguém que precisa ser socorrido.

Anuí com satisfação. O desejo de ajudar o próximo sempre me toca profundamente o íntimo.

A equipe socorrista sairia às primeiras horas da manhã seguinte.

Assim sendo, apresentei-me cheio de ânimo, no horário e no local combinados. Após uma oração, em que unimos sentimentos buscando o amparo do Alto para nossas atividades, partimos sem mais delongas. Nosso destino era uma zona localizada no umbral inferior, próxima à crosta planetária.

Além de Bóris, faziam também parte de nossa equipe Ludmila e Dimitri, este valoroso orientador, que muito me ajudou, valendo-me nas dificuldades que a vida de Além-túmulo encerra para o neófito.

Depois de algumas horas de viagem, aportamos em região inóspita e nevoenta, como são os locais do umbral inferior, em virtude de refletirem as condições mentais dos seres que ali estagiam.

Dimitri apurou sua sensibilidade, concentrando-se por momentos, e logo informou:

– Nosso irmão não se encontra longe. Vamos por aqui.

Com a indicação do rumo, pusemo-nos a caminhar em silêncio. De tempos em tempos, víamos grotescas figuras passarem em bando fazendo imensa algazarra. Muitos se assemelhavam a rufiões, trajando vestes coloridas e bizarras, semblantes pintados de forma exagerada, qual máscara teatral. Outros apresentavam aspectos diversos: cadavéricos, altos e magros, pequenos e redondos, anões e gigantes; muitos exibiam formas animalescas e emitiam ruídos assustadores. Vimos seres que se arrastavam nos charcos, outros se revolviam ou deslizavam na gramínea rala e seca, à semelhança de serpentes. Gritos lancinantes ecoavam aqui e ali, enquanto choros convulsivos nos abalavam as fibras mais íntimas.

Não nos detivemos, porém. Acostumados àquele gênero de atividade, não ignorávamos que todos eles, apesar dos sofrimentos acerbos, estavam amparados pela divina misericórdia. O estágio em semelhante situação era necessário para se liberarem de emanações negativas, reconstituindo o corpo espiritual, e aprenderem a valorizar a vida, a respeitar a si e ao semelhante.

Pouco depois, a vegetação sofreu alguma mudança e nos vimos em local ligeiramente melhor, onde deparamos com atmosfera mais amena.

Sentado na relva e recostado em um arbusto, vimos alguém. Era um homem de idade indefinível; trajava roupas antigas, que deveriam ter sido luxuosas, mas que agora estavam sem cor, velhas e esfarrapadas. A cabeleira desgrenhada, bem como a barba cerrada, embranquecidas, apresentavam-se sujas e sem trato. No semblante fechado, de expressão torturada, os olhos, fixos no vazio, extravasavam profundo ódio; a boca de lábios finos, contraída, tinha um ricto de amargura e desprezo.

Essa análise exterior, feita em segundos, nos fez tomar de compaixão pela criatura que ali estava. Em seguida, Dimitri pediu-me que me concentrasse, focalizando a fronte do desconhecido, com o intuito de perceber-lhe as emanações mentais.

De início, nada detectei. Depois, buscando recursos nas fibras mais profundas, procurei envolver esse irmão com sincero desejo de ajudar, pensando nele como se fosse um ente querido necessitado da minha piedade e cooperação. Deixando que me fluísse do coração um sentimento doce e fraternal, aos poucos comecei a perceber as imagens que surgiam em sua tela mental, e que se lhe posicionavam no campo vibratório.

Às primeiras imagens, levei um susto e dei um pulo para trás, horrorizado. Seus pensamentos giravam em torno da minha pessoa e de componentes ainda encarnados da minha família!

Desviei a atenção, buscando Dimitri com os olhos, como a lhe pedir uma explicação.

– Prossiga, Leon. Você terá todas as informações necessárias.

Um tanto temeroso, novamente focalizei a atenção no necessitado à minha frente, e mergulhei em suas criações mentais.

Provavelmente em virtude da minha presença e das indagações íntimas que eu fazia, ele começou a rememorar o passado, como se contando o seu drama a alguém:

Tive existência tranqüila e feliz até que aquele miserável surgiu. Gozava eu da convivência de uma família amorosa e harmônica, possuía bens que me permitiam viver com conforto e sem maiores preocupações. Era bem visto por todos e considerado pela sociedade. Enfim, era feliz e agradecia a nosso Deus todos os dias as bênçãos que me proporcionava, levando oferendas ao templo e jogando esmolas aos necessitados que enxameavam-se sempre nas portas do local sagrado.

Certo dia, o infame surgiu. Era também judeu, dizia-se último membro de uma antiga família, afirmava que viajara muito e tinha permanecido alguns anos na Grécia. Com sua maneira de ser, conseguiu imiscuir-se em nossa roda de amigos. Tudo fez para aproximar-se de mim, procurando ser-me fiel e obsequioso. Agradável de trato, culto, ele sabia conversar de forma atraente, contando histórias fascinantes de outros lugares por onde tinha passado, seduzindo a todos os que o escutavam. Cortês e generoso, gentil e respeitador, logo todos estavam cativos de sua personalidade exuberante.

Eu, como os demais, deixei-me envolver por ele, baixando as reservas iniciais, e, introduzindo-o em meu lar, permiti que se aproximasse de minha esposa, Sara, e das duas filhas, Míriam e Ester, sem maiores receios.

Com o transcorrer dos meses, minha esposa passou a demonstrar mudança sensível nas atitudes. Não encontrava mais prazer em minha companhia e esquivava-se quando, em nossos serões após a ceia, lhe pedia que tocasse harpa para mim, o que sempre fizera com agrado. Muitas vezes, ao entrar em casa, a encontrava com esse amigo, em conversas animadas e entremeadas de risos, enquanto mordiscavam frutas secas, uvas, tâmaras e bebiam o vinho apetitoso das minhas adegas.

A princípio, algo me alertou. Senti uma fisgada no coração, enquanto incômoda sensação de perigo inundou-me o íntimo. Quando me viam chegar, agiam com naturalidade, chamando-me para junto deles e relatando-me o assunto de que falavam no momento. Tudo era tão natural que minhas defesas caíam e serenava o ânimo. Certo dia, porém, encontrei-a tocando harpa para ele, Saul Ben Assam, e senti um clima diferente no ar; trocavam olhares lânguidos e minha esposa tinha no semblante aquele sorriso terno e cativante que eu nunca mais vira em seu rosto. Em outra ocasião, surpreendi esse amigo a conversar com minhas filhas, Míriam e Ester, já mocinhas. Notei um clima de sedução entre eles, pelos olhares que Saul trocava com elas. Havia chegado sem avisar e, como a dona da casa tivesse saído de visita a uma parenta adoentada, as jovens delicadamente fizeram-lhe companhia – explicou-me ele com tranqüilidade. Aquilo foi a gota-d´água que faltava. Resolvi colocar ponto final naquela situação, mantendo-o longe do meu lar e da minha família.

Não tive tempo, porém, para tomar uma decisão. Alguns dias depois, de súbito, comecei a me sentir mal. Uma sensação estranha dominava-me, impedindo-me de agir ou mesmo de chamar o médico, que estava sempre em casa à minha disposição. Percebi os membros se enrijecerem e, não obstante estar lúcido, não conseguia reagir, gritar por socorro ou tocar a sineta chamando o criado. Era como se estivesse morto.

Pois foi o que todos pensaram. Com inaudito horror, vi-me fechado num esquife, enquanto gritava em pensamento: Não estou morto. Tirem-me daqui! Socorro! Socorro!

Ninguém, entretanto, me socorreu. Vi minhas filhas em lágrimas ao lado do meu corpo, sofrendo pela minha morte e lamentando terem ficado órfãs tão cedo. Quando percebi minha esposa, Sara, e aquele que acreditava fiel amigo, Saul Ben Assam, aproximarem-se da urna mortuária, minhas esperanças se reacenderam. Gritei e implorei por socorro. Todavia, fitaram-me com falsa expressão de pesar, depois trocaram um olhar cúmplice, e, como se estivessem orando ao pé do esquife, Saul murmurou com desprezo:

– Esse aí não nos incomodará mais.

– Estamos livres dele, meu amor – completou Sara em voz baixa, com uma indiferença e frieza que me deixaram horrorizado.

Somente então cheguei à dolorosa constatação: Fora assassinado! Caíra numa armadilha. O maldito devia ter-me ministrado algum veneno para dar-me a aparência de morte, o que era ainda mais cruel do que se me tivesse matado de uma vez.

Desse momento em diante, os suplícios a que fui submetido foram inenarráveis. Senti-me preso, sem poder sair daquela tumba, corroído por vermes vorazes que me causavam terror descomunal. Não saberia explicar como continuava a me sentir vivo, a respirar e a sofrer os horrores infernais.

À medida que ele falava, relatando o torpe assassinato, assustei-me e quis fugir das imagens que desfilavam na minha frente. Todavia, não pude. Como se jungido àquele lugar, fui obrigado a continuar ouvindo-o e vendo os acontecimentos como tinham transcorrido num passado distante. Cheio de pavor, em virtude das ações horríveis que cometera, deixei que as lágrimas me caíssem dos olhos, lavando-me o rosto e limpando-me a alma. Sim, ele era Efraim Ben Josef, que me acolhera em seu lar com generosidade, e eu, o amigo desleal e traidor, Saul Ben Assam, que o assassinara para tomar posse de sua família e de seus bens.

E eu, Leon Nicolaievitch Tolstói, cidadão russo do século dezenove, que se considerava uma criatura incapaz de fazer mal a seus semelhantes, que amava a natureza e defendia até os animais, chegava à triste conclusão de que era o pior dos criminosos.

Enquanto ele descrevia as cenas, fui voltando no tempo e no espaço, lembrando-me da história que tínhamos vivenciado. Sim, lembrava-me agora de tudo, das ações premeditadas, do cerco de sedução a Sara, esposa daquele que me abrira com generosidade as portas de sua casa. Reconhecia agora, vendo as imagens daquela mulher, que se tratava de Sofia, a esposa com quem convivera tantos anos na última existência. Viéramos juntos, em pleno século dezenove, na Rússia, com o compromisso do matrimônio, para resgatar uma parte dos danos causados naquela existência, inclusive ajudando as duas filhas que tínhamos prejudicado com a morte do pai e que foram lançadas em terrível sofrimento.

Após a morte de Efraim Ben Josef, Sara guardou o luto pelo período convencional, para manter as aparências diante da sociedade da qual fazíamos parte, enquanto continuávamos a nos encontrar às escondidas. Algum tempo depois, casei-me com a viúva, a mulher que seduzira de maneira torpe, entrando na posse da fortuna que o falecido lhe deixara por herança.

Por essa época, falava-se muito de um novo profeta que surgira. A princípio, sorri, zombeteiro. Afinal, nosso povo estava sempre à procura do Messias, e qualquer um que chegasse gerava expectativas e esperanças novas, causando tumulto. Outros, porém, diziam que esse rabi era diferente dos demais. Que era um carpinteiro de Nazaré, homem inculto e pobre, que pregava uma doutrina de amor e curava a todos os que se aproximavam dele.

Interessei-me em conhecer esse profeta. No templo, as notícias eram as mais contraditórias. Falava-se que ele era um espertalhão e que se dizia enviado de Deus para ser rei dos judeus. Outras pessoas tinham-no em alta conta, e seus olhos brilhavam ao falar dele, afirmando que jamais tinham visto alguém como ele. E o burburinho se estabelecia nos pátios do templo, inclusive no dos gentios, tão ao gosto dos judeus, fermentando as idéias.

Os fariseus, porém, estavam assustados e indignados. Como alguém tão impuro e ignorante poderia afirmar ter vindo para ser rei dos judeus? Como poderia ele ser o Messias, sem poder e sem glória, sem armas e sem riquezas?

Eu ardia de desejo de ver esse profeta de quem falavam tão grandes coisas. Assim, ativei meus informantes, e eu os tinha em grande número, para que trouxessem notícias do novo rabi chamado Jesus de Nazaré.

Depois do nosso consórcio, porém, minha esposa, Sara, tinha passado a acusar distúrbios mentais, tornando-me a vida um inferno. Afastei-me do lar, voltando para a vida desregrada de antes, da qual sentia falta. De hábitos caros, viciado na bebida e no jogo, em pouco tempo dilapidei a fortuna de minha esposa. Era essa a situação à época.

28

Encontro com a luz

"Eu sou o caminho, a verdade e a vida."
JESUS (JOÃO, 14:6)

CERTO DIA, INFORMADO SOBRE o local onde o profeta estaria, desloquei-me para lá.

Vestindo túnica rústica e escura, usada pelos homens do povo, muni-me de um saco de couro de carneiro, onde coloquei pão, queijo, azeitonas, tâmaras, vinho e uma pequena bolsa com dinheiro. Minha esposa estranhou meus preparativos e criticou a pobreza da bagagem. Afinal, tínhamos que manter as aparências em virtude da posição social que ocupávamos na sociedade!

Procurando tranqüilizá-la, aleguei viagem de negócios com pessoas humildes e o desejo de não constrangê-las com o meu luxo.

Sara estranhou ainda mais minha suposta delicadeza e a preocupação com a suscetibilidade de pessoas estranhas, o que absolutamente não era do meu feitio; contudo se absteve de fazer comentários.

Mandei preparar meu cavalo e, após despedir-me da esposa e das enteadas, pus-me a caminho. Quando notei que me aproximava do local indicado, em virtude do trânsito maior de pessoas, achei melhor tomar cuidado para não chamar a atenção dos transeuntes. Assim, ao passar por pequena estalagem, deixei meu animal, colocando uma moeda nas mãos do estalajadeiro e ordenando-lhe que cuidasse dele até minha volta. Satisfeito diante da minha generosidade, o bom homem curvou-se, solícito, prometendo tratar muito bem do meu cavalo, como se fosse dele próprio.

Em seguida, com a bolsa a tiracolo, caminhei por mais algumas léguas, acompanhando o povo, que aumentava sempre. Estava decidido a não perder nada do que acontecesse com relação ao profeta galileu. Comprometera-me com os fariseus mais influentes, a troco de boa recompensa naturalmente, a informar-lhes tudo o que ocorria.

Estimulava-me também o desejo de conseguir a cura de minha esposa Sara, que, depois do nosso casamento, adotara comportamento estranho e doentio. Vez por outra, ela via a alma de pessoas mortas, notadamente de Efraim Ben Josef, seu falecido marido. Nesses momentos, ficava descontrolada, rindo e chorando sem motivo, escondendo-se pelos cantos, temerosa de tudo e de todos, e afirmando que ele viera para vingar-se.

Apesar de não acreditar em almas do outro mundo, nessas horas um arrepio gelado percorria-me o corpo.

Continuando a caminhar, ao cabo de algum tempo, deparei com um espetáculo dos mais intrigantes. Uma grande multidão se aglutinava; sentadas no chão, as pessoas aguardavam alguma coisa de muito importante, pela reverência e seriedade que se percebiam em seus gestos e semblante. Uma aragem fresca soprava do Hermon na tarde calma, enquanto uma nova esperança vagava no ar aquecendo os corações.

Acomodei-me e também me dispus a esperar. Não demorou muito e vi aproximar-se um grupo de homens. Dentre eles, um se destacava, soberano. Parecia um rei, tal a majestade de sua figura. Apesar de vestido simplesmente como homem do povo, seu porte impressionava; envolvia-o um ar de dignidade e nobreza. Trazia os cabelos bipartidos à nazarena, caindo até os ombros e em sua face pairava um divino e leve sorriso. Seus olhos claros atraíam a atenção pelo suave magnetismo e pela expressão de bondade e amor.

Aquele homem deixou-me completamente cativo, e não saberia dizer que sentimento era aquele que me dominava por inteiro e que fazia com que meu coração batesse forte como se estivesse diante do momento mais importante de toda minha existência. Intimamente, tive o impulso de ajoelhar-me perante ele. Percebi que as demais pessoas igualmente sentiam-se emocionadas e atraídas, tal qual acontecia comigo.

Espraiando o olhar pela multidão, ele começou a falar, e aquela voz, de tonalidade única e inconfundível, ficaria impregnada para sempre em minhas fibras mais profundas. Ele falava e, coisa curiosa, eu sentia que suas palavras eram dirigidas particularmente "a mim":

"Bem-aventurados os pobres de espírito, porque deles é o reino dos céus."

"Bem-aventurados os que choram, porque serão consolados."

"Bem-aventurados os mansos, porque herdarão a terra."

Percebi, maravilhado, que, apesar da distância, sua voz chegava até mim clara e audível, como que trazida e amplificada pelo vento. Olhei em torno e verifiquei que os demais também se emocionavam, deixando que as lágrimas lhes corressem pelo rosto, presos ao magnetismo daquela figura notável.

Ele continuava falando...

"Vós sois o sal da terra; ora, se o sal vier a ser insípido, como lhe restaurar o sabor? Para nada mais presta senão para, lançado fora, ser pisado pelos homens."

A essas palavras estremeci. Estaria ele levantando os homens e arregimentando-os para uma revolta, como temiam os sacerdotes do templo e os fariseus?

"Vós sois a luz do mundo. Não se pode esconder a cidade edificada sobre um monte; nem se acende uma candeia para colocá-la debaixo do alqueire, mas no velador, e alumia a todos que se encontram na casa. Assim, brilhe também a vossa luz diante dos homens, para que vejam as vossas boas obras e glorifiquem a vosso Pai que está nos céus."

A que luz estaria ele se referindo? Seria a das atitudes, a força para mudar o mundo? Mas então, ele estaria incentivando a tomada de posição, a luta contra os romanos. Seria possível? Os sacerdotes acusavam-no de blasfemo e contrário à lei mosaica. No entanto, corria pelo povo a idéia de que esse profeta era o Messias, tão ardentemente desejado e esperado. Teria vindo ele para dominar os romanos e ser o rei dos judeus?

"Não penseis que vim revogar a lei ou os profetas; não vim para revogar, vim para cumprir. Porque em verdade vos digo: até que o céu e a terra passem, nem um j ou um til jamais passará da lei, até que tudo se cumpra."

Coisa extraordinária! Parece que ele ouvira meus pensamentos, respondendo às minhas dúvidas. E ele continuava falando:

"Reconcilia-te o mais depressa possível com teu adversário, enquanto estás com ele a caminho, para que ele não te entregue ao juiz, o juiz ao oficial de justiça, e sejas recolhido à prisão. Em verdade te digo que não sairás dali, enquanto não pagares o último ceitil." Naquele momento, um calafrio percorreu meu corpo, e me lembrei do infeliz Efraim Ben Josef, a quem tirara a vida por ambição. Ele estava morto e não poderia mandar-me para a prisão, como afirmara o profeta. Então, por que sentia que a alma do amigo morto estava ali, ao meu lado? Estaria eu ficando também doente, como Sara?

"Ouvistes o que foi dito: Amarás o teu próximo, e odiarás o teu inimigo. Eu, porém, vos digo: Amai os vossos inimigos e orai pelos que vos perseguem, para serdes filhos do vosso Pai celeste, porque ele faz nascer o seu sol sobre bons e maus, e vir chuvas sobre justos e injustos."

O rabi pregava o amor e, inacreditavelmente, até aos inimigos. Então, ele não estaria me julgando e condenando, pois suas palavras eram de amor e compreensão. Senti uma branda aragem refrescar-me a mente escaldante. Uma imensa sensação de bem-estar e tranqüilidade envolveu-me. As palavras daquele homem acalmavam-me o coração criminoso atormentado pela consciência.

Chorei copiosamente enquanto o ouvia. Muito mais disse ele nesse dia de tão gratas recordações. Quando parou de falar, as pessoas se aproximaram dele com a esperança de serem curadas.

Acompanhei o movimento dessas criaturas e igualmente acerquei-me do rabi, mantendo, porém, certa distância, de onde podia vê-lo curando toda sorte de enfermos: coxos, cegos, paralíticos, endemoninhados, leprosos. À medida que os doentes se apresentavam, ele os ia curando, e logo se ouviam gritos de júbilo: Aleluia! Aleluia! Hosanas ao Senhor!

A alegria contagiava todos os presentes, e as lágrimas banhavam o semblante dos assistentes, maravilhados.

O sol ia descendo e a multidão foi se dispersando, enquanto eu continuava ali, pensativo, refletindo em tudo o que vira e ouvira.

Alguma coisa havia mudado dentro de mim. Experimentava emoções diversas e conflitantes. O homem novo que despertara em meu interior encontrava-se imerso em irradiante alegria e doce paz. Jamais tivera oportunidade de ouvir nada semelhante. Por intermédio de suas palavras, o rabi conseguia infundir coragem e fé nas criaturas. Viver ao lado dele seria o máximo a que poderia aspirar. Desejaria segui-lo, acompanhando-o por onde fosse. Todavia, o homem velho lutava para sobreviver, lembrando-se da educação, dos conceitos assimilados, da sociedade da qual participava, dos planos que entretecera e da ambição. Lembrava-se do sumo sacerdote, homem poderoso e autoritário que lhe exigiria as informações prometidas.

Meu desejo era seguir Jesus de Nazaré, mas a razão e o interesse mostravam-me a necessidade de retornar para Jerusalém.

Nesse dilema, venceu minha melhor parte. Resolvi seguir o profeta por mais alguns dias, serenando minhas dúvidas sob a alegação de que, assim, teria mais notícias para enriquecer o meu relatório para os sacerdotes. Além disso, em relação à esposa e às enteadas, não havia estabelecido um prazo para voltar, o que me tranqüilizou.

Dessa forma, passei a seguir o rabi por todos os lugares. Mantive-me a uma discreta distância, mas não perdia nada do que se passava com ele e ao redor dele. Anotava os lugares abençoados com sua passagem, as palavras que pronunciava ensinando ao povo, as curas que realizava.

Não sei se algum dia ele notou minha presença. Com certeza deve ter notado, porque não posso conceber que aquele que era a luz do mundo ignorasse algo que acontecesse perto ou longe dele.

Por que nunca me aproximei dele? Curiosamente, eu, que era malandro contumaz e não tinha medo de enfrentar nenhuma pessoa, com resposta pronta para tudo, que enganava sem pejo, jamais tive coragem de dirigir-me a ele, apesar de todas as oportunidades para isso.

No fundo, criminoso que era, sentia vergonha de mim mesmo e temia ver em seus olhos límpidos a minha condenação.

Certo dia aproximou-se de mim um homem. Estávamos acampados nos arredores de Betânia, após visita à propriedade de Lázaro, um dos amigos de Jesus. O estranho cobria-se com longo manto negro e trazia o rosto escondido sob um capuz.

Sentou-se a meu lado, identificando-se em voz baixa. Viera a mando de Caifás, que ordenara meu retorno; o sumo sacerdote desejava ver-me sem demora.

Tudo isso se passou de maneira discreta e, em seguida, tão sorrateiramente como chegara, o encapuzado desapareceu na escuridão da noite. Olhei ao redor. Ninguém tinha percebido. Nesse momento, meu olhar cruzou com o do Mestre, e notei que a ele não passara despercebida a visita que eu recebera.

Baixei os olhos, constrangido e envergonhado. Senti-me sujo, torpe e desleal.

Naquela mesma noite desapareci. Ninguém deu pela minha falta, já que ninguém me conhecia. Tantas eram as pessoas que se amontoavam em torno de Jesus que ninguém notaria minha ausência.

Aquele olhar, contudo, ficaria em minhas lembranças para sempre.

Ao chegar a casa, procurei esquecer tudo o que vivenciara naquele período. Após ser recebido pela esposa e pelas enteadas, recolhi-me. Banhei-me e estendi-me no leito para repousar; estava extremamente cansado.

Acordei apenas no dia seguinte. Fiz o repasto junto da família e não pude me furtar às perguntas de Sara, que desejava explicações sobre minha ausência e a demora em retornar a Jerusalém. Evasivamente, disse que os negócios se alongaram e que tudo dera errado. Aleguei pressa em comparecer ao templo para as orações e em fazer uma oferenda por ter voltado são e salvo ao nosso lar; e fugi da sua presença, evitando novas indagações.

Vesti-me adequadamente e tomei o caminho do templo. Atravessei o pátio dos gentios, fiz minhas orações e, em seguida, dirigi-me às salas do sumo sacerdote, que já me esperava.

Nosso diálogo foi difícil. Desejava ele que eu entregasse Jesus de Nazaré como blasfemo e herege, contrário à lei mosaica.

Expus a ele e a todos os que ali estavam, sucintamente, o que vira e ouvira naquele período. Concluí afirmando que nada do que Jesus dissera poderia comprometer a lei, que ele não era um agitador, mas que pregava o amor e a paz.

Acusaram-me de conivência, jogando-me no rosto que eu também, como os demais, havia-me deixado enfeitiçar pelo maldito carpinteiro de Nazaré. Após alertar-me para que nada transpirasse sobre essa reunião, dispensaram-me.

Algum tempo depois, uma semana antes da Páscoa, fiquei sabendo que Jesus estava a caminho de Jerusalém. Desejei vê-lo, mas era impossível. Caifás tinha vigias em todos os lugares.

Com satisfação, fui informado de que o rabi entrara em Jerusalém aclamado pela multidão. Se esse fato era uma alegria e a confirmação de que o povo o amava, por outro lado teria o poder de aumentar o ódio do sumo sacerdote, para quem Jesus de Nazaré representava um perigo.

Naquela semana as coisas se precipitaram. O ambiente estava tenso, irrespirável. Percebia-se conspiração no ar, pelas conversas ouvidas no meio do povo que abarrotava o templo de Salomão. Conquanto à boca pequena, aguardava-se algo de definitivo. Nos altos escalões do governo, comentava-se que o carpinteiro estaria com os dias contados.

O ápice da confusão, e o que propiciou a decisão do sumo sacerdote, foi o momento em que Jesus penetrou no templo acompanhado de seus seguidores e, vendo os mercadores entregues à sua função habitual, que era vender animais e alimentos para serem oferecidos no altar, acusou-os de conspurcar o local sagrado, destinado a Deus.

Não se sabe o que aconteceu realmente, mas a confusão atraiu a atenção até mesmo dos sumos sacerdotes Caifás e Anás, seu sogro, que, reunidos, surgiram na sacada para ver o motivo da gritaria.

Após esse episódio, que contrariava profundos interesses de muita gente, a sorte de Jesus estava decidida. Não deixariam passar a oportunidade de prendê-lo, já que se encontrava tão próximo, dentro da própria cidade de Jerusalém.

Desejei alertá-lo, mas não houve tempo.

Alguns dias depois, fui informado de que tinha sido preso durante a noite e encaminhado para julgamento. Desse momento em diante, tudo foi muito rápido. Ninguém mais poderia fazer nada por ele. Os sacerdotes do templo não perderiam a oportunidade de usá-lo como exemplo, como se dissessem aos quatro ventos: Vejam o que acontece com os blasfemos e hereges, que se põem contra a lei de Moisés.

Os romanos, que poderiam ter feito alguma coisa, também nada fizeram. A situação política era tensa na Palestina, pois existiam muitos grupos rebeldes atiçando as multidões contra Roma e contra o templo. Pilatos, governador romano, não desejava piorar o relacionamento com os sacerdotes, já difícil, e, assim, nada vendo contra Jesus de Nazaré, mandou-o para os judeus, alegando que o problema era religioso, e eles que resolvessem entre si.

No entanto, os sacerdotes devolveram o preso a Pilatos, afirmando que o governo era romano e a este caberia julgá-lo.

No meio dessa confusão, de decisões conflitantes, a figura mansa e terna de Jesus sobressaía. Sofreu ele os maiores martírios, humilhações, dores, sem acusar a ninguém.

Condenado à morte na cruz, experimentou as maiores ignomínias. Abandonado por quase todos os seus seguidores, só teve a presença de poucas pessoas no momento mais crucial de sua existência.

Como os demais, também me abstive de comparecer, acovardado perante a opinião pública e pelo medo de ser também perseguido, como os discípulos o seriam. Por ter uma situação estável, família, posição social, estava resolvido a manter tudo isso.

Continuei a existência como se nada tivesse acontecido. Minha esposa, Sara, perguntou apenas se eu ficara sabendo da morte de três ladrões na cruz, cuja notícia corria por toda a cidade de Jerusalém, trazida por uma das criadas. Respondi afirmativamente, sem mostrar grande interesse, e esse foi o único comentário que houve em nossa casa sobre esse episódio infame, que abalaria as estruturas do mundo e mudaria a sociedade do futuro.

29

Enfrentando a realidade

"Reconciliai-vos o mais depressa possível com o vosso adversário, enquanto estais com ele a caminho, para que ele não vos entregue ao juiz, o juiz não vos entregue ao ministro da justiça e não sejais metido em prisão."
JESUS (MATEUS, 5:25)

DE REPENTE, AS IMAGENS do passado desapareceram e me dei conta de que estava ainda diante de Efraim Ben Josef, o amigo que traíra de maneira torpe. Fitei-o. Seu semblante torturado e sofrido, a miserável condição espiritual que ostentava, encheram-me de piedade. E fora eu – amigo desleal e criminoso – que o reduzira àquela situação.

Pranto copioso encharcou-me o rosto. Humilhado e arrependido, imenso desejo de ajoelhar-me e pedir-lhe perdão, de reparar os erros do passado, inundou-me o ser. Ao mesmo tempo, perante a consciência de culpa, uma ânsia premente de ajudá-lo, protegê-lo, ampará-lo, dominou-me as fibras mais íntimas; ansiava libertá-lo daquele sofrimento que vinha carregando durante quase dois milênios.

Efraim Ben Josef permaneceu calado. Com os olhos esgazeados tentava descortinar o que se passava a seu redor, sentindo no ar que algo de diferente estava acontecendo.

– Quem está aí? – indagou, tateando o espaço com os braços.

Em virtude da precária condição espiritual, não conseguia nos ver, embora intuitivamente nos percebesse a presença. Virei-me para Dimitri, nosso orientador, que se mantinha sereno a meu lado, consciente da situação, e entendi que ele já aguardava essas ocorrências.

Ante meu silencioso pedido de socorro, colocou a mão em meu ombro, sugerindo com delicadeza:

– Leon, aproveite a oportunidade que o Senhor lhe concede. Abra o coração ao irmão desvalido. Lembre-se de tudo o que já aprendeu e aplique as lições recebidas. Ajude-o, não como o amigo de outras eras, que você não soube ser, mas como um irmão amparando outro irmão.

Entendi a velada recomendação de Dimitri. A situação era delicada. Se eu me identificasse naquele instante, provavelmente Efraim Ben Josef não estivesse preparado para me aceitar. Era preciso socorrê-lo, sem a preocupação de colocá-lo diante de uma realidade que talvez não pudesse absorver de pronto. Haveria tempo para tudo.

Respirando fundo, fitei o irmão que ali estava qual farrapo humano, e, ganhando coragem, com imenso carinho comecei a falar:

– Meu irmãozinho, somos amigos e aqui estamos para socorrê-lo. Chega de sofrimento. Novo dia resplandece para você, trazendo as bênçãos de Deus. Esqueça mágoa, ressentimento e entregue ao Senhor a execução da justiça que lhe pertence. Somos todos responsáveis por nossos erros e saldaremos ceitil por ceitil os danos causados a outrem.

Ele acomodou-se, ouvindo-me atentamente. À medida que eu falava, ele parecia mais interessado. Quando fiz uma pausa, Efraim exclamou, com olhos arregalados, expressão de alerta:

– Conheço esta voz! Quem é você?

Pausadamente, buscando palavras adequadas, respondi:

– Alguém que hoje só deseja sua felicidade.

Arregalando ainda mais os olhos injetados, traços que denotavam ferocidade e ira, ele gritou:

– Já sei quem é. Eu reconheceria esta voz em qualquer lugar. Até no meio das hostes infernais. Você é o miserável traidor Saul Ben Assam!

Com humildade, sabendo que agora chegara o momento de enfrentar a verdade, concordei:

– Sim, meu irmão. É o infeliz e miserável traidor, Saul Ben Assam, que aqui está depois de longos anos, tendo a oportunidade de reencontrá-lo. Aqui estou na condição de alguém que deseja reparar os erros cometidos. Perdoe-me! Eu não sabia o que estava fazendo. Era ignorante, mau, e agora, consciente da verdade, lamento os danos que lhe causei. Por isso, hoje, coloco-me na posição do irmão que só deseja trabalhar pela sua felicidade. Esqueça o passado e caminhemos juntos, fraternalmente unidos, amparando-nos e ajudando-nos rumo a um futuro melhor.

Dimitri acercou-se do infeliz irmão e passou a mão sobre seus olhos. Finalmente Efraim Ben Josef me viu e, com uma careta que pretendia ser um riso escarninho, retrucou com voz cavernosa:

– Ah, aqui está o miserável! Como ousa dizer-se meu irmão, você que me conspurcou a honra, roubou-me toda a riqueza, destruiu-me a vida e, com ela, arrebatou-me a possibilidade de ser feliz? Como esquecer o passado, que revive no presente? Não há um só momento em que não reveja as imagens e a dor por que passei, e que continuo sofrendo sem cessar. As dores do pretérito fazem parte de um presente contínuo e terrível. Maldito! Mil vezes maldito!

– Tem razão em odiar-me, Efraim. Entretanto, não podemos modificar o passado, que não existe mais, conquanto você continue sofrendo, porque ele está dentro de você e é a sua vontade que o faz reviver. Muitas coisas aconteceram durante estes quase dois milênios e que você ignora. Perdido no tempo, objetivando a vingança, meu irmão, você não viu o tempo passar. É hora de despertar. É hora de mudanças! Acorde! É preciso ser feliz! Aproveite a oportunidade que o Senhor lhe concede e comece uma nova vida a caminho da felicidade.

Cheio de amargura, ele aduziu:

– Olhe quem fala! Justamente aquele que é a causa das minhas desventuras e do meu sofrimento. Fácil para você falar em esquecimento, porque foi o algoz. Mas eu, que sofri, que perdi tudo o que tinha, não posso perdoar. Nunca! Jamais perdoarei!

Calou-se, pensativo, enquanto os demais companheiros lhe aplicavam energias através da imposição de mãos, com o coração e mente elevados em prece.

Depois, mostrando que o passado estava muito presente em suas recordações, pela lembrança dos entes queridos dos quais nunca mais tivera notícias, indagou, em voz mais baixa:

– E minha família, onde está? O que foi feito dela?

Dimitri veio em meu socorro, esclarecendo:

– Muito mais perto do que você imagina. Efraim Ben Josef, não reconhece a esposa de ontem em Sofia, a mulher que você usava para perturbar aquele que considerava seu inimigo, Leon Nicolaievitch Tolstói?

Fez uma pausa, dando tempo para que o atormentado irmão pudesse refletir; depois prosseguiu:

– Não reconheceu as filhas que tanto amava? Volte no tempo. Lembre-se daquela casa, em Iasnaia Poliana, e das meninas que ali moravam. Não reconhece as filhas do coração?

Olhos arregalados, como se diante de uma visão, Efraim pôs-se a chorar.

– Como não as reconheci? São elas! As minhas queridas filhas, Míriam e Ester!

– Sim, e que você prejudicou, tornando o ambiente daquela casa insuportável ao tirar-lhes a tranqüilidade e a paz. No entanto, ele, o seu inimigo, sempre foi bom e amoroso com elas, educando-as dentro da mais pura moral cristã, transformando-as em pessoas dignas e úteis à sociedade do seu tempo – considerou Dimitri.

Comovido, entendi perfeitamente que o bondoso orientador se referia às minhas amadas filhas Macha e Tatiana, e meu coração se encheu num grande hausto de amor, cada vez mais admirando a sabedoria e a justiça do Criador.

Em pranto convulsivo, exclamou ele, arrependido:

– Eu não sabia! Eu não sabia! Quanto mal fiz a minhas próprias filhas! Ele as amava sim, tratava-as com bondade e imenso carinho.

– É verdade. Também amparou sua esposa, Sara, agora Sofia, dando-lhe a dignidade e o respeito de uma família, e recebendo em seu lar as filhas Míriam e Ester, que você tanto ama. Diante disso, meu irmão, repense suas atitudes. Além disso, durante esse longo período, muitas vezes vocês se defrontaram, digladiando-se. Portanto, repense suas atitudes, sabendo que existem inúmeros fatos que você ignora e que no devido tempo saberá, podendo então ajuizar melhor tudo o que aconteceu. Ninguém está indene de erros, meu irmão, e também você muito prejudicou seus semelhantes em outras eras.

Dimitri fez uma pausa, dando tempo a que Efraim meditasse nas suas palavras; depois prosseguiu com ternura:

– Mas o momento não é de cobranças. Esta é uma hora abençoada de renovação, de paz, de perdão, como desejamos nós também sermos perdoados. Desse modo, aceite a mão que lhe é estendida, num preito de sincera amizade.

Efraim olhou-me ainda indeciso. Eu, a quem ele por tanto tempo odiara, ali estava, de mão estendida, humilhado e arrependido, e ele acabou por estender-me timidamente a sua. Com o coração pleno de amor e desejo de renovação, aproximei-me com o braço estendido e, ao invés de apertar sua mão, o abracei apertada e demoradamente, chorando e rogando seu perdão. Nossas lágrimas se misturaram, e – parecia um milagre! – senti como se nuvens densas de ódio se dissolvessem naquele momento, reaproximando-nos um do outro.

⁎ ⁎ ⁎

Os benefícios que nos traz o exercício do perdão, só quem já conseguiu perdoar poderá avaliar devidamente. A paz que se estabelece no íntimo gera uma harmonia intraduzível com tudo e com todos, que nada pode pagar. Faz com que nos sintamos mais perto de Deus, mais integrados com a natureza e com todo o universo.

Em virtude dessa paz interior, sentimos-nos mais próximos de nossos semelhantes, mais fraternos e mais amigos. Essa vibração se expande em ondas de amor, levando-nos a querer ajudar ainda mais os necessitados e sofredores.

Particularmente, eu não tinha ainda consciência dessa necessidade de perdoar, não me sentindo adversário de ninguém. Todavia, as vibrações de ódio, revolta e inconformação que me eram dirigidas geraram por longo período um grande mal-estar em meu próprio ambiente psíquico, causando-me problemas e obstáculos de vulto. Mesmo após o retorno à verdadeira vida, continuei sentindo essas vibrações pesadas, produto de meus atos danosos no passado, embora não as detectasse.

Após o encontro, ou o reencontro, com Efraim Ben Josef, e nosso abençoado entendimento, minhas condições melhoraram muito, sentindo-me leve, cheio de otimismo, bem-estar e amor por todos.

Entretanto, não creiam que em virtude desse fato, e depois dele, nosso relacionamento tenha mudado radicalmente, como num passe de mágica. As pessoas não mudam de uma hora para outra, e, muitas vezes, não se consegue manter no íntimo por muito tempo decisões tomadas num momento, conquanto refletidas e benfazejas. Apesar de todo o desejo de mudança interior, do convencimento da necessidade dessas mudanças, as imagens do passado, que cultivamos por longo tempo, voltam a assediar-nos a mente, provocando recaídas naquele que está em recuperação.

Foi o que me alertou o nobre amigo Dimitri, sugerindo-me não perder de vista nosso protegido Efraim Ben Josef, visitando-o, sempre que possível, no hospital onde estava albergado e em recuperação.

Desse modo, assumi como dever, todos os dias e em meus momentos de folga, fazer-lhe uma visita, o que não me era difícil, pois naquela época eu estava trabalhando em local pouco distante do hospital.

Durante o tempo em que eu ali permanecia, sentava-me ao lado do seu leito e conversava com ele. Pedia-lhe notícias sobre seu estado de saúde, narrava-lhe alguns fatos interessantes, mas a maior parte do tempo falava-lhe das lições evangélicas, que ele ouvia calado mas atento, detectando eu sua necessidade de conhecimento.

Recebia-me ele com imenso agrado em determinados dias; em outros, mostrava-se distante, sem vontade de falar. Então, discreto e calado, eu permanecia sentado a seu lado, orando. Em determinadas ocasiões, logo ao chegar, pela fisionomia carregada e pela má-vontade que demonstrava para comigo, notava que ele estava com o pensamento voltado para o passado. Nesses momentos, Efraim mostrava-se verdadeiramente enlouquecido. Recriminava-me pelos danos que lhe causara, chorava e lamentava tudo o que perdera. Falava da família, pedia-me conta dos bens que lhe pertenceram, queria saber o que fizera com eles –

como se tivesse acontecido ainda ontem – e, especialmente, exprobrava-me o comportamento criminoso ao oferecer-lhe o veneno que lhe causara a morte.

Eu o ouvia, deixava-o extravasar todo o conteúdo de fel contido em seu coração, sem acompanhá-lo no mergulho às lembranças, que poderiam levar-me ao mesmo desequilíbrio, conforme aprendera estudando sobre fluidos, ondas mentais e vibrações. As recordações também me eram extremamente dolorosas, por evocar uma fase de desatinos; diante, porém, da responsabilidade que me cabia, humilhado perante a própria consciência, mantive-me em outro padrão vibratório, sereno e equilibrado.

Fiel ao propósito que me impusera, com paciência e ternura falava-lhe docemente da importância de manter a elevação do pensamento, de conservar-se no presente, como forma de preservar a convalescença e as importantes conquistas que já fizera. Lembrava-lhe novamente que estava ali para ajudá-lo como irmão querido; que lhe era infinitamente grato pelo perdão que me concedera em momento de tão tristes recordações, e que nossa amizade só tenderia a aumentar no futuro.

Evocava a imagem terna e amorável do Cristo e suas lições de imorredoura beleza, suas curas, as quais tinham o condão de elevar-lhe as vibrações, retirando-o da zona enfermiça de pensamentos perigosos e pessimistas do passado e tornando-o mais receptivo e mais acessível à ajuda.

Quando percebia que as condições de Efraim estavam diferentes, amenizadas pelas lembranças evangélicas, docemente convidava-o para uma prece. Então, elevávamos o pensamento a Jesus, agradecendo-lhe as bênçãos que nos dispensava a todo instante e louvando sua figura excelsa, ao mesmo tempo que lhe aplicava energias balsâmicas através do passe.

Ao terminar, Efraim estava completamente modificado e, não raro, pedia-me perdão pelas atitudes que tomara à minha chegada. Eu o abraçava com carinho, renovando meu desejo de ajudá-lo e hipotecando-lhe minha amizade sincera e devotada.

Aos poucos ele foi melhorando, as recaídas cada vez mais espaçadas, até que entrou em franca recuperação. Contudo, eu notava que alguma coisa ainda o entristecia bastante.

Conversei francamente com Bóris e Dimitri e lhes falei sobre a situação de Efraim. Sugeri a possibilidade de estimulá-lo, fazendo-lhe uma surpresa, já que sabíamos o que ele mais desejava. Eles concordaram e, assim, ao visitar meu amigo alguns dias depois, com delicadeza abordei o assunto que o estava incomodando, mas que ele calava, discreto.

– Efraim Ben Josef, meu amigo, não ignoro a saudade que o angustia e o desejo de ter notícias de Sara, sua esposa de outras eras.

A essas palavras, ele enxugou uma lágrima e concordou com melancolia:

– Apesar da traição que ela me fez, sempre a amei profundamente e esse tempo todo afastado do seu amor me é muito doloroso. Gostaria de saber como ela está, como vive, se é feliz, e até de pedir seu perdão pelos males que lhe causei na última existência, uma vez que já não lhe guardo rancor. Seria possível ter notícias dela?

Satisfeito, acentuei com um sorriso:

– Como não? A bondade divina é sempre pródiga em nos favorecer, meu amigo. Sei onde ela se encontra e temos nos visto algumas vezes por motivo de trabalho.

– É verdade? Como ela está? É feliz? Onde está?

– Acalme-se, Efraim. Você poderá obter essas informações por si mesmo.

Fiz um leve sinal a Ludmila, nossa prestimosa enfermeira, que aguardava ali perto. Logo em seguida, Sara, ou Sofia, entrou mansamente.

Ela se aproximou, parando ao lado dele, meio constrangida e algo temerosa. Prendi a respiração voltando no tempo. Era

Sara no auge de sua beleza, e Efraim, vendo-a, não podia acreditar em tamanha felicidade. Sara vestia um traje de tecido delicado em tom azul celeste, com as bordas trabalhadas com ouro; trazia os cabelos levemente presos no alto da cabeça, que depois desciam em suaves ondulações pelos ombros, entremeados de pequenas flores. Era assim que ele a vira pela primeira vez numa festa, momento em que se apaixonara por ela. Cheio de emoção, Efraim continha as lágrimas com dificuldade.

Dobrando os joelhos, Sara juntou as mãos em sinal de súplica, murmurando:

– Perdoe-me, Efraim! Perdoe a mulher adúltera e criminosa, mas profundamente infeliz. Fui extremamente desgraçada, acredite. Julgando alcançar a felicidade, cada vez mais dela me afastei, sofrendo de maneira acerba pelo mal que lhe causei. Perdão! Perdão, eu lhe suplico! Por tudo o que lhe é de mais caro, perdoe-me!

Sentando-se no leito, Efraim estendeu-lhe a mão, ergueu-a e abraçou-a, aconchegando-a suavemente ao coração.

– Tudo isso é passado e já lhe perdoei – afirmou ele com sinceridade.

Depois, afrouxou o abraço, fitando-a com ternura e confessou:

– Compreendo, hoje, que também muito tenho errado e que igualmente a prejudiquei, Sara. Inclusive nessa última encarnação. Atormentei seus dias como algoz cruel e adversário implacável. Estou mudado e também preciso do seu perdão.

– Diante de tudo o que lhe fiz, isso é nada, Efraim. Vivamos em harmonia sob as bênçãos de Deus.

O coração de ambos estava em paz e a alegria que sentiam era imensa. E eu me considerava plenamente gratificado por ter propiciado esse encontro, com a anuência de nossos mentores.

Efraim e Sara tinham muito a conversar. Sem que dessem pela minha falta, deixei-os a sós. Precisavam desse momento para extravasar o que lhes ditava o coração.

⋇ ⋇ ⋇

Através dos séculos, na fieira das experiências reencarnatórias, muito errei, comprometendo-me perante a justiça divina, perante o próximo e perante mim mesmo. Sofia e eu reencarnamos muitas vezes juntos, e ela sempre mexeu comigo. Algumas vezes fomos cúmplices, de outras estivemos em lados opostos, mas sempre em relacionamentos conturbados entre a paixão e o ódio, dos quais Efraim Ben Josef algumas vezes participou, e nessas experiências fizemos inimigos ferrenhos.

Consciente da necessidade de refazer os laços danificados em virtude de minhas atitudes errôneas, aos poucos, consegui me aproximar de alguns desses inimigos, pedindo-lhes perdão e me dispondo a reparar o mal que lhes fizera outrora.

Entre eles, dos mais obstinados foi Efraim Ben Josef.

Apesar das vivências posteriores àquela em que usou essa personalidade, jamais esqueceu a traição que eu e Sara cometemos contra ele.

⋇ ⋇ ⋇

Caminhei para fora do hospital e ganhei a via pública. Começava a anoitecer e os últimos raios do sol tingiam o céu de belas cores avermelhadas. As primeiras estrelas surgiam aqui e ali, atestando a grandeza do Criador.

Respirei fundo, enquanto meu pensamento buscava o Pai, agradecido e reverente, num hausto de amor infinito.

Não há nada que se compare à paz gerada por uma consciência tranqüila.

30

Visitando o velho mundo

"Porque todos somos cooperadores de Deus."
Paulo (I Coríntios, 3:9)

UM DIA – SEMPRE HÁ NECESSIDADE de limitar o tempo para entendimento dos encarnados, visto que aqui na espiritualidade não nos preocupamos com esse fato –, alguns anos depois, dirigimo-nos à crosta para uma atividade socorrista. Nosso destino era uma das cidades italianas.

O grupo que deixou a "Estrela da Manhã" viajando conosco era pequeno. Constituía-se de Bóris, Ludmila, Dimitri e eu. Por horas nos locomovemos pelo espaço até que, nos aproximando da Terra, pudemos vislumbrar as belas paisagens da Itália.

O céu azul, quase sem nuvens, permitia que os raios do sol banhassem a natureza colocando revérberos de luz nas mínimas coisas. Podíamos divisar os verdes campos, que se estendiam a perder de vista, o gado que pastava tranqüilo; as plantações, onde camponeses sorridentes trabalhavam, entoando belas canções tradicionais da terra; as videiras, coloridas por suculentos cachos de uvas, colhidos por camponesas rosadas, com cesto nos braços e lenço na cabeça, que as protegia do sol forte. Mais adiante, rios serpenteavam entre as pedras, descendo das montanhas em alegre cantilena, cortando os vales como veias abertas que deixassem fluir a seiva da vida. Passamos por aldeias serenas, onde o campanário sobressaía na paisagem de casas pequenas e graciosas, com jardins entremeados de lindas e coloridas flores. Mais além, não mais o bucólico tom das paisagens, mas o tráfego intenso das estradas, veículos que seguiam no rumo de regiões mais populosas, buscando grandes e movimentadas cidades.

Ao nos aproximarmos de nosso destino, descemos suavemente. Chegamos à casa de uma jovem, ligada à nossa colônia espiritual, que estava atravessando grandes dificuldades. Renascera na Itália para fugir de graves problemas e de infelizes ligações pretéritas, mas suas raízes estavam na Rússia.

A jovem em questão morava em uma pequena aldeia perto de Pisa, na Toscana, região banhada pelo Mar Tirreno. A casa, toda de pedra, era pequena e com vasos de flores nas janelas, o que lhe conferia um ar encantador.

Entramos. Logo na sala, vimos um leito, simples, coberto de lençóis alvos e limpos. Nele, uma jovem deitada. Na cozinha – separada da sala apenas por um balcão, também de pedra, encimado por grossa tábua –, uma senhora lidava com as panelas num fogão de lenha, preparando a refeição.

Aproximamo-nos do leito, e Dimitri explicou:

– Esta jovem que aqui está é Madalena. Atualmente tem vinte e cinco anos, mas é paralítica desde a infância, quando sofreu um grave acidente. Aos nove anos caiu de um cavalo e ficou entrevada da cintura para baixo. Conquanto esse problema estivesse dentro do planejamento reencarnatório de nossa irmãzinha, com o passar dos anos, chegando à adolescência, com as modificações da idade e os sonhos juvenis, Madalena rebelou-se contra a sua condição de dependência, cansada do leito. Com o tempo a revolta agravou seu estado mental, passando a desejar ardentemente a morte. Com essa disposição, tememos que atraia inimigos do passado interessados em destruí-la, complicando ainda mais sua situação, já tão difícil e dolorosa.

– Tem amigos? Parentes? – perguntei, sabendo que laços de afeto são importantíssimos para dar-nos suporte diante do sofrimento.

– Os parentes estão distantes e, a bem da verdade, não se preocupam com essas nossas irmãs. A família de Madalena resume-se à mãe, Genoveva, espírito elevado, que renasceu com a tarefa de ajudar a filha, a qual se dedica com amor incomum e sem descanso. Além disso, Genoveva cuida da casa, do terreno, onde planta verduras e legumes para a alimentação de ambas, e ainda costura para as amigas, pessoas mais favorecidas, que pagam pelo serviço, ajudando-a na manutenção da casa. Todas essas atividades Genoveva executa com bom humor e alegria. É benquista na aldeia e todos a admiram. Madalena, ao contrário, tem poucos amigos. Muitas pessoas da aldeia vinham visitá-la logo após o acidente; com o passar do tempo, ela deixou de querer recebê-los, revoltada com a situação. Hoje, poucas pessoas vêm até aqui vê-la.

Penalizado, olhei para a jovem. O rosto oval era delicado, e a pele clara e perfeita parecia de pêssego; possuía lindos olhos azuis, brilhantes e atraentes, encimados por longas pestanas, embora nesse instante seu olhar demonstrasse irritação; seu nariz era pequeno e bem-feito, e a boca rosada, bem desenhada. Para completar esse delicado conjunto, uma cascata de cabelos longos e dourados, penteados com capricho, fazia com que se assemelhasse a um camafeu.

"Tudo nela é perfeito" – pensei, condoído da sorte da linda jovem.

– Sem dúvida – concordou Bóris –, e o fato de mostrar-se tão bem depois de tantos anos demonstra a dedicação e os cuidados que recebe da mãezinha.

A senhora, ainda jovem, guardava restos de antiga beleza, trazendo no rosto a dignidade e a nobreza das almas elevadas. Aproximou-se do leito, gentil, informando que a refeição estava pronta e perguntando se a filha queria almoçar. Mal-humorada, a jovem respondeu com maus modos:

– O que mais me resta nesta vida senão comer, minha mãe?

A senhora respirou fundo. Sabendo que a conversa não seria fácil, como sempre acontecia, retrucou com delicadeza:

– Engana-se, minha filha. O fato de estar neste leito não impede que você faça muitas coisas, desde que queira. Dedicar-se a leituras, a confeccionar bordados, a receber visitas são algumas das atividades que lhe fariam muito bem.

– Ora, mamãe. A senhora acha realmente que me interesso por essas coisas? São atividades que só quem não pode sair à rua, como eu, pensa em fazer.

Demonstrando infinita paciência, a senhora tornou:

– Pois aí está! Você poderia sair, se quisesse. Tomar sol, sentir o vento fresco no rosto, ver pessoas, tudo isso faria muito bem a você. Sabe perfeitamente que agora temos uma cadeira de rodas, graças à gentileza de nossos amigos da aldeia, que fizeram um rateio entre si e a compraram para que você pudesse movimentar-se à vontade.

Com uma careta de desagrado, a doente replicou:

– E a senhora acha que vou exibir-me numa cadeira de rodas, humilhando-me perante todos? Não! Mil vezes, não!

Diante da atitude orgulhosa e decidida da filha, a mãe afastou-se em silêncio, enxugando discretamente uma lágrima no canto do olho. Ao mesmo tempo, Genoveva elevava ao Alto seu pensamento, suplicando a Jesus que a amparasse e à filha tão infeliz, para que não lhes faltassem forças na travessia das provações.

Dimitri fez-nos leve sinal e o acompanhamos. A senhora chegou no fogão e começou a mexer as panelas com uma colher de pau, enquanto o coração se confrangia de preocupação pela filha querida.

Aproximando-se da generosa mulher, Dimitri lhe acariciou os cabelos, enquanto nos informava:

– O pedido de socorro que estamos atendendo partiu desse dedicado e nobre coração de mãe. Entre outras coisas, aflige-se nossa irmã pensando no futuro da filha quando ela já não estiver a seu lado, atendendo-a com carinho e suprindo-lhe as necessidades. Vamos orar.

Elevando a fronte, Dimitri pensou alguns instantes, depois disse:

"– Senhor da vida! Diante das dificuldades que encontramos ao longo do caminho, das dores acerbas que vislumbramos em nossos irmãos, suplicamos a Tua misericórdia e o Teu amor. Não ignoramos que a lei se cumpre na medida de nossas necessidades e que recebemos do Pai as condições adequadas ao nosso aprendizado como seres falidos e rebeldes. Todavia, Senhor, em face da dor que presenciamos, permite que possamos amenizá-la, encontrando saídas para o crescimento e a aceitação de nossa querida Madalena. Tu sabes que, conquanto seja espírito indisciplinado e revoltado, nossa irmã se candidatou a mudanças importantes em seu carreiro evolutivo, aceitando as condições que ora enfrenta. Ajuda-a, Senhor, e à mãe generosa, para que seu coração encontre a tranqüilidade e a paz de que ambas necessitam para o cumprimento de suas tarefas aqui na Terra. Que *Nossa Senhora de Kazan*[1], mãezinha de todos, socorra-nos nesta hora. Sabemos que teu amparo nunca nos falta e te agradecemos antecipadamente as bênçãos que o teu coração amoroso possa nos ofertar. Obrigado, Senhor."

Percebi que, durante a prece, um ser iluminado chegou. Era um homem distinto e simpático que, aproximando-se de

---

1 ⋇ Ícone sagrado da Igreja Ortodoxa russa. (N.E.)

Genoveva, colocou as mãos sobre a cabeça, transmitindo-lhe energias benéficas. Depois, notei também que, achegando-se à jovem enferma, através do pensamento, incutia-lhe idéias de renovação, melhoria, otimismo e paz.

Após a prece, imensa sensação de bem-estar nos dominou a todos, enquanto delicados flocos de luz vertiam do Alto envolvendo a nós, da equipe espiritual, e, especialmente, Genoveva e a filha, Madalena. Em seguida, Dimitri aproximou-se da senhora e lhe disse com ternura:

– Genoveva, prossegue no exercício das tuas nobres tarefas. Confia em Deus e caminha com coragem e perseverança. Teus pedidos foram atendidos, minha filha. Nada temas. Ora e mantém teu coração em paz. Que Jesus te abençoe.

A mensagem direta e sintética de Dimitri atingiu o objetivo. Genoveva recebeu no imo da alma as palavras de incentivo do amigo espiritual ali presente. O coração se encheu de gratidão e os olhos brilharam de júbilo e de esperança em dias melhores.

Acercando-nos de Madalena, notamos que estava mais serena e que sua expressão mudara.

Quando a mãe trouxe a bandeja com a refeição frugal, mas apetitosa, a jovem se desculpou:

– Mamãe! Fui grosseira com a senhora ainda há pouco. Perdoe-me. Estava nervosa sem motivo. Sei que não mereço a bênção divina, pois tenho me comportado muito mal. Mamãe, há pouco senti a presença de meu pai aqui conosco e notei que ele não estava contente comigo. Deixou-me o paizinho uma agradável sensação de bem-estar. Agora me sinto bem melhor e lamento aborrecê-la tanto. Olhe, quero que me ensine a bordar. Reconheço que a senhora tem trabalhado demais, e por minha culpa. De hoje em diante, quero ajudá-la em tudo o que puder.

Genoveva sorriu, emocionada, enquanto os olhos se umedeceram:

– Filhinha, também eu senti a presença do seu pai, nosso querido Paolo, e tenho certeza de que ele está sempre nos amparando. Fico contente que você tenha decidido mudar, mas não quero que se sinta um peso para sua mãe. Você é minha filha querida e tudo o que eu faço é por você, mas com muito amor. Não sinto peso algum, pode acreditar. Só sinto satisfação por nós duas estarmos juntas.

– Eu sei, mamãe, mas quero ajudar assim mesmo. Se eu aprender a confeccionar bordados, poderemos vendê-los e estarei colaborando na manutenção da nossa casa. Também desejo que voltemos às nossas reuniões diárias de oração e leitura da *Bíblia*. Ah! Mais tarde, quando o sol tiver baixado um pouco, quero que a senhora me leve à casa de Joana. Está bem? Faz tempo que não a vemos.

– Ótima idéia, minha filha. Mas agora coma, senão a comida esfria.

Com o coração repleto de satisfação, Genoveva virou-se e foi até o fogão. Não desejava que Madalena visse suas lágrimas, agora benditas lágrimas de alegria.

O visitante sorriu, acercando-se de nosso grupo. Dimitri conversou com ele, seu amigo de longa data, e nos apresentou ao dono da casa e chefe daquela pequena família. Paolo nos agradeceu a presença e a ajuda que estávamos dando a seus entes queridos.

Enquanto ambas almoçavam, sentamo-nos para conversar. Paolo informou-nos que sua filha, Madalena, estava sentindo a influência de um antigo companheiro que sempre tivera ascendência sobre ela.

– Quando chegamos, não havia nenhum desencarnado aqui na casa – comentou Ludmila, surpresa e intrigada.

Paolo trocou um olhar com Dimitri e informou:

– Tem toda razão, Ludmila. Esse nosso irmão está distante daqui, mas suas energias negativas e desequilibrantes atingem Madalena em virtude da afinidade que existe entre eles de longa data, o que possibilita o fenômeno da sintonia. Espírito endividado, Madalena renasceu em local distante, escondendo-se dele e de outros companheiros do passado. Todavia, para o pensamento não há barreiras, como sabem. Agora ela está melhor, saiu da faixa vibratória do pretérito e tudo vai ficar bem. Consegui uma licença em minhas atividades e ficarei algum tempo aqui nesta casa, amparando-as e dando-lhes força e sustentação.

Mais tarde, atendendo ao pedido de Madalena, Genoveva deu-lhe um banho, trocou-lhe a veste, penteou-lhe os cabelos sedosos e, colocando-a na cadeira de rodas, saíram de casa. O acontecimento era uma novidade para Madalena, que havia muito não via a rua. Nós, da espiritualidade, as acompanhamos, mantendo discreta distância, satisfeitos e trocando idéias.

O ar fresco tocando em seu rosto fez-lhe imenso bem. Madalena aspirou profundamente o ar balsâmico da tarde, que carreava o perfume das flores.

A cadeira de rodas gemia e sacolejava ao contato com as pedras da rua, mas isso não a incomodava. Ao passar pela casa de Gabriela, uma amiga de infância, Madalena a viu saindo pelo portão. Olharam-se. Gabriela deteve-se, indecisa, sem saber que atitude tomar. Afinal, Madalena se afastara, não mais querendo receber visitas.

No entanto, a enferma abriu um sorriso ao vê-la. Gabriela decidiu-se. Vencendo rapidamente os poucos metros que as separavam, aproximou-se da cadeira de rodas e abraçou a amiga, dizendo:

– Que bom vê-la de novo, Madalena!

Foi como se o tempo não tivesse passado e tudo voltasse a ser como antes. Conversaram. Gabriela convidou-a para ir até a praça, onde costumeiramente se reunia com as amigas. Madalena hesitou, sem saber qual seria a reação das outras diante da sua presença.

– Vão adorar vê-la, Madalena, acredite. Todas nós sentimos sua falta.

A enferma decidiu-se. Prosseguiram lado a lado e, conversando animadamente, fizeram o trajeto até a pequena praça. Seis jovens ali estavam reunidas. Ao verem Madalena, acompanhada da mãe e de Gabriela, foram ao seu encontro.

Em poucos minutos, Madalena era o centro das atenções. Como a conversa estivesse animada, Gabriela sugeriu:

– Dona Genoveva, eu sei que a senhora deve ter muitas coisas para fazer. Se quiser deixar Madalena a nosso cuidado, nós a levaremos para casa.

A senhora aceitou, aliviada e satisfeita por ver que a filha estava tão bem entre as amigas. Depois que Genoveva se despediu, Madalena contou para uma moreninha de tranças:

– Joana, mamãe e eu estávamos a caminho da sua casa quando encontramos Gabriela.

– Verdade? Que bom!

– Desejava pedir-lhe que me ensinasse a bordar, daquele jeito que só você sabe fazer.

– Com prazer, Madalena! Vamos combinar e irei até à sua casa levando o material necessário.

As jovens passaram horas conversando, descontraídas; contaram histórias engraçadas e riram muito. Ao anoitecer, no retorno para casa, Madalena era outra pessoa: mais alegre, tranqüila, risonha e falante. As amigas tinham combinado de se encontrar outras vezes, revezando-se o local, que seria a casa de cada uma delas, inclusive a de Madalena. Uma das garotas prometeu emprestar-lhe um livro que lera e achara muito interessante; outra prometera ensiná-la a fazer uma iguaria diferente. Enfim, num simples passeio quantas possibilidades diferentes e interessantes!

Na volta de Madalena, Genoveva a trocou, ajudou-a na higiene e depois a colocou no leito. A jovem pediu para lerem um trecho da *Bíblia* e depois rezariam juntas antes de dormir, o que Genoveva aceitou com prazer e imensa alegria. Ali juntos, nós as acompanhamos na pequena reunião, agradecidos a Deus as mudanças que em tão pouco tempo tinham-se verificado.

Algumas horas depois, quando ambas se entregaram ao sono físico, vieram ter conosco, libertas parcialmente em espírito. Foram momentos agradabilíssimos, em que mãe e filha puderam conversar com Paolo, esposo e pai amoroso, trocando confidências. O dono da casa nos apresentou as duas mulheres, e passamos bom tempo a conversar, fixando as conquistas que Madalena fizera naquele dia.

Algumas horas depois, consideramos encerrada nossa participação naquela casa. Paolo, agradecido e feliz, afirmou que nela permaneceria por mais algum tempo, sedimentando as vitórias conquistadas e fortalecendo as queridas esposa e filha.

Despedimo-nos de Madalena, de Genoveva e de Paolo com o coração repleto de gratidão a Deus, deixando aquela morada que, pelas amizades que fizéramos, ficaria para sempre gravada em nosso coração.

31

Mergulho interior

"E conhecereis a verdade e a verdade vos libertará."
JESUS (JOÃO, 8:32)

DEIXANDO O LAR DE GENOVEVA, antes de ganharmos as alturas retornando ao nosso lar na espiritualidade, resolvemos aproveitar o tempo planando pelas lindas paisagens da Itália; e, nesse passeio, fomos atraídos para Roma, a cidade imperial que tão importante papel tinha exercido através dos tempos, e da qual estávamos pouco distantes.

A parte moderna da grande urbe, conquanto bela e majestosa, não atraiu particularmente nossa atenção. Dirigimo-nos para a parte velha, onde os belos monumentos antigos, os vestígios da história, encontrados nas construções e nas ruínas que surgiam a cada passo, fascinava-nos. Em pensamento, voltávamos ao passado, lembrando das civilizações que nos antecederam e de todos os dramas que ali se desenrolaram.

Aproximando-nos da Cidade do Vaticano, sede da Igreja Católica Apostólica Romana, a grandeza da Praça de São Marcos se impôs. Descemos suavemente no calçamento, ouvindo o arrulhar dos pombos ocupados em recolher migalhas do solo, restos de alimentos deixados pelos visitantes do dia anterior.

O sol começava a surgir, banhando docemente com seus raios as pedras do calçamento e as aves que ali estavam. A vida aos poucos voltava à grande praça, com transeuntes e alguns turistas álacres que chegavam.

Caminhando lentamente na direção da Basílica de São Pedro, tecíamos comentários sobre a suntuosidade das linhas e o tamanho da construção. Ao nos aproximarmos das escadarias, senti-me levado, por poderosa atração, para a enorme porta de acesso.

Entramos. No interior da Capela Sistina a visão da majestade, do luxo e da grandeza da igreja me incomodaram. Erguendo a fronte, fitei os afrescos pintados por Michelangelo. Procurei um banco e sentei-me, sem notar as pessoas que ali estavam. Não me dei conta do movimento de turistas que aumentava, num entra-e-sai contínuo, apesar de ser muito cedo ainda.

Respirei fundo, contemplando a nave que se alteava à minha frente. Sim, eu estava acostumado a ver o luxo e a ostentação da Igreja Ortodoxa russa, que me enojava. Mas, ali, o luxo e a ostentação eram infinitamente maiores! A meu ver, ofensivo e degradante.

Fechei os olhos. Tudo o que sempre pensara a respeito da Igreja e que na espiritualidade tentava vencer, procurando enxergar o lado positivo e a tarefa dessa instituição religiosa na defesa do Evangelho do Cristo através dos séculos, apesar de seus erros clamorosos, voltou em catadupas, dominando-me o íntimo e enchendo-me de revolta. Repassei mentalmente tudo o que conhecia sobre o passado da Igreja e do clero que a representava, tudo o que já lera a respeito: a vida dos grandes líderes religiosos católicos, os papas que ensangüentaram o mundo com as Cruzadas, as chamadas Guerras Santas!; os que criaram o terror, a morte e a destruição, através do tribunal do "Santo Ofício", durante a Inquisição, que, por mais de seiscentos anos, impediu o povo de se expressar livremente, e até de pensar; os que, utilizando-se de assembléias, conhecidas como concílios, instituíram mudanças no Cristianismo. Ao defenderem os próprios direitos e interesses, lançaram um véu sobre o Evangelho, obscureceram a verdade, tornaram absolutamente ininteligíveis as palavras do Cristo e falsearam o espírito da Boa Nova. Esses ensinamentos, trazidos por Jesus para explicar aos homens as verdades eternas do Pai, pretendiam desvendar o véu da vida futura, destino de todos nós, e enfatizar a necessidade de moralização da criatura por meio do amor a si mesmo e ao próximo, como forma para alcançar a felicidade futura, que todos almejam. Simples. Lógico. Insofismável.

Todavia, a humanidade sofreu por dois mil anos nas mãos desses religiosos, vendilhões do templo.

"Onde estariam eles agora? O que é feito deles? Com certeza estão pagando seus crimes em regiões inferiores de sofrimento e dor no plano espiritual. Ou, talvez, encarnados em situações difíceis e constrangedoras, em corpos deformados, deficientes e incapazes de fazer mal ao próximo, pelas imposições da Lei de Causa e Efeito, quando teriam a oportunidade de resgatar seus débitos clamorosos."

Tudo isso eu pensava diante das ricas imagens que cobriam as paredes ornamentadas da Capela Sistina.

Nesse momento, notei que intenso mal-estar começou a me envolver. Sensação de angústia e queda me dominou; levei a mão ao peito, percebendo que mergulhava para dentro de mim mesmo. Sentimento de grande tristeza, dor e angústia me invadiu, a par de um medo terrível, devastador, embora eu não soubesse de quê, fez-me desejar sair correndo daquele lugar. Urgência insana de desaparecer me dominou. Tinha de sair dali; não poderia continuar ali nem mais um minuto. Todavia, apesar da minha vontade de fugir, não conseguia levantar-me, nem sequer mover-me. Estava como que pregado no local, impelido a ali permanecer contra minha vontade. Então, fiquei parado, sem saber o que iria acontecer.

Logo depois, em meio àquele tormento, reconheci-me diferente. Abri os olhos lentamente e não mais vi a nave da Capela Sistina, o transitar de pessoas, o burburinho abafado de vozes. Tudo era silêncio. Uma outra igreja, bem menos luxuosa mas igualmente majestosa, deparou-se à minha percepção. Olhei-me. Trajava uma roupa sacerdotal antiga, rica e cheia de adereços; uma grande cruz cravejada de pedras preciosas pendia de meu pescoço por um grosso cordão de ouro; em minha mão brilhavam ricos anéis, e reparei que um deles, maior do que os demais, trazia lacre e um símbolo. Tudo aquilo me era estranhamente familiar. Levantei-me, caminhando pela nave. Meus passos ressoavam estranhamente na igreja vazia. Diante do altar ajoelhei-me maquinalmente, balbuciando algumas palavras e fazendo o sinal da cruz; depois me ergui e saí por uma porta para a sacristia da igreja. Tinha a alma convulsionada por intensas dúvidas e estava certo de que teria de tomar decisões. Caminhei por um longo corredor que terminava numa galeria cujas laterais estavam repletas de imagens sacras.

Sentia-me outra pessoa sem perder a consciência da atualidade. Entrei numa sala onde me aguardavam inúmeros prelados. Ao me verem, silenciaram. Sentamo-nos em torno de imensa mesa redonda e pusemo-nos a discutir sobre vários assuntos pendentes, alguns dos quais exigiam decisões urgentes. Passei um olhar pelos religiosos ali presentes. *Poderia confiar neles, apesar da similitude de intenções?* Meus pensamentos eram todos voltados para os interesses da Igreja. Nessa reunião, estabelecemos acordos iníquos, fizemos conciliábulos, decidimos sobre a vida de pessoas que não pensavam como nós, com frieza e rapidez.

E o que é pior, decidimos alterar o *Novo Testamento*, acrescentando palavras que confeririam novos significados aos textos antigos e originais, acrescentando maior autoridade à instituição que defendíamos. Nossa decisão seria levada para uma assembléia geral, porém, pela quantidade de votos a nosso favor, sem dúvida conseguiríamos aprovar os pontos que defendíamos.

Ao terminar aquela reunião, satisfeito, atravessei salas e corredores, dirigindo-me a meus aposentos. Cercado de luxo e de servidores fiéis, eu me vi adulado e reverenciado por todos, que se aproximavam para me beijar a mão, onde brilhava o anel pontifício. Reconhecia-me plenamente integrado naquele ambiente, que me era familiar. Comandava as pessoas, e minha palavra era lei.

Dentre aqueles que estavam ao meu redor, reconheci pessoas que tinha encontrado na última existência, homens antigamente cheios de poder e que tinham renascido na mais dura pobreza.

Ao fim do dia, os criados me despiram das luxuosas roupagens, e enverguei a roupa de dormir. Ali, sozinho, entregue aos meus pensamentos, a consciência passou a pesar-me, cobrando-me pelas decisões tomadas. Notei que amigos espirituais me cercavam, procurando dissuadir-me dos erros e fazer-me voltar à verdade, porém era muito tarde. A roda tinha sido posta em ação e, para o futuro, as alterações que estabelecemos seriam as únicas verdades conhecidas.

Um resto de consciência brilhou-me no íntimo e, curvando a fronte, ajoelhei-me e pus-me a rezar, apertando nas mãos o crucifixo, com o coração roído pela dúvida, a responsabilidade assumida aflorando-me à mente sem cessar. Todavia, as decisões não tinham sido minhas, mas representavam o consenso de um grupo que pensava, prioritariamente, nos interesses da Igreja que todos defendíamos. Deixei-me levar, aceitando o pensamento da maioria. Vozes isoladas surgiram, fazendo-se ouvir e pugnando pela manutenção dos textos evangélicos como tinham sido até aquela data, que recebêramos por tradição. No entanto, foram votos vencidos. Dentre eles, reconheci um amigo renascido na Rússia com quem tivera o prazer e a honra de conviver na última existência. Tal qual outrora, toda vez que conversávamos, sua palavra era sempre de ponderação e sensatez, ajudando-me muitas vezes.

As imagens sumiram e senti que voltava ao presente. Quando me dei conta, estava de retorno ao banco da Capela Sistina.

Com a mente aclarada pelas lembranças, e dominado por intensa emoção, pus-me de joelhos, inclinando a cabeça entre os braços e apoiando-a no encosto do banco da frente, enquanto pranto amargo e doloroso inundava-me a alma, ao ter consciência da responsabilidade que assumira.

Agora podia entender melhor toda a minha rejeição pela Igreja e por tudo o que dela provinha. Quando eu não acreditava nos textos veiculados pela Igreja Católica, não apenas *sabia* que haviam sido adulterados; estava *convicto* dessa realidade, porque fora eu mesmo que tinha cometido esse sacrilégio em vários pontos. Por isso – reconhecia agora –, não aceitava a Santíssima Trindade, a divindade de Jesus e muito mais.

E eu, que tivera o privilégio e a honra de ouvir do próprio Jesus suas imorredouras e sábias lições, desvirtuara o conteúdo do Evangelho, deixando que os interesses materiais predominassem sobre os de ordem espiritual, pelas imperfeições morais que carregava.

Ajoelhado, orei suplicando perdão a Cristo pelos males que plantara em minha trajetória. Entregando-me à prece, elevado pelas vibrações de amor que dedicava ao Mestre, ali permaneci durante um tempo que não sei precisar.

Muitas coisas mais me foram mostradas. Entendi que renascera naquela oportunidade e vinculara-me à Igreja por ter assumido compromisso de ajudar a manutenção da verdade e da paz no contexto religioso e de servir com amor e de forma benéfica ao Cristo. Todavia, deixei-me levar pelos interesses mesquinhos do meu tempo, pelas más inclinações que ainda trazia arraigadas no espírito e pela opinião de criaturas que só pensavam no interesse material. Sendo dirigido pelo orgulho, pela vaidade e pela ambição, dilapidei extraordinária oportunidade de auxiliar a Igreja a construir o Reino de Deus na face da Terra e a retomar o rumo do Cristianismo primitivo, que fora desvirtuado.

Devassando os arquivos indeléveis do pretérito, vi-me em outras encarnações tentando reparar o mal que pratiquei, defendendo o Evangelho de Jesus e minimizando os danos causados às coletividades.

Renasci outras vezes e sofrendo amargamente por muitos séculos, inclusive sendo queimado numa fogueira durante um auto-de-fé na Espanha, por não aceitar as idéias impostas pela Igreja, nem o comportamento do clero.

Participei do movimento reformista, defendendo a liberdade de pensamento e de expressão. Afastei-me da Reforma Protestante ao verificar que, alcançado o poder, agiam os protestantes com idêntico extremismo, lutando para impor suas idéias, matando, destruindo.

Não era o que eu buscava. Conquanto representasse um progresso em termos religiosos, a Reforma Protestante cometeu também muitos erros, ao se utilizar das mesmas armas da Igreja Católica, o que eu não aceitava.

Dentro de mim, luzia o desejo de que a paz se fizesse entre os homens. Sem brigas, sem armas, sem a necessidade de impor idéias e de obrigar o povo à obediência.

Então, desenvolvi minha própria maneira de pensar. Afastei-me de tudo o que representasse imposição, força bruta, obediência civil. Repudiei o Estado, o Governo, a necessidade de exército.

Entendi que somente a paz poderia transformar a humanidade para melhor, fazendo o homem mais livre e feliz. Não essa paz armada que os governos defendem. Não. A paz que vem da consciência pacificada, aquela que é produto da educação moral, do respeito aos direitos dos semelhantes, da fraternidade que deve existir entre todas as pessoas e todos os povos; a paz que é conseqüência do amor ao próximo como a si mesmo. Enfim, a paz que representa as conquistas efetuadas através do tempo pelo espírito, ser imortal e pensante, criado para o progresso e para a perfeição, que é sua meta.

32

Conclusão

"O reino de Deus está dentro de vós."
JESUS (LUCAS, 17:21)

A VERDADE É COMO A LUZ que espanta as trevas e que abre, diante de nossos olhos admirados, a beleza fulgurante da aurora, nos cambiantes de cor e luz do resplendor de um novo dia.

E foi assim que passei a me sentir.

De posse das realidades que ignorava sobre minha vida, pude entender melhor todos os meus problemas, meus questionamentos, minhas dúvidas, minha obsessão pela verdade e pela defesa do Evangelho de Cristo.

Vejo agora com muita clareza que até minha maneira de ser, agressiva e arrogante, contra aqueles que eu entendia estarem deturpando a verdade do Cristo, tinha uma razão. Hoje reconheço que muito errei, e humildemente peço desculpas a todos aqueles que ofendi, pela contundência das atitudes.

No fundo, era um problema de consciência.

Intimamente corroído pela dor de ter deixado de seguir Jesus no momento mais importante para a sua e para a minha vida, na hora em que o Mestre precisava de seguidores fiéis para a implantação e divulgação da Boa Nova na Terra, quando tive a bênção de ouvir de seus lábios as palavras imorredouras da sua doutrina. Séculos depois, mais consciente, na ocasião em que me foi concedida por Deus a oportunidade de conduzir a cristandade com mãos firmes e seguras, mas suaves, instaurando para o mundo uma época de equilíbrio e ponderação das atitudes, de crescimento das comunidades, assegurando a paz entre as nações – como havia sido planejado antes do meu retorno à Terra –, falhei na minha missão, permitindo que outros falhassem também. Durante muitos anos havia me preparado para essa tarefa que o Senhor me dava a honra de desempenhar, confiando em minhas possibilidades de vitória, para levar seu grande rebanho a pastagens mais tranqüilas. No entanto, fracassei de maneira fragorosa. Poderia ter agido para o bem e não o fiz, levado pelo orgulho, pela vaidade e pela ambição, e essa nódoa ficou gravada em letras de fogo na mente, lembrando-me e cobrando-me os desatinos cometidos.

Não poderia errar de novo.

O tempo passou como bálsamo refrescante sobre minha fronte torturada, nas encarnações que se sucederam. O espírito sofrido trazia a amargura e o peso do fracasso.

Renasci no século dezenove, na Rússia, trazendo indelevelmente gravadas na acústica da alma as marcas do passado e o desejo de redimir-me perante o Cristo e perante a própria consciência.

Por essa razão, na última existência, muitas vezes sentado na varanda da minha casa em Iasnaia Poliana ou caminhando pelas plantações de trigo, centeio e aveia, ou entre os pés de tomates, couves, repolhos, me parecia ver Jesus falando docemente do seu Evangelho naquelas prédicas que permaneceram nos refolhos da minha memória, lembrando-me o compromisso assumido e não deixando que eu esquecesse o Mestre de Nazaré. Parecia-me vê-lo nos instantes em que os raios de sol incidiam sobre seus cabelos, emoldurando-os em luz dourada, jogando sementes na terra, como naquela bela alegoria da parábola do semeador, de conteúdo tão profundo.

Nesses momentos, uma saudade imensa me torturava o coração, a par de uma sensação de tristeza e dor, que me agitavam o íntimo, sem que eu soubesse a razão desses sentimentos.

Era o amparo de Jesus se fazendo presente em minha vida, de modo a me lembrar sempre as responsabilidades assumidas, não permitindo que eu o esquecesse um minuto sequer.

Como tive oportunidade de esclarecer, em virtude de ignorar certas verdades espirituais, minhas idéias muitas vezes ficaram distorcidas, por faltar-me o essencial; algo que possibilitaria um melhor entendimento de todas as coisas.

Como um mecanismo que não funciona se faltar uma das peças, faltava-me também esse entendimento, que faria tudo se movimentar de maneira ajustada e perfeita.

Na espiritualidade, encontrei essa peça e tudo se me aclarou.

Essa peça é a reencarnação.

O conceito de reencarnação ou das vidas sucessivas abre um leque de possibilidades para o espírito, com todas as conseqüências que esse conceito descerra aos olhos deslumbrados: modifica o entendimento sobre a vida futura, e a imortalidade ganha conotação diferente e empolgante, uma vez que se impõe a realidade da preexistência e da sobrevivência da alma à desencarnação pela destruição do corpo material. Nossos horizontes se alargam, e passamos a ver tudo de forma mais lógica, ampla e completa.

A imortalidade da alma nos fala da grandeza de Deus, que criou todos os espíritos, seus filhos, para a perfeição. Nesse contexto evolutivo, as vidas sucessivas surgem como meios que a bondade, a misericórdia e a justiça de Deus utilizam, permitindo que os espíritos progridam em moralidade e inteligência, por seu próprio esforço.

Se a morte não existe, sendo apenas a passagem de um plano para outro, temos, como conseqüência, a comunicabilidade entre os mundos material e espiritual, intercâmbio esse que nos fornece ganhos substanciais. Essa convicção nos permite auferir força, orientação, consolo, amparo e assistência de generosos mensageiros do Alto, que nos ajudam na existência terrena de modo a melhor cumprirmos as tarefas que nos foram confiadas, segundo programação adrede elaborada antes do retorno ao veículo corpóreo.

Através do tempo, muito temos errado, comprometendo-nos perante Deus, perante o próximo e perante nós mesmos. Todavia, cada nova experiência na carne é um aprendizado diferente para o espírito, que tem a oportunidade de verificar onde errou e se modificar, reparando os danos cometidos, aprendendo a perdoar e sendo perdoado.

A Lei de Causa e Efeito, ou Lei de Ação e Reação, que vigora em todo o universo, coloca-nos diante das conseqüências geradas por nossos atos e faz com que soframos em nós mesmos o que fizemos outro sofrer, no choque do retorno. Na lavoura da alma, colhemos o que plantamos, a exemplo do que acontece no mundo das formas. Assim, lentamente, somos reconduzidos ao caminho do dever, aprendendo a valorizar o livre-arbítrio, patrimônio do ser inteligente, e que lhe permite tomar suas decisões, mas que o torna responsável pelos atos praticados, bons ou maus. Dessa maneira, utilizando o livre-arbítrio de forma mais correta, conforme o grau de consciência já desenvolvida, crescemos e amadurecemos, tornando-nos criaturas melhores.

Somente essa concepção consegue explicar as diferenças individuais existentes entre as pessoas, diferenças essas que podem ser físicas, morais, sociais, culturais, emocionais, espirituais. Encarnados no planeta, existem espíritos de infinitos níveis evolutivos, dependendo da idade espiritual de cada um e das conquistas já realizadas.

Passamos a entender melhor a imensidade dos mundos, vendo o universo que nos rodeia como a casa do Pai, conforme Jesus ensinou, e cada mundo, superior ou inferior, como uma colméia de trabalho, aprendizado e elevação.

E também a compreender que tudo é uma questão de nível evolutivo. A natureza não dá saltos e ninguém se transformará em anjo de um dia para outro, nem viverá num inferno para toda a eternidade. A evolução é produto de um tempo infinito, em que, como pedras brutas que somos, sofreremos o processo de lapidação, até nos tornarmos um diamante puro.

Passamos a ver que cada um reflete o que já conquistou no íntimo. Que céu e inferno são estados de espírito. Que seres angélicos são aqueles que já conseguiram adquirir os valores morais e intelectuais e que estão em esferas altíssimas. Que demônios, não existem, entendendo-se como tais seres criados para o mal, ou anjos decaídos, que tomaram em suas rédeas o controle da situação e mantêm em seu poder incontáveis espíritos, sob torturas e sofrimentos atrozes. O que existe são seres ainda ignorantes e em estágios inferiores do sentimento que ainda se vinculam à maldade e à vingança, ao ódio e à revolta, mas que se tornarão bons um dia, porque ninguém está condenado ao suplício eterno. Deus, que é Pai amoroso e bom, deseja a felicidade para todos os seus filhos, e todos atingirão a perfeição, não importa o tempo que seja gasto para chegar a essa meta.

A aceitação desse processo faz com que nos sintamos mais tranqüilos e em paz com as pessoas e com o próprio mundo. Como exigir de alguém aquilo que ainda não está em condição de dar? É a mesma coisa que exigir de uma criança que tenha o entendimento de um adulto.

Grande parte dos nossos problemas na Terra é por querermos impor aos outros o nosso modelo de comportamento, especialmente à família, tornando-a um reflexo de nós mesmos, como se fôssemos os donos da verdade e os nossos padrões de comportamento os melhores, quando sabemos que não é assim.

Precisamos nos compenetrar de que somos individualidades que pensam e agem de forma diferente. Se pudermos aceitar e compreender essa realidade, nos tornaremos pessoas mais compreensivas, tolerantes e pacíficas.

Se sairmos da nossa pequena área de atuação, isto é, a família, o ambiente profissional, o grupo social, e estendermos essa idéia para toda a população do globo, teremos mais condição de compreender e aceitar as diferenças existentes em cada sociedade, etnia ou povo. Entenderemos que até as divergências, os conflitos, as guerras e as revoluções – mesmo que nos horrorizem – fazem parte do crescimento de cada um, e nada mais nos surpreenderá.

Aqueles que leram meus livros, que se tornaram meus seguidores, certamente ficarão perplexos com o que estou escrevendo agora, considerando minha maneira antiga e radical de analisar o mundo e os problemas da sociedade.

No entanto, confesso-lhes que, tendo em vista os conhecimentos que tenho agora, não há outra forma de entender a vida e tudo o mais.

Enquanto criatura encarnada, escrevi que o sentido da vida é a própria vida. Naquela época, de mentalidade tacanha, faltavam-me elementos para analisar melhor as coisas. Quando escrevi essa frase, referia-me à vida aqui na Terra, porque era a única de que tinha conhecimento. Na atualidade, a vida para mim tem um contexto bem mais amplo, que é a vida do espírito. Para atingirmos a perfeição, temos que voltar inúmeras vezes ao mundo corpóreo. Assim, teremos muitas existências, mas uma única vida, que é a vida espiritual, a verdadeira. O sentido da vida é a possibilidade de evolução infinita que o espírito tem, para atingir a perfeição.

Escrevi, também, que: "O único sentido da vida é servir a humanidade, colaborando para o estabelecimento do reino de

Deus, o que não poderá ser feito se cada um dos homens não professar a verdade"[1]. Faço agora uma correção, pois servir a humanidade não é o único sentido da vida, conquanto seja importante. Como escrevi pouco antes, Deus nos concedeu a vida na Terra como uma escola para nosso aprendizado, com vistas à evolução. Ao mesmo tempo, com o progresso conquistado, temos o dever de ajudar a humanidade, colaborando para o estabelecimento do reino de Deus aqui na Terra, através do amor ao próximo. E, especialmente, o dever de servir ao bem e amparar os mais necessitados, conforme enfatiza a lição evangélica que, posteriormente, se tornou o lema de Allan Kardec: *Fora da caridade não há salvação.*

Com certeza a verdade terá de estar presente em nossos pensamentos, palavras e atos, por ser virtude fundamental para o espírito.

Conhecereis a verdade, e a verdade vos libertará[2], afirmou Jesus. Não seremos libertados pela verdade que insistamos em defender, que representa nossa opinião sobre qualquer assunto, nosso ponto de vista em determinada fase da existência, de acordo com o amadurecimento que possuímos e que defendemos com unhas e dentes. Como crianças, pensamos de uma maneira; com o progressivo desenvolvimento físico, mental e intelectual, passamos a pensar de forma diferente. Porém, a verdade que liberta é a verdade absoluta que existe nas coisas verdadeiras de Deus, que são eternas e imutáveis, e que compreenderemos no exercício do bem incessante.

Pela verdade, compreendemos o verdadeiro sentido da vida, passando a um comportamento dentro do dever retamente cumprido e nos afastando da hipocrisia que, muitas vezes, existe ainda em nossas ações.

---

1 ⨯ Da obra *O reino de Deus está em vós*, 2ª ed., p. 319. (N.E.)

2 ⨯ João, 8:32. (N.M.)

E olhando para o Alto nos enchemos de reverência e gratidão ao Criador e Pai, que nos concedeu a vida e a oportunidade de evolução.

⋇ ⋇ ⋇

Durante esse período em que me tornei habitante da espiritualidade, cidadão do mundo e amigo de todos, a vida tem sido um constante aprendizado.

Reencontrei pessoas queridas que, gradativamente, foram retornando ao Além, e outras que aqui já estavam, mas que eu ainda não tivera a oportunidade de encontrar.

Com infinita alegria, reencontrei os filhos que retornaram antes de mim, como Pétia e Vania; os que retornaram depois e que tive condições de socorrer, como Tatiana e Serguei. Os amigos queridos de outrora que, paulatinamente, pude rever, entre eles meu fiel amigo e secretário, Tcherkov, e meu querido irmão Nikolai, reatando os relacionamentos. Muitas vezes nos reunimos e voltamos a conversar sobre filosofia, religião, sociologia e tantos outros assuntos que sempre nos encantaram, agora com muito mais amplitude, pelos conhecimentos que adquirimos no Invisível.

Pude visitar e amparar minha querida filha Macha, acompanhando seu desenvolvimento e sendo seu anjo tutelar. Intuitivamente, devotou-se à minha doutrina da não-resistência ao mal com o mal, e experimento grande satisfação em instruí-la e ampará-la. Tudo seria mais fácil se ela aceitasse a Doutrina Espírita, ou pelo menos tivesse idéias de espiritualidade. Todavia, isso ainda não aconteceu. Mais paciente, como entendo hoje que tudo vem a seu tempo, que há um tempo de plantar e um tempo de colher, resigno-me.

Dentre as coisas que mais me emocionaram, foi rever os mujiques da minha terra, os amigos que eu tinha feito pelos cuidados e pelo carinho que lhes dispensara. Simples e humildes, apresentavam-se a mim com as mesmas características, fazendo-me lembrar dos dias em que trabalhávamos juntos a terra, das conversas que entretecíamos quando parávamos para comer; depois, o alegre e descontraído retorno ao lar após um dia de serviço exaustivo, mas compensador.

Em seus olhares havia gratidão e fidelidade, como se eu continuasse a ser o conde Lev Nicolaievitch Tolstói, proprietário de terras. Queriam seguir-me, apesar das minhas deficiências! Expliquei-lhes que no mundo espiritual não existem senhores ou escravos, ricos ou pobres. Todos estamos na mesma condição de filhos de Deus. A diferença entre os espíritos será determinada pelas vitórias alcançadas contra as imperfeições, pela conquista de valores morais que cada um já desenvolveu em seu íntimo.

Posteriormente, aos poucos, muitos se tornaram fiéis colaboradores da obra que passamos a desenvolver, ajudando-nos e secundando-nos nas tarefas.

Também devo dizer que alguns me surpreenderam extraordinariamente – não por serem mujiques! – pela grandeza de seus espíritos. De elevada condição espiritual, estão em regiões bem acima daquela que habitamos. Vez por outra nos visitam e é sempre com grande satisfação que nos encontramos.

Temos colaboradores de várias regiões do mundo, visto que muitos daqueles que acreditaram em nós, quando encarnados, e passaram a seguidores da nossa doutrina da não-resistência ao mal com o mal, após a desencarnação, quando em condições de prestar serviço, solicitam permissão para trabalhar conosco, tendo em vista a afinidade, com o objetivo de implantação da paz no orbe terrestre.

Vemos a humanidade se debatendo com uma infinidade de problemas que desestruturam a criatura humana, levando-a ao sofrimento, à angústia, à depressão. Acompanhamos a escalada da violência em todos os níveis: nas famílias, nas escolas, nas ruas, até nas nações do globo vitimadas por guerras e revoluções.

E, então, nos voltamos para Jesus, o Mestre dos Mestres, em cujo Evangelho encontramos as lições necessárias para conseguir nosso desiderato de pacificação, com o objetivo de implantar o reino de Deus na Terra.

Onde está o reino de Deus?

Todos desejamos a felicidade, mas só a conseguiremos quando as imorredouras lições evangélicas estiverem plantadas dentro de cada um.

"Interrogado pelos fariseus sobre quando viria o reino de Deus, Jesus lhes respondeu: Não vem o reino de Deus com visível aparência. – Nem dirão: Ei-lo aqui! Ou: Lá está! Porque o reino de Deus está dentro de vós"[3].

Para que o reino de Deus esteja dentro de nós é imprescindível termos assimilado as palavras de Jesus, não apenas pelo conhecimento, mas também pela exemplificação nas atitudes.

Estamos em época de grandes transformações.

"Não dizeis vós que ainda há quatro meses até a ceifa? Eu, porém, vos digo: Erguei os vossos olhos e vede os campos, pois já branquejam para a ceifa"[4]. Mostra-nos Jesus que é hora da colheita. Precisamos salvar-nos. Não podemos mais perder tempo. É hora de separar o joio do trigo.

A salvação não se refere ao conceito beatífico de um céu eterno. Reside na busca da felicidade pela perfeição moral.

O planeta está em fase de transição, quando deixará de ser mundo de provas e expiações passando a mundo de regeneração. Isso significa que todos aqueles que não estiverem em condições de permanecer na Terra, pela condição de atraso espiritual e

---

3 ⋇ Lucas, 17:20 e 21. (N.M.)

4 ⋇ João, 4:35. (N.M.)

moral, deverão deixar o orbe terreno, sendo encaminhados para locais mais condizentes com seu estado.

Jesus afirma: "*Bem-aventurados os mansos porque herdarão a terra*"[5]. O que significa herdar? Significa receber, obter, ou ter direito de receber por herança. Então, quando Jesus falou que os mansos herdariam a terra estava dizendo que eles aqui permaneceriam, que a terra seria deles pelas condições de mansidão já conquistadas.

Dessa forma, os espíritos ainda compromissados com o mal, com a violência, a agressividade, a desonestidade, a maldade, o ódio, a ambição, o orgulho e o egoísmo, dentre outras coisas, estão tendo sua última oportunidade para mudar, se não quiserem ser expulsos do nosso orbe. Os que persistirem em permanecer vinculados ao mal não poderão mais habitar este planeta, que passará a ser morada de criaturas mansas e pacíficas.

Em virtude do mal ainda existente no globo, da violência generalizada, das guerras e revoluções em diversos continentes, a turbulência vibratória é intensa, provocando mal-estar, angústia, medo e insegurança nas pessoas. Isso se deve às densas nuvens de ódio e destruição que campeiam na psicosfera terrena pelos males gerados pelas pessoas encarnadas, e também às existentes nas zonas purgatoriais próximas à crosta terrestre, onde magotes de espíritos pressentem as mudanças e se agitam, sentindo que essa é uma última oportunidade de socorro que poderão obter em muito tempo.

As mudanças já estão ocorrendo, de forma paulatina e constante. Haverá ainda muitas convulsões, sofrimento e dor nesse período. Quando passar essa fase, porém, nosso planeta será transformado em um mundo melhor para se viver, onde a sociedade gozará de liberdade, igualdade e fraternidade. Todos terão condições de vida mais compatível com a dignidade

---

5 ⋇ Mateus, 5:5. (N.M.)

humana, e suas necessidades atendidas, as enfermidades estarão controladas e a violência terá deixado de existir.

Enfim, quando a Lei de Justiça, Amor e Caridade estiver implantada na face do planeta.

O Senhor vela por seus filhos e a divina providência nos assiste por meios que desconhecemos. Tranqüilizemos os nossos corações, lembrando Paulo, o apóstolo de Tarso:

Se Deus é por nós, quem será contra nós?[6]

Confiemos, pois.

Leon Tolstói

6 ⋇ Romanos, 8:31. (N.M.)

Novidades da Petit

Ah, se eu pudesse voltar no tempo!

Do Espírito Antônio Carlos

Psicografado por Vera Lúcia Marinzeck de Carvalho

O mundo das drogas, as influências espirituais e seus perigos, um verdadeiro alerta da espiritualidade. Histórias impressionantes reveladas pelos próprios espíritos que se entregaram às drogas em sua última encarnação.

O céu pode esperar

Romance do Espírito Antônio Carlos

Psicografado por Vera Lúcia Marinzeck de Carvalho

O filho de Pedro é vítima de uma doença fatal, sua filha está grávida e sua esposa apaixonada por outro homem. Pedro deseja morrer. Sentindo-se só e sem razão para viver, vai arriscar sua vida para ajudar o próximo, sem temer a morte que tanto deseja...

Conforto espiritual

Vera Lúcia Marinzeck de Carvalho

Perda de entes queridos, obsessão, dependência química, eutanásia, suicídio, aborto, doenças, depressão, desencarnação, assédio sexual, infidelidade, deficiência mental são alguns dos temas deste livro.

Com os olhos do coração

José Carlos De Lucca

A harmonia entre os familiares é o alicerce da vida feliz! Para quem deseja entender e superar os desentendimentos que acontecem no lar é uma excelente oportunidade para conquistar uma vida melhor.

Uma flor do nosso jardim

Romance do Espírito Nina Arueira

Psicografado por Alceu Costa Filho

Órfã de pai e mãe, Celina fica sozinha na casa que herdou. Procurando ajudá-la, um espírito benfeitor a acompanha. Desconhecendo as surpresas que a aguardam no jardim da vida, Celina vai viver grandes emoções...

Se você quiser conhecer todos os nossos títulos e se interessar em receber um catálogo sem compromisso, envie seus dados para Caixa Postal 67545 – Ag. Almeida Lima – CEP 03102-970 – São Paulo – SP ou, se preferir, via *e-mail*: petit@petit.com.br